DE
L'OBLIGATION NATURELLE
EN DROIT ROMAIN ET EN DROIT FRANÇAIS

PAR

M. MASSOL (DE M.)

PROFESSEUR DE DROIT ROMAIN A LA FACULTÉ DE TOULOUSE
MEMBRE DE L'ORDRE DE GRÉGOIRE LE GRAND.

PARIS
AUGUSTE DURAND, LIBRAIRE
RUE DES GRÈS-SORBONNE, 7.

TOULOUSE
DELBOY, LIBRAIRE, RUE DE LA POMME, 74.

1858

DE L'OBLIGATION NATURELLE

EN DROIT ROMAIN ET EN DROIT FRANÇAIS

TOULOUSE. — IMPRIMERIE BAYRET, PRADEL ET Ce,
PLACE DE LA TRINITÉ, 12.

DE
L'OBLIGATION NATURELLE
EN DROIT ROMAIN ET EN DROIT FRANÇAIS

PAR

M. MASSOL (de M.)

Professeur de Droit Romain à la Faculté de Toulouse
membre de l'ordre de Grégoire-le-Grand.

PARIS
AUGUSTE DURAND, LIBRAIRE
Rue des Grès-Sorbonne, 7.

TOULOUSE
DELBOY, LIBRAIRE, RUE DE LA POMME, 71.

1858

ERRATA.

Page 12, note 1, ligne 10, *au lieu de :* loi 23, *lisez :* loi 6 ; et ligne 11, *au lieu de :* 6, *lisez :* 23.
Page 108, ligne 5, supprimez le mot : *sit.*
Page 124, note 1, ligne 2, *au lieu de :* page 37, *lisez :* page 29.
Page 143, ligne 10, *au lieu de :* assimilis, *lisez :* absimilis.
Page 177, note 1, ligne 2, *au lieu de :* page 43, *lisez :* page 53.
Page 193, ligne 23, après le mot *hominibus,* ajoutez *debeatur.*
Page 222, note 1, *au lieu de :* page 16, *lisez :* page 10.
Page 227, note 1, *au lieu de :* page 32, *lisez :* page 25.
Page 232, ligne 5, *au lieu de :* 1976, *lisez :* 1967.
Page 238, note 1, ligne 2, *supprimez* le mot : *celle.*
Page 240, *ajoutez* au premier alinéa le n° 3, et *mettez* au deuxième et au troisième 4 et 5, *au lieu de :* 3 et 4.

Les grandes difficultés que souleve l'obligation naturelle, malgré l'application facile en apparence que présentent les principes, la communauté de vues que nous avons remarquée entre les juristes romains et le législateur français, tels sont les motifs qui nous ont déterminé à porter notre attention sur cette partie du Droit.

Dans ces dernières années, en indiquant pour prix du doctorat la théorie de l'obligation naturelle, le ministre de l'instruction publique était désireux de remplir une véritable lacune dans la doctrine.

Les efforts louables des jeunes docteurs n'ont peut-être pas atteint le but indiqué.

M. de Savigny, dans son ouvrage sur l'ensemble du Droit romain, vient de jeter un jour nouveau sur cette importante matière; mais le plan que s'était proposé ce célèbre jurisconsulte ne lui permettait pas d'entrer dans tous les développements; il nous semble d'ailleurs qu'il n'a peut-être pas distingué d'une manière assez précise l'obligation naturelle de l'obligation morale, ou de conscience; or, cette différence à constater nous a paru l'un des points essentiels de la tâche que nous avions entreprise.

L'analogie que, sous un certain aspect, offrent l'obligation naturelle et l'obligation de conscience est, en effet, une cause d'embarras quand il s'agit d'établir une double classification.

Sans doute, l'obligation de conscience est placée dans une sphère supérieure au pouvoir du législateur; mais cela n'empêche pas que lui attribuant ordinairement quelques effets dans l'ordre civil, il ne puisse, dans des cas rares, les lui refuser.

L'obligation naturelle, intermédiaire de l'obligation de conscience et de l'obligation civile, se rapproche davantage de cette dernière. C'est ainsi que nous décidons que l'acquittement de l'obligation naturelle est un paiement, au lieu que l'acquittement de l'obligation de conscience est une libéralité; c'est ainsi encore que nous admettons que l'obligation naturelle est assujettie à la prescription, qui n'atteint pas l'obligation de conscience.

Après avoir distingué avec soin ces sortes d'obligations, nos efforts ont tendu à formuler des règles générales applicables à tous les cas d'obligation naturelle. Par là, nous avons essayé de systématiser les doctrines divergentes, et nous croyons avoir saisi le véritable caractère de l'obligation naturelle. D'après nous, toute obligation naturelle est apte à produire les mêmes effets; de sorte que, quelle que soit l'espèce qui se présente, quand on veut savoir si elle constitue une obligation naturelle, l'on n'a qu'à se demander si elle est susceptible de produire les divers effets qui sont propres à cette obligation, effets sur lesquels nous insisterons dans le cours de cette étude.

Les théories développées en Droit romain, nous les étendons au Droit français. A notre avis, l'obligation naturelle, en France, n'est que l'obligation naturelle des Romains.

Cette conférence, entre les deux législations, met surtout en relief les principes; elle ne fait pas obstacle à l'examen des questions différentes qui surgissent dans chaque état de société; ainsi, en traitant de l'obligation naturelle chez les Romains, nous nous sommes occupé de l'obligation de l'esclave et du fils de famille; tandis que, dans notre droit actuel, nous avons été amené à examiner la validité des marchés de Bourse et des contre-lettres relatives à la cession des offices. Après ces observations, nous n'avons pas besoin de dire que le rapport que nous indiquons entre les deux législations porte sur les préceptes et non sur les détails.

Ce procédé, que nous suivons dans notre enseignement oral, nous a paru produire de bons résultats : aussi avons-nous cru devoir l'employer dans cet écrit. Nous désirons qu'il nous procure encore l'avantage d'être utile à cette studieuse jeunesse à laquelle sont destinés surtout nos travaux.

Toulouse, 8 septembre 1857.

MASSOL (DE M.)

DE L'OBLIGATION NATURELLE.

DISPOSITIONS GÉNÉRALES.

SOMMAIRE.

1. Quoique l'homme ait été créé pour la société, l'autorité civile est obligée d'intervenir pour le protéger contre ses passions.
2. Les actes faits en dehors des prescriptions de la loi civile ne sont pas toujours dépourvus de toute efficacité.
3. Cette valeur partielle est accordée à l'obligation naturelle qui repose sur l'équité. — De quelle manière doit être envisagée cette équité ?
4. L'obligation ne peut produire d'effet malgré la loi civile.
5. Il ne faut pas confondre l'obligation naturelle et l'obligation morale ou de conscience.

1. L'homme trouverait dans sa seule conscience les règles de conduite propres à le guider dans la société pour laquelle Dieu l'a créé, si les passions et

les penchants égoïstes ne le détournaient pas de sa voie. De là, la nécessité du contrôle et de la direction imprimée par l'autorité civile.

Imparfaite elle-même, cette autorité ne tend pas à ce qui serait la perfection ; considérant les habitudes et l'esprit du peuple, elle en subit les influences et édicte en conséquence pour arriver à un bien relatif. Souvent elle confirme, par la sanction la plus efficace, ce qui est dans les mœurs ; quelquefois, soit que l'on n'ait pas bien déféré à ses prescriptions, soit que des moyens termes lui paraissent suffisants, elle limite et circonscrit davantage les droits.

2. Le législateur est maître de frapper d'une réprobation complète les actes faits en dehors de ses vues ; mais, dans certaines circonstances, il lui paraît convenable de ne pas rompre entièrement les liens que les parties ont volontairement formés, et qui se rattachent au droit qui régit la société en général. « Quid enim tam congruum fidei humanæ quam ea quæ inter eos placuerunt servare. » — L. 1, Dig., *de Pactis* (1).

(1) M. Holtius, professeur à Utrecht, a inséré dans la *Revue de Législation*, année 1852, p. 5, une dissertation dans laquelle il déclare qu'il n'a pas à examiner s'il existe un droit naturel ; mais il soutient que ses effets sont insignifiants, et n'ont de valeur que parce qu'ils peuvent servir ensuite de point de départ à une obligation civile ; ce n'est, ajoute-t-il, que l'obligation civile qui est prise en considération, et non l'obligation naturelle.

3. Le bien-être social, qui fait l'objet des préoccupations du législateur, lui prescrit de disposer quant au for extérieur; il n'entre pas dans ses attributions de scruter tous les actes de la conscience, il ne les règlemente que tout autant que l'intérêt public le demande.

C'est pourquoi l'obligation naturelle qu'il admet ne repose pas sur l'équité envisagée d'une manière absolue, et qui est une et immuable, mais bien sur l'équité dont l'ordre social peut tenir compte; c'est ainsi que l'on comprend que les principes de l'équité naturelle s'effacent parfois devant les exigences de l'intérêt public, par exemple, lorsque le juge absout à tort un véritable débiteur, aussi lorsqu'un débiteur enrichi invoque la prescription.

4. L'obligation naturelle se manifeste quand elle

Notre ami M. Cauvet, professeur à la Faculté de Caen, a combattu cette doctrine (*Revue de Législation*, année 1853, t. 1, p. 193). Il fait remarquer que si l'obligation naturelle peut être ratifiée et servir de fondement à la novation, cela prouve qu'elle existe; car on ne ratifie point ce qui est entièrement nul, et une obligation inexistante ne peut fournir matière à une novation.

Nous ferons observer qu'en parlant des effets de l'obligation naturelle, M. Holtius ne mentionne pas celui qui nous parait le plus saillant et le plus énergique, celui qui fait considérer l'obligation naturelle comme faisant partie des biens du créancier.

se rattache au droit admis chez les divers peuples, pourvu toutefois que le législateur n'ait pas voulu la proscrire; car l'obligation naturelle amenant des effets civils est nécessairement soumise au pouvoir civil; c'est ainsi qu'à Rome, la femme qui répondait pour autrui ne contractait pas même une obligation naturelle (1). On peut dire également, en France, que la donation entre-vifs non revêtue des formalités solennelles ne vaut pas comme obligation naturelle.

L'obligation naturelle n'est donc pas celle qu'une logique ambitieuse fait découler de ce droit : « Quod naturalis ratio inter omnes homines constituit » (Inst. Just., § 1, *de Jure naturali gentium*, etc.), mais bien celle que les divers peuples, et même un seul peuple, croient se relier au droit des gens ou au bien de la société.

5. Toute obligation suppose un lien juridique qui opère avec plus ou moins d'efficacité; il suit de là que les simples devoirs qui tiennent à la conscience ou aux habitudes d'un peuple, doivent être séparés

---

(1) Si la législation des peuples chrétiens, et notamment des Français, impose à la femme mariée la nécessité de l'autorisation, ce n'est pas à cause de la prétendue incapacité de la femme, mais à cause des égards qu'elle doit à son époux : en effet, si elle n'était pas mariée, elle aurait l'aptitude nécessaire pour contracter ainsi qu'elle le jugerait à propos. (Voir notre *Traité de la Séparation de corps*, p. 240.)

avec soin de l'obligation naturelle. Nous citerons, parmi les devoirs de conscience, le précepte qui ordonne de faire l'aumône, et nous ne verrons qu'une déférence aux convenances dans l'acquiescement donné par les héritiers du sang à un testament imparfait.

Ce n'est pas que l'on ne puisse, mû par l'idée de satisfaire à un devoir moral, s'imposer une obligation, déclarer, par exemple, que l'on paiera quoique le testament soit nul, quoique la prescription soit encourue; mais cet acte se traduira en une véritable libéralité. — En un mot, l'obligation que l'on nomme morale ou de convenance ne constitue pas une dette. Cette nuance délicate sera mise en relief dans le cours de ce travail.

PREMIÈRE PARTIE.

DROIT ROMAIN.

SOMMAIRE.

1. Définition de l'obligation naturelle.
2. Signe auquel on reconnaît l'obligation naturelle.
3. Plusieurs effets de l'obligation naturelle sont indépendants de la volonté du débiteur.
4. Division de la matière.

1. Conformément aux idées que nous venons d'exposer, nous définissons l'obligation naturelle, celle qui, basée sur le droit social, semble plutôt tolérée que confirmée par le droit civil, qui ne lui accorde pas une action tout en lui laissant les effets qui n'exigent pas une intervention aussi prononcée de l'autorité.

Il est essentiel de bien se pénétrer de cette observation, que l'obligation naturelle, qui émane du droit social, est plutôt tolérée que confirmée par le législateur. Si elle était expressément approuvée, elle découlerait du droit civil; si elle était approuvée tacitement au moyen de la *longa consuetudo*, elle dériverait encore du droit civil; car le droit coutumier est partie intégrante du droit civil; mais l'obligation naturelle n'a pour elle l'adhésion entière ni du législateur ni de la coutume (1).

La définition qui tend à donner à l'obligation naturelle tous les effets de l'obligation civile, abstraction faite de l'action (2), nous paraît inexacte. — Nous verrons notamment, à l'égard de la compensation, que l'obligation naturelle ne donne pas autant d'avantage que l'obligation civile.

2. L'obligation naturelle est privée d'action; mais ce n'est pas là le signe auquel on reconnaît l'obligation naturelle, toutes les conventions que la loi réprouve se trouvant nécessairement sans action.

De même le refus de répétition, quand l'obligation naturelle a été acquittée, n'est pas le signe par lequel

---

(1) Par là, on peut juger combien est insuffisant l'aperçu que l'on donne de l'obligation naturelle, quand on se contente de dire que l'obligation naturelle est celle qui vient du droit des gens.

(2) Telle est la définition présentée par Doneau, t. III, p. 438, édit. de Rome, et par M. Puchta, *Inst.*, t. III, p. 68, édit. de 1854.

se manifeste l'obligation naturelle; car dans le cas où il existe *turpis causa* de la part de celui qui réclame, la *condictio* n'est pas accordée (1).

D'après nous, le criterium de l'obligation naturelle est celui-ci : l'obligation naturelle fait partie des biens du créancier, et cependant elle n'est susceptible de produire ni l'action ni la compensation proprement dite.

3. En parcourant les effets de l'obligation naturelle, on s'apercevra que plusieurs d'entre eux sont indépendants de la volonté du débiteur (2). Si ce dernier pouvait, par son caprice, les anéantir en totalité, il ne serait pas vrai de dire que l'obligation naturelle fait partie des biens du créancier.

Ce que nous venons d'avancer ressortira de l'examen auquel nous allons nous livrer.

4. Nous exposerons : 1° l'origine et le caractère de l'obligation naturelle; 2° les effets qu'elle produit; 3° ses causes d'extinction; 4° les divers cas particuliers dans lesquels elle se rencontre.

(1) Nous tâcherons d'établir plus bas que l'acquittement d'une obligation, même de convenance, empêche la répétition, alors que l'on croyait être tenu civilement.

(2) De ce nombre, sont le droit de rétention, la fidéjussion, l'hypothèque fournie par un tiers.

CHAPITRE PREMIER.

Origine et caractère de l'obligation naturelle.

SOMMAIRE.

1. Sources de l'obligation naturelle.
2. Les rapports de famille ne donnent pas lieu à une obligation naturelle, mais à une obligation civile.
3. Les étrangers s'obligent naturellement. — Le pupille étranger qui, d'après les lois de son pays, ne s'oblige pas naturellement quand il traite sans l'autorisation de son tuteur, s'oblige-t-il néanmoins, à Rome, dans cette circonstance?
4. L'obligation naturelle se réfère à plus de sujets que l'obligation civile.
5. Ce serait se tromper que de croire que l'obligation naturelle a été établie pour venir en aide aux étrangers.
6. Il n'est pas exact de dire que l'obligation naturelle dérive de l'organisation des pouvoirs, à Rome.
7. Ce n'est que pour des motifs graves qu'une partie peut faire cesser l'obligation naturelle qu'elle a contractée.
8. Le dol rend inexistante l'obligation naturelle.
9. La violence rend inexistante l'obligation naturelle.
10. L'erreur concernant les attributs essentiels de la chose empêche l'obligation naturelle de prendre naissance.
11. Les exceptions qui détruisent l'obligation civile portent-elles atteinte à l'obligation naturelle?

12. Les dispositions prohibitives de la loi civile qui se réfèrent aux intérêts généraux de la société, sont incompatibles avec l'idée d'une obligation naturelle.
13. Les obligations naturelles qui ont été après coup revêtues d'une action, ne doivent pas être comprises dans la catégorie des obligations naturelles.

Examen de la 16, § 4, Dig., *de Fidejussoribus.*

1. L'obligation naturelle nous paraît résulter des trois causes qui suivent :

a. L'inobservation de certaines formes dans les engagements ;

b. Le vice provenant de l'incapacité civile des contractants ;

c. Le rigorisme du droit civil, qui enrichit le débiteur en arrêtant la réclamation du créancier ; par exemple, quand ce créancier échouait, parce qu'il n'avait pas observé les règles de la procédure, le débiteur ne laissait pas d'être tenu naturellement.

2. Les rapports de famille ne nous paraissent pas devoir amener une obligation naturelle. Que la parenté ou l'alliance donne lieu à une obligation civile, nous le comprenons ; mais que l'obligation soit seulement naturelle, il nous est difficile de nous en rendre compte. Quand le lien de famille n'est pas méconnu par le législateur, il doit nécessairement servir de base à une action.

Au premier abord, on sera porté à contredire cette proposition, en avançant que la parenté existait entre les esclaves, et que ne pouvant donner lieu à une obligation civile, elle devait produire une obligation naturelle. — A l'appui de cette thèse, on invoquera la loi 32, Dig., *de Diversis regulis* : « Quod attinet ad jus civile, servi pro nullis habentur : non tamen et jure naturali : quia quod ad jus naturale attinet omnes homines æquales sunt. »

Cette difficulté ne repose que sur une équivoque ; la parenté des esclaves n'est pas reconnue par le législateur romain : « Sed ad leges, serviles cognationes non pertinent. » Dig., l. 10, § 5, *de Gradibus*, etc. Dès lors, elle est incapable de créer l'obligation naturelle, car l'obligation naturelle est environnée d'effets civils.

Quant à la loi 32, *de Diversis regulis*, nous rappelons qu'il faut avoir le soin de distinguer le droit naturel proprement dit du droit social. Le premier existe sans la permission de la loi civile ; il en est autrement du second ; l'un ne reconnait pas l'esclavage, l'autre l'autorise.

Au reste, que l'on considère qu'Ulpien est l'auteur de la loi 32 précitée ; or, d'après ce jurisconsulte, le droit naturel est celui qui s'étend sur tous les êtres animés, et auquel par conséquent les animaux eux-mêmes participent (l. 1, § 3, Dig., *de Justitia et jure*). — Cette observation suffit pour faire comprendre que ce droit naturel n'est en définitive qu'une abstraction (1).

(1) Aussi, bien des jurisconsultes rejettent cette notion du *jus naturale* (Gaius. Comm. 1, § 1).

De là, nous concluons que ceux qui étaient esclaves ne pouvaient se prévaloir de leur parenté. Lorsqu'ils avaient obtenu la liberté, leur parenté antérieure n'était prise en considération qu'à cause de l'*honestas publica* qui se rattache aux justes noces (l. 14, § 2 et 3, Dig., *de Ritu nuptiarum* (1), et encore à cause de cette *honestas*, qui veut que les enfants aient du respect pour les

(1) Ce texte dispose, il est vrai, que les *serviles cognationes et adfinitates* sont des empêchements au mariage; toutefois, l'on remarquera qu'il ne concerne que les justes noces que se proposent de contracter ceux qui ont cessé d'être esclaves. Ce n'est que parce qu'ils se trouvent citoyens romains qu'il est question de ces empêchements fondés sur l'*honestas publica*.

Conformément à cette doctrine, l'on décidait que les peines de l'adultère n'étaient pas applicables quand il s'agissait de l'union des esclaves. (L. 23, Dig., *ad legem Juliam de Adulteriis*.—L. 6, Codice, *ad legem Juliam de Adulteriis*.

Si des lois furent portées pour empêcher l'inhumanité des maîtres, c'était surtout afin d'éviter le mécontentement des esclaves, qui pouvait devenir fâcheux pour l'État : « Expedit enim reipublicæ ne sua re quis male utatur. » Inst. Just., § 2, *de iis qui sui*. — C'était principalement une mesure politique.

Dans le Chapitre IV, en traitant des obligations des esclaves, nous constaterons que les esclaves, par suite de leurs engagements, pouvaient contracter des obligations naturelles qui les concernaient personnellement d'après le droit social, et néanmoins, suivant ce même droit, ils ne s'appartenaient pas à eux-mêmes.

auteurs de leurs jours (l. 4, § 2 et § 3, Dig., *de In jus vocando*).

3. Est-il besoin de dire maintenant que l'obligation naturelle peut naître en la personne des étrangers, qu'elle peut être invoquée en leur faveur et contre eux?

Comme il était loisible aux étrangers de faire usage des contrats du droit des gens, que le droit civil avait confirmés et qui attribuaient une action, à plus forte raison étaient-ils reçus à se prévaloir, le cas y échéant, du bénéfice de la *naturalis obligatio* (1).

Admettons, pour le moment, qu'à Rome le pupille se lie par une obligation naturelle, quand il s'engage sans l'autorisation de son tuteur. Doit-on porter une semblable décision à l'égard du pupille étranger qui traite à Rome, alors que, d'après la législation de son pays, il ne pouvait pas même contracter une obligation de cette espèce?

Voici les motifs que l'on pourrait faire valoir pour soutenir, dans l'espèce précitée, que le pupille étranger contracterait une obligation naturelle dans l'étendue de l'empire romain. — Que le code d'un pays déclare que, jusqu'à tel âge, on est incapable de

---

(1) Cet avantage accordé aux étrangers ne faisait pas obstacle, du moins d'après notre sentiment, à ce que les étrangers n'eussent la faculté de s'obliger entre eux par le moyen des contrats usités dans leur pays.

s'obliger, cela se conçoit; c'est une mesure de droit civil; ainsi, l'étranger ne sera pas tenu civilement à Rome. Mais quand il s'agit de l'existence de l'obligation naturelle, l'on doit s'attacher à un autre ordre d'idées. L'obligation naturelle se relie à l'intérêt social, et dès qu'elle est acceptée dans un état, elle doit l'être sans se préoccuper de la nationalité du sujet. Quand on déclare que le législateur a la faculté de supprimer les effets de l'obligation naturelle, l'on ne raisonne que par rapport au territoire soumis à son autorité; mais s'il veut s'écarter des principes d'équité sociale, les autres nations ne sont pas astreintes à le suivre dans cette voie.

L'opinion contraire doit l'emporter.

Nous sommes d'avis que les lois de capacité suivent les étrangers en quelque lieu qu'ils se trouvent; aussi l'étranger qui se rencontre à Rome, peut-il faire un testament en se conformant aux statuts de sa patrie. (Ulpien, *Regul.*, tit. 20, § 14.)

Le pupille étranger contreviendrait aux lois de capacité, s'il s'engageait naturellement à Rome, malgré la défense qui lui est faite par la législation de sa patrie. Cette sorte même d'obligation lui a été sans doute interdite, parce que son jugement n'offrait pas encore les garanties désirables.

L'obligation naturelle dérive du droit social propre à un pays, lequel droit fait partie de la législation elle-même, et confère certains avantages civils; par conséquent, le pupille étranger contractant à Rome une obligation naturelle, se soumet à une législation spéciale à un peuple auquel il n'appartient pas, et il ne tient pas compte de celle qui doit règlementer sa capacité.

4. Dans la définition de l'obligation naturelle, nous avons énoncé que cette obligation produit moins d'effets que l'obligation civile; aussi ne faut-il pas s'étonner que l'obligation naturelle s'étende à plus de personnes que l'obligation civile. Cette donnée nous amène à formuler la proposition suivante : Ceux qui peuvent s'engager civilement sont aptes à s'engager naturellement; mais l'inverse n'a pas lieu.

5. D'après nous, l'obligation naturelle ayant son fondement dans les besoins sociaux, ce serait se tromper que de penser qu'elle a été établie dans l'intérêt des étrangers. Il serait bizarre qu'un droit très équitable eût été établi pour les personnes à l'égard desquelles on montrait, dans les premiers temps, une rigueur excessive (1).

Plus tard, les préventions contre les étrangers étant tombées, ou étant diminuées, leurs engagements ne produisaient pas seulement les effets restreints de la *naturalis obligatio*, ils donnaient lieu à une action. Un Préteur, dit Peregrinus, veillait à leur exécution. (Gaïus, Com. I, § 6. — Com. IV, § 105.)

(1) M. Laferrière, *Histoire du Droit*, t. I, p. 55.

Ce magistrat était compétent, soit que le différend s'élevât entre étrangers seulement, ou bien entre citoyens romains et étrangers.

Dans ce dernier cas, il arrivait quelquefois qu'une action fictice était mise en usage; l'étranger agissait ou était poursuivi comme s'il avait été investi du titre de citoyen romain. (Gaius, Com. iv, § 37.)

6. L'organisation des pouvoirs, à Rome, ne nous paraît pas non plus être la cause de l'obligation naturelle. Nous ne disconvenons pas que la législation romaine n'ait été formée que successivement et non pas d'un seul jet, que les Romains ne fussent désireux de maintenir leurs lois primitives, et que le Préteur, qui n'osait pas les abroger, n'eût recours à un terme moyen en considérant comme obligation naturelle celle qui n'était pas fortifiée par l'ancien droit (1).

Cela prouverait, tout au plus, que l'obligation naturelle se produisait plus souvent chez les Romains

---

(1) C'est par ce fait historique que M. Schultze, *de Naturali pupillorum obligatione*, p. 11, explique l'existence de l'obligation naturelle chez les Romains. — M. Vidal, *Revue étrangère*, t. iv, p. 315, émet la même doctrine; aussi, pour être conséquent avec lui-même, est-il forcé de convenir qu'à proprement parler il n'y a point d'obligations naturelles en France, t. iv, p. 367. — Nous estimons, au contraire, qu'il existe de véritables obligations de cette espèce. Nous renvoyons à l'examen de la partie de notre travail sur le Droit français.

que chez d'autres peuples; mais cela n'assignerait pas son origine; elle est antérieure à la fondation de Rome; elle répond à des besoins sociaux, et elle exerce son ascendant chez tous les peuples. Expliquer l'obligation naturelle d'après la constitution politique d'un peuple, c'est lui faire perdre son caractère, c'est la convertir en obligation qui n'est que civile.

7. L'obligation régulièrement consentie, est le résultat d'une lutte de calcul de la part des contractants; chacun ambitionne un bénéfice contre l'autre, et, dans ce but, il est telle manœuvre qui ne serait pas tolérée par la pure morale, et qui, cependant, n'est pas réprouvée par les lois positives; aussi les juristes déclarent-ils qu'il est permis dans la vente, par exemple, de se circonvenir. Sous l'empire de ces idées, on comprend qu'un contrat proprement dit puisse être maintenu malgré des actes répréhensibles jusqu'à un certain point.

Il n'existerait aucune sécurité dans les transactions, s'il était permis de les attaquer sous prétexte que l'on est tombé dans quelque méprise. Cette considération puissante milite également par rapport à l'obligation naturelle.

8. Les docteurs ne sont pas d'accord sur la question de savoir si le dol qui a déterminé un contrat de bonne foi, est de nature à le rendre inexistant.

Nous adoptons l'opinion de ceux qui estiment que

le contrat est annulable, mais qu'il n'est pas réputé inexistant. (L. 11, § 5, Dig., de Actionibus empti.)(1)

Que l'on considère toutefois la différence qui existe entre l'obligation créée par un contrat de bonne foi et l'obligation naturelle. La première est consacrée par le droit civil, la seconde vaut en vertu du droit des gens, qui a une grande autorité pour infirmer une convention rentrant dans son domaine; aussi le dol, qui blesse profondément l'équité, empêche-t-il l'obligation naturelle de naître.

(1) Si l'on ne reconnait pas l'existence du contrat, il sera bien difficile d'expliquer la loi 10, Codice, *de Rescindenda venditione* : « Dolus emptoris qualitate facti non quantitate pretii æstimatur. Quem si fuerit intercisse probatum; non adversus eum in quem emptor dominium transtulit, rei vindicatio venditori, sed contra illum, cum quo contraxerat, in integrum restitutio competit. » Puisque ce texte admet que, malgré le dol, il y a eu transfert de propriété, cela prouve que le contrat n'est pas jugé inexistant. La tradition seule ne peut investir de la propriété lorsqu'elle a lieu en vertu d'un traité inexistant, c'est-à-dire dépourvu de toute efficacité.

L'on objecte la loi 7, *Princip.* Dig., *de Dolo malo*, qui supposant qu'un *mineur* de vingt-cinq ans a vendu un esclave, par suite du dol pratiqué par ce dernier, annonce que l'acheteur ne sera point recherché à cause de ce dol auquel il n'a point participé; mais elle ajoute que si l'acheteur avait été complice du dol, *nullam esse venditionem*.

Nous estimons que ces termes signifient, non pas que le contrat est réputé inexistant, mais qu'il est susceptible d'être rescindé, qu'il est, en un mot, annulable.

9. Si le dol qui a déterminé la convention empêche l'obligation naturelle de naître, à plus forte raison en est-il ainsi de la violence grave : « Nihil consensui tam contrarium est qui ac bonæ fidei judicia sustinet, quam vis atque metus, quem comprobare contra bonos mores est » (loi 116, Dig., *de Diversis regulis juris*). — Celui qui a cédé à des artifices a du moins donné son adhésion, il n'a pas cherché à se prémunir contre les manœuvres pratiquées envers lui; tandis que celui qui contracte par suite de la violence n'a pas fait usage de sa liberté, quand il disait qu'il s'engageait. Sans doute, la volonté forcée est une volonté (l. 21, § 5, Dig., *Quod metus causa*), car le sujet peut ne pas adhérer soit en résistant aux menaces, soit en se résignant au mal dont il est menacé; mais il n'est pas libre si l'on a égard au droit des gens, et si l'on envisage les hommes tels qu'ils se trouvent ordinairement dans la société.

Le Préteur ne tient aucun compte de ce consentement : « Quod metus causa gestum erit nullo tempore Prætor ratum habebit » (l. 21, § 1, Dig., *Quod metus causa*) : par conséquent, aux yeux du Préteur, un pareil acte n'a pas même la force de l'obligation naturelle.

10. L'erreur, en général, nous paraît devoir exercer moins d'influence sur l'existence du contrat que la violence. Quoique le motif qui a déterminé la volonté ne fût pas fondé, cependant le consentement a été donné en

toute liberté. Celui qui se plaint doit s'imputer sa précipitation et son incurie, sans pouvoir adresser aucun reproche à l'autre contractant. L'erreur nous semble encore avoir moins d'importance que le dol, qui, de même que la violence, blesse cette équité qui doit présider à la formation de tous les contrats. — Aussi, nous ne sommes nullement surpris que l'on ait soutenu que, d'après le droit civil, l'erreur sur les qualités essentielles de la chose ne suffit pas pour rendre le contrat inexistant (1).

(1) M. de Savigny, t. III, p. 311, estime que les jurisconsultes romains n'étaient pas d'accord sur cette question. — L. 9, § 2. — L. 45, Dig., *de Contrahenda emptione*. — L. 21, § 2, Dig., *de Actionibus empti*.

M. Vangerow, t. III, p. 265, ne croit pas à cette discordance, il ne pense pas que les rédacteurs du Digeste aient été assez imprévoyants pour insérer des fragments qui se donnent mutuellement un démenti. Il pense que toutes les fois que l'erreur sur la substance sera importante, influera notablement sur la valeur de la chose, alors le contrat sera inexistant.

Cette théorie est, à notre avis, en opposition formelle avec la loi 45, Dig., *de Contrahenda emptione* : « Labeo libro posteriorum scribit, si vestimenta interpola quis pro novis emerit, Trebatio placere ita emptori præstandum quod interest, si ignorans interpola emerit. Quam sententiam et Pomponius probat; in qua et Julianus est qui ait; si quidem ignorabat venditor, ipsius rei nomine teneri; si sciebat, etiam damni quod ex eo contingit : quemadmodum, si vas auricalcum pro auro vendidisset ignorans tenetur ut aurum quod vendidit præstet. »

En ce qui concerne l'obligation naturelle, nous déciderons néanmoins que la convention sera envisagée comme inexistante, lorsque l'erreur aura trait aux attributs essentiels de la chose, que les parties ont dû prendre en considération à cause de leur valeur; ainsi, le vendeur et l'acheteur croient que le vase qui est aliéné se compose d'or, tandis qu'il est d'un autre métal: cette convention sera mise à néant (1). L'équité ne veut pas qu'une convention qui aurait des conséquences très préjudiciables pour l'une des parties, puisse lui être opposée comme obligation naturelle; dès

Il résulte de là que celui qui dit vendre un vase d'or, qui en réalité est d'un autre métal, devra une indemnité quoiqu'il n'ait commis aucun dol; par conséquent, le contrat produit quelque effet et n'est pas inexistant. — M. Vangerow fait remarquer que ce texte ne déclare pas que le contrat soit existant, mais qu'il se borne à décider qu'une indemnité est due, parce que le vendeur avait promis de livrer un vase d'or. — Nous le demandons, comment cette promesse, qui fait partie du contrat de vente, peut-elle être un titre pour réclamer une indemnité, alors que le contrat est anéanti? Nous ne disconvenons pas que si le vendeur avait commis un dol, il ne fût responsable; mais dans l'espèce, sa bonne foi n'est pas mise en question.

(1) Il est des circonstances où la matière ne jouera qu'un rôle secondaire : J'achète l'ouvrage d'un sculpteur renommé; l'on déclare que l'artiste a employé une certaine qualité de bois; il est ensuite avéré que le bois est d'une autre espèce : le marché tiendra, même d'après le droit des gens ou social.

lors, au lieu d'autoriser sa résiliation, il est plus simple et plus convenable d'admettre sa non-existence.

Quand l'erreur se réfère à l'objet même, il est évident que la convention n'a jamais eu aucune existence, que l'on considère soit le droit social, soit le droit civil. (L. 9, Dig., *de Contrahenda empt.*) — Dans ce cas, la convention est annihilée, non pas précisément à cause de l'erreur, mais parce qu'elle manque d'objet, c'est-à-dire de l'un de ses éléments indispensables.

11. Il est temps de nous demander si les exceptions qui détruisent l'obligation civile laissent subsister l'obligation naturelle; l'on enseigne généralement (1) qu'il faut distinguer le cas où, en privant l'obligation de son efficacité, le législateur a entendu protéger le débiteur, et le cas où il n'a statué qu'en haine du créancier. Dans le premier, on n'admet pas le maintien d'une obligation naturelle; dans le second, on décide tout autrement.

Il y a quelque chose de trop artistique dans cette distinction pour qu'elle puisse satisfaire l'opinion vulgaire. — Les exemples cités, et qui se réfèrent aux sénatus-consultes Macédonien et Velléien, ne sont que spécieux; ainsi, dans l'espèce du sénatus-consulte Macédonien, peut-on dire que ce n'est qu'en haine du créancier que l'exception est introduite? En sévissant

---

(1) Mühlenbruch, *Doctrina Pandectarum*, t. ii, p. 224.

contre l'usurier, n'a-t-on pas voulu prémunir le fils de famille contre les piéges qui lui seraient tendus.— Ce qui démontre que le sénatus-consulte est aussi une faveur accordée au fils de famille, c'est que s'il arrive que les fidéjusseurs qui ont garanti l'emprunt se trouvent forcés de payer (1), ils n'obtiennent aucun recours contre le fils de famille. (L. 9, § 3, Dig., *De Senat. Macedoniano.*)

Nous ajouterons que si le mineur de vingt-cinq ans qui a traité, veut arrêter les poursuites dirigées contre lui, il aura cette faculté en justifiant de la lésion. (L. 7, § 1, Dig., *de Exceptionibus et præscr...*) — Mais ce mineur, qui évite une condamnation, n'en demeure pas moins obligé naturellement ; or, peut-on dire que l'exception qu'il a invoquée était décrétée en haine du créancier qui n'avait pas eu recours à des manœuvres frauduleuses.

Au reste, il est une foule d'autres exemples où l'on détermine bien difficilement quel est le but que se proposait le législateur, parce que les motifs sont complexes. Nous mentionnerons seulement la prescription (2).

(1) Dans le Chapitre IV, nous indiquerons qu'il en est ainsi lorsque le créancier a exigé l'intervention des fidéjusseurs, précisément pour se mettre à couvert contre l'exception du sénatus-consulte.

(2) M. de Savigny, t. v, p. 401, et t. ix, p. 115, s'élève contre le sentiment des auteurs qui distinguent les exceptions *in favorem debitoris*, de celles *in odium creditoris*.

Nous aimons mieux nous rattacher à ce principe d'après lequel l'obligation naturelle est une dérivation du droit social : « ... Desinit esse debitor is qui nactus est exceptionem justam, nec ab æquitate naturali abhorrentem. » (L. 66, Dig., *de Diversis regulis*.)

Lors donc que le droit social servira de base à l'exception, l'obligation naturelle disparaîtra ; c'est pourquoi le sénatus-consulte Macédonien ne rejette pas l'obligation naturelle ; et si le sénatus-consulte Velléien se prononce en sens contraire, c'est parce que les Romains croyaient se conformer au droit social en estimant que la femme n'avait qu'une aptitude et une expérience insuffisante des affaires. Or, nous avons vu (1) que l'obligation naturelle est une conséquence de ce droit qu'un seul peuple juge être une dépendance du droit social.

L'*æquitas naturalis*, dont parle la loi 66 précitée, nous l'avons entendue dans un sens restreint, c'est-à-dire eu égard au droit social, car l'obligation naturelle n'a de rapport qu'avec lui. C'eût été nous contredire que d'avancer que ce texte fait allusion à cette équité constituant le droit naturel, qui est gravé dans le cœur de tous les hommes, et qui se trouve indépendant de l'autorité civile (2).

12. Il va sans dire que nous refusons également

(1) Page 4.
(2) Page 3.

l'avantage de l'obligation naturelle aux conventions qui blessent les lois d'ordre public : « Pacta, quæ contra leges constitutionesque vel contra bonos mores fiunt, nullam vim habere indubitati juris est » (l. 6, Codice, *de Pactis*).

Nous envisageons de la même manière les conventions qui, sans porter atteinte à l'ordre public proprement dit, heurtent cependant les lois qui, dans un ordre secondaire, ont en vue l'intérêt général. Il en est ainsi de l'accord intervenu par rapport à une succession non ouverte. Justinien, dans la loi 35, § 1, Codice, *de Inofficioso testamento*, nous apprend que la promesse que consentirait un fils à son père, afin de s'interdire le droit de réclamer la totalité de sa légitime, serait entièrement dépourvue d'effet. Cet empereur, en sanctionnant l'opinion de Papinien, décrète, *hujus modi pacto filium minime gravari*. Cette locution dénote que cet accord, qui est privé de toute espèce de consistance, ne contient pas le germe d'une obligation naturelle.

Lorsque les dispositions prohibitives n'ont pas eu en vue les intérêts généraux de la société, mais qu'elles tiennent seulement à des déductions rigoureuses du droit civil, il faut admettre qu'elles laissent subsister l'obligation naturelle; ainsi, la stipulation *post mortem creditoris vel debitoris*, inhibée d'après le droit civil (Inst. Just., § 13, *de Inutilibus stipulationibus*), donnait cependant naissance à une obligation naturelle. Gaius, dans le commentaire 3 de ses Institutes, § 176, nous apprend que cette stipulation avait la force d'opérer une novation ; ce qui ne se serait pas réalisé si elle n'avait pas renfermé une obligation naturelle.

Ne pourrait-on pas assimiler à ce cas la question agitée entre les jurisconsultes, sur le point de savoir si la promesse ne répondant pas à l'interrogation, la stipulation devait être maintenue pour la somme moindre ?

Les uns l'annulaient pour le tout : « Adhuc inutilis est stipulatio, si quis ad id quod interrogatus erit, non responderit : velut si sestertia decem a te dari stipuler, et tu sestertia quinque mihi promittas..... » (Gaius, Inst., Comm. 3, § 102).

Les autres maintenaient la promesse comme obligation civile pour partie : « Si stipulanti mihi decem, tu viginti respondeas, non esse contractam obligationem, nisi in decem constat. Ex contrario quoque si me viginti interrogante tu decem respondeas ; obligatio nisi in decem erit contracta : licet enim oportet congruere summam, attamen manifestum est, viginti et decem inesse. » (Ulpien, l. 1, § 4, Dig., de Verborum obligationibus.)

Ceux qui prononçaient la nullité de l'entière stipulation, auraient dû, ce semble, la réduire à l'état d'obligation naturelle jusqu'à concurrence du chiffre qui est le moindre ; cependant, on remarquera qu'ils seraient tombés en contradiction avec eux-mêmes en prenant ce milieu ; car ils condamnaient la stipulation pour défaut de concours de volontés, c'est-à-dire parce que la stipulation péchait dans son essence. Cette espèce diffère beaucoup de celle où la stipulation étant conçue *post mortem creditoris vel debitoris*, n'empêche pas le concours des volontés, et contient seulement une condition qui est quelque chose d'étranger par rapport à la stipulation.

L'on sait qu'antérieurement à Justinien, les jurisconsultes n'étaient pas d'accord sur la question de savoir si la vente pouvait se conclure de manière à ce que le prix fût fixé par un tiers. (Inst. Just., § 1, *de Emptione et vend.*)

Ceux qui se prononçaient contre la validité du contrat de vente, auraient-ils été disposés à reconnaître qu'il existait dans ce cas une obligation naturelle? Nous ne le pensons pas; car il nous paraît que le motif qui les portait à se déterminer pour la nullité du contrat, était la trop grande incertitude sur l'étendue et la portée de l'engagement; or, une pareille incertitude ne peut pas être plus admise pour l'obligation naturelle que pour l'obligation civile.

Gaius, rendant compte de l'opinion des jurisconsultes qui ne permettaient pas de former le contrat de vente sous la condition précitée, nous apprend que, d'après eux, un semblable traité n'avait aucune sorte d'efficacité : « Pretium autem certum esse debet; alioquin si ita inter eos convenerit ut, quanti Titius rem æstimaverit, tanti sit empta, Labeo negavit ullam vim hoc negotium habere; quam sententiam Cassius probat... » (*Comm.* 3, § 140.)

13. En définissant l'obligation naturelle, nous avons dit qu'elle manquait de sanction quant au droit d'action. Toutefois, certaines obligations naturelles ont été à diverses époques corroborées par une action, notamment celles qui dérivent du constitut, de la promesse de dot et de la donation. Puisque l'avantage de l'action leur a été conféré, elles ne seront plus réputées obligations naturelles ; nous ne leur appliquerons pas les restrictions relatives à la compensation ; les personnes qui ne peuvent s'obliger que naturellement n'auront pas la capacité de contracter ces sortes d'obligations.

En ne reconnaissant l'obligation naturelle que tout autant qu'il y a refus d'action, on paraît heurter la loi 16, § 4, Dig., de *Fidejussoribus* : « Naturales obligationes non eo solo æstimantur, si actio aliqua earum nomine competit ; verum etiam cum soluta pecunia repeti non potest. Nam licet minus proprie debere dicantur naturales debitores ; per abusionem intelligi possunt debitores ; et qui ab his pecuniam recipiunt, debitum sibi recepisse. » — Au premier abord, ces expressions, *si actio aliqua corum nomine competit*, pourraient faire croire qu'en principe l'action découle de l'obligation naturelle (1).

Quelques auteurs ont cru échapper à la difficulté en ajoutant une négation (2) ; mais ce n'est que dans des

---

(1) Weber l'a soutenu.
(2) Hotoman, *Observ.*, lib. III, cap. 2.

circonstances bien rares qu'il est permis de faire usage de ce procédé. D'ailleurs, la loi 10, Dig., *de Obligationibus et Actionibus*, s'exprimant de la même manière, il s'ensuit qu'il faudrait lui faire subir la même addition.

Sans recourir à ce moyen extrême, certains jurisconsultes ont pensé (1) que le texte dont il s'agit fait allusion aux obligations naturelles improprement dites, qui émanent du droit des gens, et que le droit civil a acceptées d'une manière absolue, comme la vente, le louage, etc. — Cette interprétation ne nous paraît pas devoir être agréée; la vente et les autres contrats qui se forment par le seul consentement ne se confondent pas avec les obligations naturelles, dans leurs effets et dans le langage juridique. En outre, on lit dans ce même texte, que l'obligation naturelle ne constitue pas une dette pareille à celle qui résulte des contrats civils, ce qui ne peut se référer aux contrats consensuels qui ont la même force que les autres contrats. — Dira-t-on que d'abord il est fait mention des contrats consensuels, et qu'ensuite il est question des véritables obligations naturelles? Cette interprétation ne pourrait être admise qu'en reconnaissant que dans ce même paragraphe le jurisconsulte a été dominé par deux idées différentes; or, c'est ce qu'il est impossible d'admettre, lorsque l'on se rapporte à la conclusion gé-

---

(1) Notamment M. de Savigny, t. ix, p. 40.

nérale, qui décide que la dette naturelle n'a pas la même force que la dette civile.

Quelques auteurs (1) ont appliqué les expressions ci-dessus aux obligations accessoires, le gage, la fidéjussion. Cette détermination, peut-on observer, était nécessaire, parce que, sans elle, on aurait peut-être soutenu que, participant de l'obligation à laquelle ils se joignent, le pacte de gage et la fidéjussion ne pouvaient opérer que par voie d'exception et non par voie d'action.

Nous ne croyons pas devoir adhérer à cette manière de voir ; cette locution, *carum nomine competit*, prouve que c'est à raison de l'obligation naturelle elle-même et non de ses accessoires, que l'action qu'indique le juriste est donnée.

Dans cet embarras, il est essentiel de bien se pénétrer de la pensée de l'auteur de cette loi. On sait que la théorie des actions *præscriptis verbis* s'est développée peu à peu sous l'influence du temps et de la doctrine. Dès l'abord, l'accomplissement de la part de l'une des parties ne lui donnait droit qu'au *jus pœnitendi*. Plus tard, on voulut obtenir davantage ; Julien crut que l'on pourrait se prévaloir d'une action *in factum*. Les jurisconsultes qui vinrent ensuite octroyèrent une action civile. — Or, à l'époque où Julien écrivait, et d'après son avis, le pacte, qui constitue une obligation naturelle, alors qu'il était exécuté par

(1) Vangerow, t. III, p. 5.

l'une des parties procurait une action *in factum*; donc ce jurisconsulte, qui est l'auteur de la loi 16, *de Fidejussoribus*, a pu dire que l'obligation naturelle engendrait quelquefois une action. La loi 7, § 2, Dig., *de Pactis*, justifie ce que nous venons d'exprimer par rapport à l'opinion de Julien : « Sed et si in alium contractum res non transeat, subsit tamen causa... et ideo puto, recte Julianum a Mauriciano reprehensum in hoc : Dedi tibi Stichum ut Pamphilum manumittas; manumisisti, evictus est Stichus; Julianus scribit in factum actionem a prætore dandam. »

L'explication fournie à l'égard de cette loi 16, *de Fidejussoribus*, facilitera l'intelligence de la loi 10, Dig., *de Obligationibus et Actionibus*. D'après la rubrique des *Florentines*, ce texte appartiendrait à Paul; suivant d'autres manuscrits, il serait l'ouvrage de Julien. Cette dernière version nous paraît plus exacte, car les deux fragments, conçus dans le même esprit et rédigés avec les mêmes expressions, sont véritablement identiques.

Au reste, Paul était du nombre de ceux qui n'accueillaient l'action *præscriptis verbis* qu'avec circonspection et difficulté. La preuve en est dans le § 3 de la loi 5, Dig., *de Præscriptis verbis*. Celui qui a promis un fait en retour d'un objet, venant à prester le fait, n'a pas l'action *præscriptis verbis* d'après le sentiment de Paul, tandis que les autres jurisconsultes l'accordaient. (L. 13, Dig., *de Præscriptis verbis*.)

CHAPITRE II.

Des effets de l'obligation naturelle.

SOMMAIRE.

1. Toute espèce d'obligation naturelle est susceptible de produire les mêmes effets.
2. Effets que produit l'obligation naturelle.

1. L'obligation naturelle produit des effets généraux, absolus, qui peuvent s'appliquer à toutes les espèces d'obligations appartenant à cette catégorie. Il importe de les signaler d'abord, de telle sorte que nous ne reconnaîtrons le caractère d'obligation naturelle dans les diverses obligations successives que nous analyserons, qu'autant que la loi leur attribuera la même sanction.

Les distinctions proposées par les juristes (1) en dehors de notre règle, nous paraissent fautives et propres à perpétuer la confusion entre l'obligation naturelle et les devoirs moraux.

2. Les effets suivants se rattachent à l'obligation naturelle : a) elle empêche la répétition ; b) elle fait partie des biens du créancier ; c) elle se prête à la fidé-

---

(1) M. de Savigny, t. IX, p. 51, ne croit pas lui-même devoir proposer une règle absolue.

jussion, au gage, à la corréalité et au constitut; *d*) elle est susceptible de ratification ; *e*) elle sert d'appui à la novation ; *f*) elle autorise le droit de rétention.

SECTION PREMIÈRE.

De l'obligation naturelle par rapport à la non-répétition.

SOMMAIRE.

1. Celui qui paie, croyant être tenu civilement tandis qu'il ne l'était que naturellement, ne peut répéter.
2. La répétition serait également déniée si celui qui a payé croyait être obligé civilement, alors qu'il n'était tenu que d'un devoir moral ou de conscience.

1. Celui qui paie dans l'intention d'éteindre une obligation naturelle ne peut pas répéter. (L. 16, § 4, Dig., de *Fidejussoribus*.)

La *condictio indebiti* repose sur l'équité ; or, n'y aurait-il pas injustice à s'appuyer sur cette action pour revenir contre un paiement qui est la conséquence d'une dette équitable.

Les auteurs pensent trouver le signe caractéristique de l'obligation naturelle dans la non-répétition de ce qui a été payé, lorsque ce paiement est accompagné d'une erreur de droit. Comparant l'obligation naturelle avec les devoirs de conscience et de convenance, ils (1) soutiennent que ce qui les distingue, c'est que

(1) M. de Savigny, t. IX, p. 46.

lorsqu'il y a obligation naturelle, ce qui est payé par erreur de droit n'est pas soumis à la répétition, tandis qu'il en est autrement lorsqu'il s'agit d'une simple obligation morale.

Cette théorie nous paraît fausse et même contraire aux textes que l'on invoque afin de l'appuyer. Le premier se réfère à l'ascendante qui croyait être tenue de fournir une dot : « Mulier si in ea opinione sit, ut credat se pro dote obligatam, quidquid dotis nomine dederit, non repetit : sublata enim falsa opinione relinquitur pietatis causa , ex qua solutum repeti non potest. » — L. 32, § 2, Dig., *de Condictione indebiti*. — D'après le second texte, l'affranchi preste des *operæ officiales*, dans la pensée qu'il était tenu : « Libertus, cum se putaret operas patrono debere, solvit. Condicere cum non posse, quamvis putans se obligatum solvit... Natura enim operas patrono libertus debet. » — L. 26, § 12, Dig., *de Condictione indebiti*.

A Rome, on ne saurait trop insister sur ce point, l'obligation, pour être valable, n'était soumise à aucune cause dans le sens que nous attachons à ce mot dans le droit français. La volonté, exprimée selon la loi, suffisait pour former le lien juridique. Cette même volonté devait suffire pour amener l'aliénation irrévocable d'une chose et en empêcher la répétition. La *condictio indebiti* n'avait été établie que pour empêcher l'enrichissement sans motif, ou par suite d'une volonté inintelligente au préjudice de l'ancien propriétaire. Toutes les fois, au contraire, que l'on pouvait conjecturer que celui qui s'était imposé une obligation avait cru devoir l'accomplir, parce qu'il y avait été porté, ne fût-ce que par de simples motifs d'affection, de piété ou de bienveillance, on ne lui permettait pas de se rétracter en invoquant l'erreur. — C'est ainsi que l'affranchi ne pouvait pas répéter les *operæ officiales* dont il se croyait tenu, bien qu'il n'eût fait aucune promesse à cet égard. — C'est ainsi que l'ascendante qui constituait une dot, dans l'opinion où elle était qu'elle se trouvait obligée de le faire, n'était pas admise à la répétition.

Examinons si les deux lois que nous venons de relater se réfèrent, comme on le prétend, à l'obligation naturelle :

A notre avis, elles ne concernent que l'obligation morale ou de convenance.

Notons, de prime-abord, que si l'affranchi est déclaré devoir *natura* les services *officiales* qu'il n'a point promis, cette locution réveille l'idée de la *pietatis causa*. Ces services constituent un *officium* dont l'affranchi est tenu par reconnaissance ou déférence. C'est ainsi que dans la loi 25, § 11, Dig., *de Hereditatis petitione*, il est mentionné que ceux qui donnent, ne gagnent pas : « Quamvis ad remunerandum sibi aliquem naturaliter obligaverunt. » Ce terme, *naturaliter*, n'a pas trait à une obligation naturelle, mais seulement à une obligation de convenance, de reconnaissance.

Quant au texte qui interdit la répétition de la dot fournie par l'ascendante qui croyait être tenue de faire cette constitution, l'on remarquera qu'il énonce lui-même la raison de décider, fondée sur un devoir moral : le paiement a été fait *pietatis causa* (1).

Peut-on dire d'ailleurs que la mère soit tenue natu-

---

(1) Cette loi ne dénomme pas la femme qui a constitué la dot, elle emploie l'expression générale *mulier*. Quelques auteurs, notamment M. de Savigny, croient que c'est l'épouse elle-même qui fournit la dot; d'autres, tels que Godefroi, estiment que c'est la mère ou la sœur. — Doneau, t. III, p. 430, édit. de Rome, applique la loi à toute ascendante.

Nous sommes d'avis que ce texte comprend la femme, l'ascendante, la tante et la sœur. Toutes ces personnes ne sont-elles pas portées *causa pietatis* à fournir une dot.

Que l'on n'objecte pas que le jurisconsulte suppose que la femme s'imaginerait qu'elle était tenue civilement de constituer la dot, et qu'une pareille erreur n'a pu être commise par la tante et la sœur. — Nous répondons qu'il est facile de comprendre que ces personnes se soient méprises de la sorte. Il est vrai que d'après la loi *Julia*, l'ascendant investi de la puissance paternelle était seul dans la nécessité de doter (l. 19, Dig., *de Ritu nuptiarum*). — Mais l'on a soutenu aussi, qu'antérieurement cette nécessité incombait aux parents consanguins les plus rapprochés, au frère et à la sœur. Cette observation historique est l'explication du § 3 de la loi 12, Dig., *de Administratione et periculo tutorum :* « ... Sed non dabit dotem sorori alio patre natæ, etiam si aliter ea nubere non potuit... » — Pourquoi interdire au tuteur de fournir la dot à la sœur qui n'est pas consanguine, si ce n'eût pas été un devoir pour le tuteur de constituer, pour le compte de son pupille, une dot à la sœur issue du même père ? Nous trouvons là un vestige de l'ancienne jurisprudence.

rellement de doter sa fille lorsque, par exemple, le père a de la fortune ?

Cette prétendue obligation pourrait-elle être garantie par la fidéjussion et le gage? Ceux même qui voient en elle un lien naturel, sont forcés de répondre négativement; par conséquent, cette obligation ne produisant pas tous les effets de l'obligation naturelle, ne mérite pas cette qualification (1).

Nous avons dit que le signe qui met en évidence l'obligation naturelle est celui-ci : l'obligation naturelle fait partie des biens du créancier; or, nous le demandons, une fille pourrait-elle dire que l'obligation de doter, dont est tenue sa mère, augmente ses propres biens, qu'il ne dépend que d'elle de léguer ce droit, etc.?

Une dépense effectuée *pietatis causa*, quoique n'autorisant pas la répétition, ne saurait donc être transformée en obligation naturelle. Conformément à cette doctrine, la loi 14, § 7, Dig., de *Religiosis et sumptibus*, déclare que la dépense des funérailles faite *pietatis causa*, c'est-à-dire par affection et attachement, ne donne pas droit à la répétition; cependant on ne saurait entrevoir dans cet acte l'accomplissement d'une obligation naturelle.

La loi 27, § 1, Dig., de *Negotiis gestis*, ajoute encore à ce qui nous semble une démonstration; elle porte que lorsqu'un parent fournit, *pietatis respectu*, des ali-

---

(1) Voir p. 32.

ments à celui qu'il n'est pas tenu de nourrir (1), il n'est pas écouté s'il veut se faire rembourser. Est-ce que l'on trouverait là une obligation naturelle?

Le *pietatis ratio* sert encore de base à une décision qui mérite d'être étudiée, et qui peut se référer à un intérêt assez considérable. La loi 17, Codice, *de Postliminio reversis*, nous apprend que la mère, qui paie le prix de la rançon de son fils tombé au pouvoir de l'ennemi, n'est pas recevable à demander son remboursement : « ..... Pro pietatis itaque ratione ab hostibus redempto filio, facti te pœnitere, ac de prœtio quicquam tractare non convenit..... » — En retirant son fils de la condition fâcheuse dans laquelle il se trouvait, et en payant, la mère n'entendait pas sans doute faire ses réserves, elle n'était dominée que par le désir de posséder son fils. Toutefois, cette mère a suivi l'impulsion de sa tendresse; mais elle n'acquittait pas une obligation naturelle proprement dite.

Dans ces diverses espèces, la répétition sera déniée, alors même que ces personnes prétendraient qu'elles s'étaient imaginées être tenues légalement; car le législateur conjecture qu'elles se sont imposées volontairement le paiement, et qu'elles auraient agi de la

---

(1) De même, si l'enfant a des biens et que la mère ou l'aïeule fournissent des aliments *pietatis causa*, elles ne pourront pas répéter (l. 34, Dig., *de Negotiis gestis*; l. 11, Codice, *eodem*). Au reste, quand l'ascendante n'a point manifesté son intention, elle est censée, dans le doute, avoir agi *propter pietatem*.

même manière si elles avaient connu le Droit et le véritable état des choses; de sorte que leur erreur ne doit pas être prise en considération, en vertu de la règle suivant laquelle l'erreur de droit n'autorise pas la répétition, qu'il s'agisse soit d'une obligation naturelle, soit d'une obligation morale ou de convenance.

Cette théorie peut soulever une objection que nous formulons de la manière suivante : Lorsqu'un capital a été prêté sans convention d'intérêts, s'ils sont payés par erreur, la répétition sera permise; la loi 18, Codice, *de Usuris*, est explicite à cet égard : « Indebitas usuras, etiam si ante sortem solutæ non fuerint, ac propterea minuere eam non potuerint, licet post sortem redditam creditori fuerint datæ, exclusâ veteris juris varietate repeti posse perpensâ ratione firmatum est. » — Les doutes indiqués par cette constitution s'étaient élevés, parce que le débiteur ayant reçu un bienfait, alors qu'il n'était pas astreint au paiement d'intérêts, l'on pouvait croire qu'il s'était montré reconnaissant en soldant ensuite des intérêts. Dans les temps modernes, où l'on est accoutumé à considérer l'intérêt comme une sorte de fruit de l'argent, on pourrait soutenir que celui qui a fait cette prestation n'est pas en droit de répéter parce qu'il a voulu reconnaître un service; mais dans l'esprit de la jurisprudence romaine, qui s'est perpétuée pendant le cours du moyen-âge, l'intérêt n'était pas une conséquence du prêt; aussi n'était-on fondé à le réclamer qu'autant qu'il était fixé par la stipulation.

Il reste à nous rendre compte de la loi 10, Dig., *de Jurejurando*, qui dispose que lorsque le serment a été prêté, le paiement qui serait effectué autoriserait la répétition. — Cependant, peut-on faire observer, le serment n'empêchant pas l'obligation morale ou le devoir de conscience de subsister, la répétition devrait être déniée.

Nous répondons que l'obligation morale ou de conscience empêche de répéter, pourvu qu'elle apparaisse; mais un serment ayant été prêté, l'on ne doit pas supposer qu'il y ait parjure; par conséquent, la loi estime avec raison que le serment est une démonstration complète de la non-existence de la dette. Le texte que nous avons cité, en disant *que solutum repeti potest*, a le soin d'ajouter le motif suivant: *utpote cum interposito eo, ab omni controversia discedatur;* par conséquent, l'on ne peut plus alléguer l'existence de la prétendue dette afin de retenir ce qui a été payé.

2. Ce cas diffère essentiellement de celui où l'obligation morale ou de convenance se montre d'elle-même, par exemple, dans l'hypothèse où l'on fait un paiement à celui qui a rendu des services; la reconnaissance constitue une obligation morale.

SECTION II.

L'obligation naturelle fait partie des biens du créancier.

SOMMAIRE.

1. L'obligation naturelle constitue une dette, il en est autrement de l'obligation morale.

2. Le créancier en vertu d'une obligation naturelle, devenant héritier de son débiteur, aura le droit de faire un prélèvement jusqu'à concurrence de son titre.

3. L'obligation naturelle est susceptible de transmission.

4. Le legs du *debitum naturale* fait au créancier lui-même est valable.

5. Quand un paiement intervient pour acquitter les intérêts, si les uns sont dus civilement et les autres naturellement, l'imputation sera faite indistinctement.

6. Les causes de révocation de la donation ne s'appliquent pas à l'obligation naturelle.

7. L'acquittement d'une obligation naturelle ne peut être critiqué à l'exemple des donations excessives, quand il s'agit de la fixation de la légitime.

8. L'acquittement d'une obligation naturelle est valable entre époux.

9. Explication de la loi 27, Dig., *de Donationibus*.

10. Sens dans lequel doivent être interprétés les textes desquels on infère que l'obligation naturelle n'est pas une dette.

1. A la différence de l'obligation morale, l'obligation naturelle implique nécessairement l'idée d'une dette.

Comme l'obligation naturelle est reconnue par le législateur, qui lui communique certains attributs de l'obligation civile, il ne faut pas s'étonner qu'elle entre en ligne de compte afin de composer ou augmenter l'actif du patrimoine. — Cette prérogative n'est pas accordée à l'obligation morale, qui n'est pas acceptée par le législateur, et qui est en quelque sorte livrée à elle-même.

Cette position différente, faite à l'obligation naturelle et à l'obligation morale, sert à expliquer pourquoi l'une porte avec elle une détermination, tandis que l'autre est ordinairement vague et indéterminée; le devoir de la reconnaissance se réduit difficilement à un chiffre. Comment celui qui prétendrait qu'une personne est grevée envers lui d'une telle obligation, pourrait-il préciser l'émolument qui en résulte pour ses biens?

Quand l'obligation morale ou de convenance est soldée, la répétition n'est pas admise, parce que le paiement a circonscrit l'obligation et a fait disparaître l'incertitude qui empêchait de lui assigner une estimation.

Que l'on n'objecte pas que l'obligation morale est admise par le législateur, puisque, en vue d'elle, il maintient le paiement qui a eu lieu. — Nous répondons que ce paiement n'est pas, aux yeux du législateur, la conséquence d'une véritable obligation, et qu'il ne constitue qu'une libéralité (1).

Comme nous l'avons déjà indiqué, l'obligation morale peut servir de motif à une nouvelle obligation; elle donne la possibilité d'acquérir un bien, mais elle n'est pas elle-même un bien.

Ces observations trouvent leur point d'appui dans divers textes.

La loi 16, § 4, Dig., de *Fidejussoribus*, que nous avons déjà envisagée sous un autre rapport, nous avertit que celui qui perçoit le montant d'une obligation naturelle, est censé *debitum sibi recepisse*.

Nous lisons dans la loi 40, Dig., *ad Senat. Trebellianum*, que l'obligation naturelle fait partie des biens qui sont restitués : « Quamvis Senatus de his actionibus transferendis loquatur, quæ jure civili, heredi et in heredem competunt : tamen honorariæ omnes transeunt. Nulla enim separatio est. Imo et causa naturalium obligationum transit. »

La loi 64, au même titre, rapporte un nouvel exemple qui est une nouvelle preuve. — L'héritier, chargé de rendre les biens, les restitue, ensuite il acquitte une obligation naturelle dont était tenu le testateur; le droit de répétition lui est dévolu parce qu'il ne dé-

---

(1) Nous regardons comme un point capital, dans notre travail, cette dissemblance entre l'obligation naturelle et l'obligation morale ou de conscience, que Weber et d'autres auteurs confondent.

tient plus le patrimoine, *naturalis obligatio translata intelligitur.*

2. Conformément à ce principe, le créancier, en vertu d'une obligation naturelle, héritier de son débiteur, aura le droit de retenir ce qui lui est dû, de faire un prélèvement sur l'hérédité : « Aditio hereditatis.... aliquando pro solutione cedit, si forte creditor, qui pupillo sine tutoris auctoritate nummos crediderat, heres ei extiterit; non enim quanto locupletior factus est, consequeretur, sed in solidum creditum suum ex hereditate retinet » (l. 95, § 2, Dig., *de Solutionibus et Liberat.*); car, pour évaluer la quotité de biens attribuée aux légataires, l'on déduit toutes les dettes, même celles dont le défunt était tenu envers son héritier : « In imponenda ratione legis falcidiæ omne œs alienum deducitur, etiam quod ipsi heredi mortis tempore debitum fuerit, quamvis aditione hereditatis confusæ sint actiones. » — (L. 6, Codice, *ad legem Falcidiam.*)

C'est un paiement que l'héritier est censé faire à lui-même; il continue la personne du débiteur, et, en cette qualité, il est supposé effectuer un paiement qu'il ne pourrait pas exiger comme créancier.

Celui qui invoquera une obligation morale ne pourra user de ce procédé. On lui opposera que son titre d'héritier ne l'autorise qu'à solder l'*œs alienum*, que l'obligation dont il excipe ne constitue pas une dette, qu'en se payant à lui-même il s'adresse une libéralité, et qu'il ne lui est pas permis de disposer de la sorte au préjudice des legs émanés de son auteur.

3. L'obligation naturelle faisant partie des biens du créancier, il s'évince de là que celui-ci peut la céder : « Nomina eorum qui sub conditione vel in diem debent et emere et vendere solemus. » (L. 17, Dig., *de Hereditate vel actione vendita*). — Il est bien entendu que le cessionnaire ne peut avoir que les droits qui compétaient au cédant. — Au reste celui qui reçoit, d'après le sénatus-consulte Trébellien, ci-dessus indiqué, n'est également qu'un cessionnaire.

Comme corollaire du même principe, l'on reconnaitra que l'obligation naturelle peut être léguée. Sans doute, d'après la rigueur des principes, un *nomen* ne peut être l'objet d'un legs; cependant, il a été admis que le légataire obtiendrait des actions *utiles* (l. 18, Codice, *de Legatis*). C'est avec le même tempérament que la vente d'un *nomen* a été autorisée; mais il faut remarquer que le legs, ainsi que la vente d'un *nomen naturale*, ne peuvent conférer que les droits inhérents à l'obligation naturelle.

4. Le *nomen naturale* peut être légué non-seulement à un tiers, mais encore au créancier lui-même.

Le legs fait par le débiteur à son créancier est valable, pourvu qu'il dérive du testament un avantage que ne renferme pas l'obligation primitive (Inst. Just., § 14, *de Legatis*). Le legs de l'obligation naturelle sera nécessairement utile au créancier, puisque dans cette hypothèse, et en vertu de la volonté du testateur, il aura le droit d'action : « Dominus servo aureos quinque sic legaverat : heres meus Sticho servo meo, quem testamento liberum esse jussi, aureos quinque, quos in tabulis debeo, dato: nihil servo legatum esse; Namusa Servium respondisse scribit : quia dominus servo nihil debere potuisset. Ego puto, secundum mentem testatoris naturale magis, quam civile debitum spectandum esse ; et eo jure utimur. » (L. 40, § 3, Dig., *de Conditionibus et demonst.*)

Le légataire aura non-seulement un privilège sur les autres legs, mais encore il n'aura pas de réduction à subir pour parfaire le quart des biens réservé à l'héritier.

S'il était prouvé que ce legs, quoique qualifié d'obligation naturelle, n'est en réalité qu'une libéralité, il serait tenu à une réduction vis-à-vis de l'héritier; mais il primerait tous les autres legs à cause du caractère particulier que le testateur a entendu lui imprimer. L'on sait qu'il est loisible à celui-ci de dire qu'il veut qu'un legs déterminé obtienne la priorité sur les autres (l. 64, Dig., *ad legem Falcidiam*).

5. De ce que l'obligation naturelle constitue une véritable dette, il en résulte que si un paiement est fait pour acquitter les intérêts, et que les uns soient dus civilement et les autres naturellement, l'imputation sera dirigée sur tous les intérêts indistinctement;

ceux qui sont dus civilement ne jouissent d'aucune prérogative (l. 5, § 2, Dig., de *Solutionibus*).

6. La nuance qui sépare l'obligation naturelle de la donation étant bien tranchée, l'on comprend facilement que le paiement d'une obligation naturelle ne peut être révoqué pour cause d'ingratitude, ni pour cause de survenance d'enfant, lorsque le patron a soldé une obligation naturelle (1).

7. Quand il s'agira de savoir si un père de famille laisse à ses enfants la part qui leur revient, si les donations qu'il a consenties sont excessives, il ne faudra point faire entrer en ligne de compte ce qui a été payé en conséquence d'une obligation naturelle (l. 9, Codice, de *Inofficiosis donationibus*. — Nov. 92, cap. 1).

8. Une personne ayant contracté une obligation naturelle envers celui qu'elle épouse plus tard. Le paiement de cette dette effectué pendant le mariage n'a pas le caractère des donations entre époux.

9. La doctrine qui vient d'être développée, et qui

---

(1) Nous mentionnons le patron parce que, à Rome, il n'y avait que la donation consentie par ce dernier à l'affranchi qui fût exposée à la révocation pour cause de survenance d'enfant. La loi 8, Codice, de *Revocandis donationibus*, est spéciale et exorbitante; il ne faut pas lui donner de l'extension.

considère l'acquittement de l'obligation naturelle comme le paiement d'une dette, et l'acquittement d'une obligation morale comme une donation, n'est pas contrariée par la loi 27, Dig., *de Donationibus*. Le rhéteur Nicostrate avait fait l'éducation d'Aquilius Regulus. Celui-ci, en constatant qu'il l'avait rendu meilleur, lui concéda l'habitation ; Papinien consulté écarta l'idée d'une donation : « Posse defendi, non meram donationem; verum officium magistri quadam mercede remuneratum Regulum. » — L'on remarquera que le jurisconsulte se garde bien de poser en principe qu'une donation rémunératoire, celle qui n'est que la conséquence d'une obligation morale, n'est pas soumise aux règles des donations proprement dites; mais il décide que les circonstances de l'espèce permettent de penser (*posse defendi*), que la disposition est l'acquittement d'une dette; en effet, diverses particularités militaient en faveur de cette interprétation. Les services rendus étaient de ceux qui, d'après l'usage, se rétribuent en argent. L'élève entendait non pas consentir une donation, mais satisfaire à une obligation qu'il considérait comme durant encore; en outre, la prestation n'était pas exagérée, elle se référait à l'habitation. Cette sorte de jouissance était ordinairement attribuée à des instituteurs et des serviteurs qui manquaient de ressources ; voilà pourquoi ce droit ne s'éteignait pas par la *minima capitis diminutio*.

La disposition que nous venons d'analyser ne rentrant pas dans la catégorie des donations véritablement rémunératoires, n'était pas assujettie aux prescriptions de la loi *Cincia;* voilà pourquoi Papinien pensait qu'elle devait être protégée, quoique la *cessio in jure* n'eût pas été employée (1).

10. Le caractère de dette que nous imprimons à l'obligation naturelle n'est pas en contradiction avec les lois qui énoncent que l'obligation naturelle n'est pas une dette dans la véritable acception du mot (l. 5, § 2, Dig., *de Solutionibus;* — loi 10, Dig., *de Verborum signif.*)

Ces textes signifient seulement que les engagements dépourvus d'actions ne sont pas appelés obligations. Dans le langage romain, les actions étaient considérées comme des synonymes des obligations: pour annoncer que l'on était tenu de céder son titre, ses droits, l'on parlait de la nécessité de *præstare actiones* (l. 36, Dig., *de Fidejussoribus*).

SECTION III.

L'obligation naturelle admet la fidéjussion, le gage, la corréalité, le constitut.

Prenant place parmi les dettes proprement dites,

---

(1) Cette disposition n'aurait pas été non plus révocable pour cause d'ingratitude, au lieu que nous estimons que les donations véritablement rémunératoires sont révocables pour cette cause.

l'obligation naturelle se prête à la fidéjussion, au pacte de gage, à la corréalité et au constitut. — L'obligation morale ou de convenance n'admet pas de semblables combinaisons, parce qu'elle n'est pas elle-même une véritable dette.

Portons notre attention, dans un premier paragraphe, sur la fidéjussion, le gage, la corréalité; et dans un deuxième, sur le constitut.

§ 1er.

De l'obligation naturelle considérée par rapport à la fidéjussion, au gage, et à la corréalité.

SOMMAIRE.

1. On n'élève guère de difficulté relativement à la fidéjussion.
2. Il n'en est pas de même par rapport au gage.
3. Quelquefois celui qui a cautionné n'est tenu que naturellement.
4. Quand l'un des débiteurs *corrées* a payé, il n'a point de recours contre l'obligé naturellement.

1. Quant à la fidéjussion, il ne s'élève guère d'objections. La loi 16, § 3, Dig., *de Fidejussoribus*, est très explicite : « Fidejussor accipi potest quoties est aliqua obligatio civilis vel naturalis cui applicetur. »

2. En ce qui concerne le gage, la loi 5, Dig., *de*

Pignoribus et Hypothecis, paraît aussi formelle que celle qui vient d'être citée par rapport à la fidéjussion : « Res hypothecæ dari posse sciendum est pro quacumque obligatione... vel pro civili obligatione, vel honoraria, vel tantum naturali. »

En conférant ce fragment avec d'autres, on (1) exprime quelques doutes : on les fait surgir de la loi 2, Dig., *Quæ res pignori*, et de la loi 13, *Quibus modis pignus solvitur*. Le premier texte décide que celui qui a donné un gage pour un prêt consenti à un fils de famille, a la faculté d'invoquer l'exception du sénatus-consulte Macédonien, et cependant le sénatus Macédonien laisse subsister l'obligation naturelle. — D'après le second texte, l'acquittement injuste du débiteur entraîne la perte du gage ; néanmoins, une sentence injuste laisse, dit-on, subsister l'obligation naturelle (l. 60, Dig., *de Condictione indebiti*).

L'argument puisé dans la première loi n'est que spécieux ; s'il amenait à cette conséquence que le gage ne tient pas alors même qu'il a été donné pour prémunir le créancier contre les exceptions du sénatus-consulte Macédonien, nous devrions abandonner le sentiment que nous avons émis. Mais il faut observer que, dans l'espèce, rien n'annonçait que l'on eût affecté le cautionnement à la garantie du vice dont était atteint l'engagement principal ; de telle sorte que la personne

---

(1) M. Holtius, *Revue de Législation*, année 1852, t. III, p. 14.

qui a promis le gage peut, comme tout obligé accessoire, s'appuyer sur les moyens qui appartiennent au débiteur principal.

Le second texte nous arrêtera moins encore. Comme nous l'exposerons plus tard avec détail (1), l'intérêt public doit faire attribuer à l'autorité de la chose jugée une puissance telle, que l'obligation, même naturelle, disparaisse.

On insiste, et l'on met en avant cette maxime, que le créancier ne peut exiger le paiement du détenteur du gage lorsqu'il est dans l'impossibilité de consentir la cession des actions qui lui est demandée (l. 19, Dig., *Qui potiores in pignore*). — Or, dans l'espèce, le créancier ne peut céder aucune action, puisque la dette est naturelle. — Mais ce n'est pas par le fait du créancier que la cession est irréalisable; quand il y a eu affectation, le propriétaire du gage savait qu'il lui serait impossible d'exiger cette sorte de transmission. La prestation des actions qui est imposée au créancier signifie la prestation de son droit; c'est ce que démontre même la loi 19 précitée, qui veut que le créancier *compellendus sit jus nominis cedere*. — Quand même ce texte aurait mentionné la prestation des actions, nous l'aurions interprété de la même manière; c'est ainsi que nous avons entendu la loi relative à la fidéjussion (2).

(1) Voir chapitre IV.
(2) Voir page 49.

3. L'engagement du fidéjusseur produit-il une action (1), parce que celui qui s'oblige est censé vouloir être régi par le droit civil, que le législateur protége spécialement ?

Avant tout, il faut se pénétrer de l'intention du fidéjusseur. Quand l'obligation naturelle résulte d'un pacte, le fidéjusseur est présumé avoir consenti à donner une action contre lui. Lorsque, au contraire, le fidéjusseur aura simplement cautionné l'emprunt fait par un fils de famille, dont il pouvait ignorer la qualité, il ne sera pas présumé avoir eu la même intention.

Cependant le cautionnement d'une obligation naturelle est quelquefois lui-même réduit à ce terme d'engagement naturel, à cause de la personne qui traite : par exemple, lorsqu'un pupille cautionne sans l'autorisation de son tuteur.

4. L'obligation du fidéjusseur que nous venons de mentionner est corréale, puisqu'elle comprend une seule dette et plusieurs sujets, ou, pour employer l'expression des auteurs allemands, elle est unique objectivement, et multiple subjectivement.

Rien ne s'oppose à ce que les divers corréés étant débiteurs principaux, les uns soient tenus naturellement et les autres civilement. Il est alors bien entendu que si l'un des obligés naturellement consent à sol-

(1) Weber, § 114, réduit l'engagement du fidéjusseur à l'état d'obligation naturelle.

der la dette, tous les autres sont libérés ; mais le créancier est dénué d'action contre lui.

On connait la controverse qui s'est élevée sur le point de savoir si le corréé principal, qui a payé, jouit d'un recours contre ses co-débiteurs (l. 62, Dig., *ad legem Falcidiam*; — l. 2, Codice, *de Duobus reis*). — En restreignant la question au cas de l'obligation naturelle, il est aisé de comprendre que le corréé qui a payé n'a point d'action récursoire contre celui qui n'est astreint que naturellement ; il prétendrait en vain avoir géré son affaire : on ne gère pas l'affaire d'une personne en l'aggravant.

§ 2.

L'obligation naturelle autorise le constitut.

SOMMAIRE.

1. Notion du constitut. — Il n'est pas valable si la dette préexistante n'est pas au moins naturelle.

2. L'obligation morale, ou de conscience, ne se prête pas au constitut.

3. Si la chose comprise dans le constitut est supérieure à celle qui était ramenée dans la dette précédente, quant à cet excédant il n'y aura pas obligation naturelle.

1. Les pactes ne produisent pas d'action ; le Préteur déroge à cette règle en faveur du constitut, parce que l'équité demande cette innovation : « Hoc edicto Præ-

tor favet *naturali æquitati*, qui constituta ex consensu facta custodit, quoniam grave est fidem fallere » (l. 1, Dig., *de Pecunia constituta*). — C'est donc en considération de l'équité naturelle, c'est-à-dire du droit social, que le Préteur fortifie le constitut. — En effet, le constitut est une promesse purement consensuelle par laquelle on s'engage de plus fort à payer, à jour fixe, sa dette ou celle d'autrui.

Il est requis que la dette préexistante soit au moins naturelle : « Debitum autem vel natura sufficit » (l. 1, § 7, Dig., *de Pecunia constituta*).

2. L'obligation n'étant que morale ou de convenance, ne suffirait pas pour servir de base au constitut. La répétition n'étant pas admise à l'égard de l'obligation naturelle, et l'institution du constitut se rapprochant du paiement, l'on peut, jusqu'à un certain point, s'expliquer cette accession du constitut à l'obligation naturelle; mais la fiction ne saurait être confondue avec la réalité; et comme, à l'égard de l'obligation morale ou de convenance, on ne trouve pas une obligation greffée sur une autre qui soit véritable, on aperçoit pourquoi l'obligation morale ne comporte pas le constitut.

3. Le constitut se rapproche de la fidéjussion en ce sens qu'il ne peut comprendre plus que la dette précédente. Si un excédant existe, celui qui a promis sera-t-il tenu naturellement? La loi 24, Dig., *de Pe-*

cunia constituta, s'exprime ainsi : « Remanserunt apud me quinquaginta ex credito tuo, ex contractu pupillorum meorum, quos tibi reddere debebo idibus maii probos; quod si ad diem supra scriptum non dedero, tunc dare debebo usuras tot. Quæro an Lucius Titius in locum pupillorum hac cautione... de constituta teneatur? Marcellus respondit in sortem teneri. » — Le tuteur qui a promis, sans stipulation, de payer à une époque déterminée le capital prêté à ses pupilles, et, en outre, les intérêts, ne peut pas être recherché à l'égard de ces mêmes intérêts. — Nous soutenons qu'ils ne sont pas dus naturellement. Cette augmentation de la dette est radicalement défectueuse, elle va contre l'essence du constitut (1).

(1) Rigoureusement, l'on aurait pu dire que cette convention des intérêts paralyse entièrement le constitut; aussi la loi 24 précitée, ne maintient le constitut pour le capital que parce que cette décision est *humanior*. L'on fait dans cette espèce l'application de la règle équitable, d'après laquelle le constitut qui comprend plus que la dette principale est seulement réductible.

SECTION IV.

L'obligation naturelle peut être ratifiée.

SOMMAIRE.

1. Cette ratification ne nécessite pas le consentement du créancier, mais bien celui du débiteur.
2. De l'effet rétroactif de la ratification.

1. Le constitut est une sorte de ratification quand il émane du débiteur lui-même; aussi rien ne s'oppose à ce que l'obligation naturelle soit ratifiée. Il n'y a que les obligations entièrement réprouvées par la loi qui ne puissent être l'objet d'une ratification.

L'obligation naturelle porte avec elle le cachet de la véritable obligation. La ratification qui intervient tend moins à former un nouveau contrat qu'à ajouter au droit du créancier, ou plutôt qu'à le confirmer; dès-lors l'intervention de ce dernier est inutile. On ne comprend pas qu'il puisse rejeter un avantage qu'il a nécessairement ambitionné.

Au contraire, la conversion de l'obligation naturelle en obligation civile (1) aggrave la position du débiteur.

2. Il suit de là que la question de capacité, au mo-

(1) Il ne faut pas confondre la ratification avec la novation; celle-ci implique l'extinction de l'obligation primitive.

ment de la ratification, ne saurait s'élever à l'égard du créancier, tandis qu'elle exercera une influence toute puissante à l'égard du débiteur.

C'est pourquoi la ratification n'a d'effet rétroactif qu'à l'égard du créancier (l. 25, Codice, *de Donationibus inter virum et uxorem*), et non à l'égard du débiteur.

SECTION V.

L'obligation naturelle donne lieu à la novation.

SOMMAIRE.

1. L'obligation naturelle peut être remplacée par une obligation civile, elle peut aussi remplacer elle-même une obligation civile.

2. Dans le doute, l'obligation substituée à l'obligation naturelle sera réputée civile.

3. Un tiers s'obligeant civilement à la place du débiteur tenu naturellement, s'il vient à payer, n'aura contre ce dernier que les droits qui compétaient au créancier primitif.

1. La novation est la substitution d'une dette à une autre; il faut donc qu'il existe une obligation primitive. Celle qui est naturelle suffira pour servir de base à la novation : « Illud non interest, qualis praecessit obligatio : utrum naturalis, an civilis... » (L. 1, § 1, Dig., *de Novationibus*.)

Le devoir moral, qui n'est pas une vraie obligation,

n'a pas la consistance nécessaire pour servir d'appui à une novation, il pourra seulement être le motif d'une obligation qui existera par elle-même, abstraction faite de toute idée de novation.

L'obligation naturelle peut aussi remplacer une obligation civile : « Obligatio... quae praecessit novari verbis potest : dummodo sequens obligatio aut civiliter teneat, aut naturaliter. » (L. 1, § 1, Dig., *de Novationibus.*)

Au premier abord, l'on serait tenté de croire que la novation d'une dette civile par une obligation naturelle est contredite par Gaius : « ... Non idem juris est si a servo stipulatus fuero; nam tunc proinde obligatus tenetur, ac si postea a nullo stipulatus fuissem. » (Comm. iii, § 176.) — L'on remarquera que dans ce texte, il s'agit d'une obligation greffée sur une autre, et où l'intérêt de l'esclave ne joue aucun rôle, ce qui pouvait motiver une restriction de sa capacité, ainsi que le démontre la loi 30, § 1, Dig., *de Pactis* : « Qui pecuniam a servo stipulatus est, quam sibi Titius debebat, si a Titio petat, an exceptione pacti conventi summoveri et possit et debeat, quia pactus videatur, ne a Titio petat : quaesitum est? Julianus ita summovendum putat, si stipulatori in dominum istius servi de peculio actio danda est : id est si justam causam intercedendi servus habuit. Quod si quasi fidejussor intervenerit, ex qua causa in peculium actio non daretur, non esse inhibendum creditorem, quominus a Titio petat. »

En outre, l'on remarquera que, dans ce passage des *Institutes* de Gaius, l'esclave est censé s'obliger par stipulation et en son nom, ce qui ne lui était point permis par le droit civil rigoureux auquel appartenait la stipulation. Que l'on ne dise pas que tout au moins cet acte devrait donner naissance à une obligation naturelle ; nous répondons en invoquant le principe d'après lequel l'obligation civile, que les parties ont voulu contracter et qui est nulle, ne survit pas comme obligation naturelle (1).

2. Quand l'obligation primitive est seulement naturelle, celle qui doit la remplacer sera civile, pourvu qu'elle soit formée d'après les prescriptions de la loi. On alléguerait en vain que la première obligation étant naturelle, celle qui est destinée à la nover sera réduite à la même condition. Assurément, dans le doute, on doit se déterminer pour la restriction de l'obligation du débiteur; il en est ainsi quand il s'agit de quantités; mais lorsque la difficulté ne porte que sur l'appréciation de l'obligation elle-même, il faut se décider pour le lien le plus efficace.

3. Quand l'obligation première n'était que naturelle, le nouveau débiteur qui s'est obligé civilement, et qui paie, aura-t-il l'action de la gestion d'affaire contre le débiteur primitif qu'il a dégagé et auquel il demande son remboursement?

(1) Voir le Chapitre IV.

La négative ne saurait souffrir la moindre difficulté. Sans mandat d'un débiteur, il est permis d'éteindre son engagement; mais il n'est pas loisible d'aggraver sa position; or, dans l'espèce, aucune action ne pouvait être dirigée contre le débiteur, il n'a pu dépendre d'un tiers de le forcer à payer en opérant de lui-même une novation. Ce dernier ne peut avoir contre le débiteur des droits plus étendus que ceux qui compétaient au créancier. Nous avons donné une solution analogue quand nous avons décidé (1) que le détenteur du gage qui désintéresse le créancier, n'a pas cependant un recours contre le débiteur en vertu d'une obligation naturelle.

SECTION VI.

L'obligation naturelle autorise le droit de rétention et la compensation qui en est la conséquence.

SOMMAIRE.

1. Notion du droit de rétention; son utilité à l'égard de l'obligation naturelle.

2. L'obligation naturelle ne peut venir en compensation que tout autant que cette compensation rentre dans le droit de rétention.

3. Ainsi entendue, la compensation n'offre rien d'inique, lorsqu'elle est opposée à un incapable.

(1) Voir p. 52.

4. Les changements qu'a subis dans la suite la compensation, sont demeurés sans effet relativement à l'obligation naturelle.

1. La théorie de la compensation, combinée avec celle de l'obligation naturelle, mérite de fixer particulièrement notre attention. Bien des difficultés seraient aplanies si l'on se rendait raison de la connexité qui existe entre le droit de rétention et la compensation.

Le droit de rétention est fondé sur l'équité. Il repose sur ce double principe : — celui qui est créancier et qui doit à son tour prester une chose, n'est pas tenu de s'en dessaisir jusqu'à ce qu'il soit désintéressé, parce qu'une fois dénanti il lui serait plus difficile de se faire payer ; — ce créancier, en faisant des avances, était fondé à croire qu'il lui serait permis de retenir la chose, lorsque c'est à cause d'elle ou à son occasion que la dette dont il réclame le montant a pris naissance.

Entrons dans quelques détails : — Vous faites des impenses sur la chose d'autrui, vous aurez le droit de la retenir jusqu'à ce que vous soyez remboursé. — (Inst. Just., § 30, de *Rerum divisione;* — l. 33, Dig., de *Condictione indebiti;* — l. 13, § 1, Dig., de *Actionibus empti et venditi.*)

Ce droit de rétention est accordé au *procurator* à raison des dépenses qu'il a faites (l. 25 in fine, Dig., de *Procuratoribus*).

Nous découvrons encore dans la loi 31, § 8, Dig., de *Ædilitio edicto*, qu'un vendeur est admis à user de rétention, à l'égard de l'objet promis, jusqu'à ce que l'acheteur remplisse de son côté son engagement.

De ces citations il suit, premièrement : que le droit de rétention peut être opposé non-seulement au propriétaire, mais à celui qui n'est que créancier, puisque le vendeur garde par devers lui la chose dont il a encore la propriété ; secondement, que ce droit de rétention s'exerce à cause des frais exposés soit sur la chose, soit à son occasion ; il n'est pas nécessaire notamment que le *procurator* ait fait porter ses dépenses sur la chose même, pour que le droit de rétention lui soit dévolu.

Cependant il est requis, dans tous les cas, qu'il y ait connexité entre la chose retenue et la dette elle-même.

Cette faculté de retenir est surtout utile quand il s'agit d'obligation naturelle ; car celui qui détient peut indirectement obtenir que l'obligation naturelle soit acquittée : ce droit de rétention supplée en quelque sorte au droit d'action.

La loi 7, § 1, Dig., *de Rescindenda venditione*, applique ce droit de rétention à l'égard du pupille qui achète sans l'autorisation du tuteur, et qui contracte une obligation naturelle : « Atque si ab initio sine tutoris auctoritate emisset, ut scilicet ipse non teneatur, sed agente eo retentiones competant... »

C'est encore à cause du droit de rétention que le créancier, auquel un gage a été livré, n'est tenu de s'en dessaisir que tout autant qu'il est désintéressé à l'égard même des dettes chirographaires : « ... At si in

possessione fueris constitutus : nisi ea quoque pecunia
tibi a debitore reddatur vel offeratur, quæ sine pignore
debetur, eam restituere propter exceptionem doli mali
non cogeris. Jure enim contendis, debitores eam solam
pecuniam, cujus nomine ea pignora obligaverunt, of-
ferentes audiri non oportere, nisi pro illa etiam satisfe-
cerint, quam mutuam simpliciter acceperunt : quod in
secundo creditore locum non habet : nec enim necessitas ei imponitur chirographarium etiam debitum
priori creditori offerre. » (L. uniq., Codice, *Etiam ob
chirographariam*).

Ce texte dispose que c'est par l'exception du dol
que le détenteur du gage repoussera la réclamation du
débiteur qui ne s'est pas entièrement libéré, car il
s'agit, dans l'espèce, de faire l'application du droit de
rétention, qui a sa source dans l'équité. Le créancier
investi de la possession d'une chose était autorisé à
croire qu'elle serait une garantie pour toutes les dettes
antérieures et postérieures. Cet objet, entre ses mains,
lui attestait la solvabilité de ce débiteur; il ne faut pas
que ce dernier ait la faculté de le retirer, de l'aliéner,
et de nuire ainsi à son créancier.

On lit, dans cette même constitution, que ce droit
de rétention ne peut être opposé à un autre créancier
hypothécaire; car le droit de rétention n'opère que
vis-à-vis du débiteur et des créanciers qui ne peuvent
s'appuyer sur un privilége (1).

(1) Le droit de rétention nous paraît devoir produire

Au reste, nous allons jusqu'à penser que l'on se conforme à l'esprit de cette constitution en appliquant le droit de rétention aux obligations chirographaires qui seraient purement naturelles. C'est surtout dans ce cas que le débiteur blesserait la délicatesse en reprenant la chose sans payer, et alors qu'il sait qu'aucune action ne l'atteindra.

2. Cela posé, nous n'accepterons la compensation son effet à l'encontre des créanciers chirographaires, qui ne peuvent avoir plus de prérogatives que le débiteur.

Au reste, c'est une question controversée que celle de savoir si le droit de rétention est opposable même aux créanciers qui ont une hypothèque. La loi unique au CODE, *Etiam ob chirographariam*, que nous avons déjà citée, nous semble décisive.

Vainement l'on objecte la loi 29, § 2, DIG., *de Pignoribus et Hypothecis* : « ..... Sed bona fide possessores non aliter cogendos creditoribus œdificium restituere, quam sumptus in exstructione erogatos, quatenus pretiosior res facta est, receperent. » — Ce fragment se borne à permettre aux possesseurs de bonne foi de retenir le fonds sur lequel ils ont construit. Mais il faut considérer que ces possesseurs ont ajouté aux biens de leur débiteur, il est juste que les autres créanciers ne puissent pas les primer quant à ces améliorations, et quant à cette plus value.—Voir Cujas, sur cette loi 29, t. VI, p. 536, édit. de Naples.

De même le vendeur, ne recevant pas le prix, retiendra la chose promise, sans avoir à craindre le concours des créanciers de l'acheteur, quels que soient leurs titres, car il a conservé la propriété, le prix ne lui étant pas soldé.

5

à l'égard des obligations naturelles que tout autant qu'elle se confondra avec le droit de rétention.

Par là nous établirons un principe général, et nous laisserons de côté les doctrines flottantes de la plupart des jurisconsultes qui ont hésité à formuler une règle et qui ont admis ou rejeté la compensation suivant les cas.

Si l'on consulte les textes nombreux qui autorisent la compensation soit dans les contrats de bonne foi, soit dans les contrats de droit strict, on voit que l'institution de la compensation repose sur deux motifs :

a. La compensation prévient l'action que celui qui l'oppose pourrait exercer plus tard, et, par ce moyen, elle évite un circuit inutile (l. 3, Dig., *de Compensationibus*); mais ce motif est sans force à l'égard de l'obligation naturelle qui, dépourvue d'action, ne donnerait pas lieu à ces complications de procédure.

b. La compensation arrête une manœuvre indélicate : « Dolo facit qui petit quod redditurus est. » (L. 8, Dig., *de Doli mali et metus exceptione.* — Inst. Just., *de Actionibus*, § 30). — Mais cette observation est sans portée à l'égard de l'obligation naturelle, car elle ne donne pas ouverture à une action, et après avoir triomphé dans la demande intentée, l'on n'a pas à redouter une restitution.

Comment les jurisconsultes romains, qui étaient des hommes pratiques et de bon sens, auraient-ils ~~admis~~ que la personne qu'ils déclaraient incapable de ~~contr~~acter civilement eût la facilité de se ruiner en se liant par des obligations naturelles? — Un mineur de vingt-cinq ans est créancier pour des sommes considérables envers un tiers vis-à-vis duquel il s'oblige ensuite lui-même; on reconnaît généralement que, s'il se fait restituer, il demeure néanmoins tenu naturellement; dès-lors le débiteur pourrait lui opposer la compensation et se dispenser de payer ce qu'il doit civilement.

Le débiteur d'un père de famille prête une forte somme d'argent à son fils; le sénatus-consulte Macédonien n'envisage l'obligation du fils que comme une obligation naturelle; mais le père venant à mourir, le fils héritier sera désarmé à l'égard de celui qui devait à son auteur, il ne pourra point le rechercher, la compensation l'arrêtera.

De même si l'on admet, avec beaucoup d'auteurs, que le *pupille* qui traite sans l'autorisation de son tuteur s'oblige naturellement, il lui sera loisible de perdre toute sa fortune par des promesses que la compensation rendra funeste.

Mais ce n'est pas assez d'exposer les principes, il faut encore les mettre en harmonie avec les textes. La loi 6, Dig, de *Compensationibus*, est ainsi conçue: « Etiam quod natura debetur venit in compensationem. » — Les jurisconsultes (1) infèrent de là que l'obligation naturelle amène la compensation comme l'obligation

(1) M. de Savigny, t. ix, p. 48. — M. Mühlenbruch, *Doctrina Pandectarum*, t. i, p. 223.

civile; ce résultat serait bien désastreux, car, d'après le système formulaire, toute condamnation étant pécuniaire (Gaius, Comm. iv, § 52), toute demande aurait pu être amortie par la compensation.

Nous ne craignons pas de le dire, la compensation n'avait point cette puissance en ce qui concerne les obligations naturelles. L'histoire nous l'apprend : Dès le principe, la compensation n'était admise que *ex eadem causa*, c'est-à-dire lorsque les deux dettes provenaient de la même source, lorsque, par exemple, il s'agissait des obligations réciproques du vendeur et de l'acheteur. Nous noterons même que Gaius, dans ses *Institutes*, ne mentionne que cette sorte de compensation (Comm. iv, § 61).

Plus tard, la compensation fut autorisée *ex dispari causa*, à l'égard des actions de bonne foi, c'est-à-dire alors même que les deux demandes avaient une origine différente; ainsi le vendeur qui réclame le prix pouvait être arrêté dans sa prétention, parce qu'il était, lui-même, débiteur en vertu d'un contrat de société, d'un mandat, etc. — La compensation fut ensuite étendue aux contrats de droit strict (Inst. Just., *de Actionibus*, § 30), bien entendu, lorsque l'obligation dont on excipait pouvait donner lieu à une action, c'est-à-dire lorsqu'il ne s'agissait pas d'une obligation naturelle.

La loi 6, *de Compensationibus*, ne nous paraît s'appliquer qu'à la compensation *ex eadem causa*. L'on remarquera que ce fragment d'Ulpien fait partie d'un commentaire sur Sabinus ; or, à l'époque où ce dernier jurisconsulte écrivait, la compensation n'existait que *ex eadem causa*. Il est très possible qu'Ulpien se soit borné à répéter ce que disait Sabinus à l'égard de l'obligation naturelle, et qui n'avait trait qu'à la compensation *ex eadem causa*.

3. En ramenant la compensation à ces limites, nous la réduisons au droit de rétention, avec lequel elle s'identifie dans la législation primitive. Il est facile de concevoir que l'on pouvait arguer d'un pareil droit même à l'égard d'un incapable. S'il est vrai que celui-ci n'est pas lié par son contrat, tandis qu'il a action contre ceux qui se sont engagés envers lui, c'est sous la condition qu'il remplira, de son côté, les obligations qui forment la contre partie de celles qu'il entend imposer et faire subir à ses adversaires. La loi 7, § 1, Dig., *de Rescindenda venditione*, vient à l'appui de ces idées : elle veut que le pupille achetant sans l'autorisation de son tuteur, *ipse non teneatur, sed agente eo retentiones competant*. Si l'on pouvait opposer à l'incapable la compensation *ex alia causa*, alors il ne serait pas vrai de dire qu'il ne serait pas tenu de son contrat malgré sa volonté, il serait exposé à une foule de surprises contre lesquelles se révolte le sens commun.

Si l'on opposait à l'incapable la compensation dérivant *ex dispari causa*, ce ne serait pas, à proprement parler, un droit de rétention qui serait exercé, puisqu'il n'existe qu'à l'égard des obligations qui sont connexes.

On comprend que lorsqu'une convention donne naissance à une obligation naturelle pour l'une des parties, et civile pour l'autre (1), et que des actions ou exceptions respectives naissent du contrat lui-même ou à son occasion, l'incapable ne puisse agir qu'en subissant telle déduction que de droit. En argumentant d'un contrat, on doit l'accepter en totalité. Ainsi entendue, la compensation se recommande comme une mesure conforme à l'équité et à la raison.

4. La compensation n'étant dans le principe qu'un droit de rétention, cela explique pourquoi elle n'opérait pas de plein droit, et pourquoi le juge devait toujours la prononcer.

A cause de cette identité, l'on n'avait pas non plus à s'occuper de la question de savoir si la demande, objet de la compensation, était liquide et d'une démonstration aussi facile que la demande principale.

Le même principe d'équité s'opposait à la restitution de la chose, si le revendiquant ne satisfaisait pas aux

---

(1) Lorsqu'un pupille s'oblige, nous ne pensons pas, comme certains auteurs, qu'il dépende de lui de dire que le contrat sera nul ou valable. Le contrat se soutiendra quelles que soient les allégations de l'incapable, mais il n'engendrera qu'une obligation naturelle respectivement à l'incapable, et une obligation civile respectivement à l'autre partie.

prétentions légitimes que le détenteur pouvait élever à l'occasion de cette même chose.

Il est à propos d'observer que si dans le *Recueil* de Justinien il ne se rencontre qu'un petit nombre de passages afférents au droit de rétention, c'est parce que la compensation ayant successivement pris une grande extension, a presque absorbé le droit de rétention; mais en remontant aux premières époques de la jurisprudence, l'on découvre que la compensation émane du droit de rétention.

En ce qui concerne l'obligation naturelle, il est essentiel de se rappeler la portée du droit de rétention, et la communauté qui existe entre ce droit et la compensation primitive. Les développements que celle-ci a reçus n'ont pu atteindre l'obligation naturelle, parce que le droit de rétention est resté le même.

De son côté, l'obligation naturelle étant du droit des gens, n'a pu se modifier, se transformer suivant la progression du temps; elle diffère, sous ce rapport, de l'obligation civile qui est plus spécialement dans le domaine du législateur; celle-ci est plus exposée à subir les changements qui résultent des institutions modernes; dès-lors, il n'est pas étonnant que la compensation, élargie par les lois récentes, n'ait pas embrassé l'obligation naturelle.

Nous croyons avoir fait ressortir de la loi 6, *de Compensationibus*, le véritable sens qu'elle renferme. L'examen de la loi 20, § 2, Dig., *de Statuliberis*, doit aussi nous arrêter (1). « Quod si heredi dare jussus est decem, et cam summam heres debeat servo : si velit servus eam pecuniam compensare, erit liber. » — Au premier aspect, on croirait entrevoir un cas de compensation. L'héritier devant dix à l'esclave qui ne peut avoir qu'une créance naturelle, ce serait une obligation naturelle qui viendrait en compensation.

Nous pourrions accepter cette interprétation comme exacte, en faisant remarquer qu'il s'agit d'une question de liberté, et par conséquent de l'application d'un *jus singulare*. Il n'est pas rare que les principes du droit fléchissent en faveur de la liberté. Le paragraphe suivant, de la même loi, nous en offre un exemple. Il porte que si l'esclave a été gratifié de la liberté à condition qu'il compterait dix à une personne, celle-ci venant à décéder avant d'avoir reçu cette somme, alors que l'esclave était prêt à la remettre, la liberté sera acquise à ce dernier : « Favore libertatis, constituto jure hunc ad libertatem perventurum; » — Immédiatement après, il est ajouté que la décision serait différente, si le legs était autre que celui de la liberté (2).

(1) M. de Savigny invoque ce texte, tandis que, ordinairement, on n'argumente que de la loi 6, *de Compensationibus*.

(2) Le donataire ou légataire ne peut se prévaloir de la disposition si la condition vient à défaillir, alors même qu'il a fait tout ce qui était en son pouvoir pour qu'elle s'accomplît.

Toutefois, même en faisant abstraction du *jus singulare*, cette loi se concilie avec notre système; en effet, la compensation dont il est fait mention dans l'espèce ne concerne pas une obligation naturelle : aux termes de la loi, l'héritier devait dix à l'esclave: comment l'esclave peut-il, en son nom, avoir une créance contre un tiers? N'est-ce pas le maître qui est le véritable créancier? Que l'esclave s'oblige naturellement, on le comprend, mais il n'acquiert même une créance naturelle que pour le compte de son maître (INST. JUST., § 3, *Per quas personas nobis adquiritur;* — § 1, *de Stipulatione servorum*) (1).

La loi que nous analysons nous semble poser l'espèce où l'esclave s'étant fait promettre, le maître profitait de l'engagement.

Le maître ayant donné la liberté à l'esclave à condition qu'il compterait dix à l'héritier, l'esclave aura la faculté d'imputer ces dix sur la créance qui entrait dans son pécule, alors que ce pécule lui a été légué. Il faut admettre que la liberté et le pécule sont donnés à l'esclave par le même testament. S'il n'en était pas ainsi, l'on ne concevrait pas que la créance contre l'héritier fût acquise à l'esclave. Ce cas ressemble à celui qu'expose la loi 8, § 3, DIG., *de Peculio legato* : « Item quæritur, si servo libertas data sit, si decem dedisset heredi, peculiumque ei legatum sit : an decem quæ dedisset heredi debeant de peculio decedere? Et est

(1) Voir Chap. IV.

verum quod Sabino placuit, hoc minus esse in peculio legato. »

Ce qui nous paraît encore démontrer que dans la loi 20, § 2, *de Statuliberis*, la créance de l'esclave se réfère à la créance du pécule, c'est que dans la loi 5, *de Peculio legato*, la même expression est employée dans le même sens : « Peculio legato, constat heredem nomina peculiaria persequi posse, et insuper ipsum, si quid debeat servo, reddere legatario debere. » — L'on ne s'étonnera point de la concordance qui existe entre ces deux fragments, quand on remarquera qu'ils dérivent de la même source, de la plume du jurisconsulte Paul.

Puisque la dette dont l'esclave réclame le bénéfice faisait partie de son pécule, le maître avait le droit d'intenter l'action, et, conséquemment, l'obligation naturelle ne jouait aucun rôle.

En terminant cette discussion, nous tâcherons de réfuter une objection qui est plus spécieuse que solide ; elle se résume ainsi : La compensation appartient au droit des gens ; or, l'obligation naturelle se reliant au droit des gens, doit subir l'influence de la compensation. — Nous répondons que la compensation *ex eadem causa* découle du droit des gens ; mais nous contestons qu'il en soit ainsi de la compensation *ex dispari causa*; la première est une sorte de droit de rétention qui fait partie du droit des gens ; chacun, d'après cette législation, doit remplir ses engagements, et il n'est point permis de scinder un traité dans son exécution.

— La seconde compensation a été imaginée pour la prompte expédition des affaires, elle se rattache à la procédure, c'est-à-dire à un système tout-à-fait étranger à l'obligation naturelle; elle tend d'ailleurs à confondre ce que les contractants ont eûx-mêmes distingué.

CHAPITRE III.

Des modes d'extinction de l'obligation naturelle.

Le législateur s'est spécialement occupé des causes d'extinction de l'obligation civile : cette dernière ayant plus de force que l'obligation naturelle, on doit en conclure que les modes d'extinction qui la concernent opèrent avec plus de raison à l'encontre de l'autre.

Notre intention n'est pas de faire un exposé des différentes manières dont les obligations prennent fin. Nous nous contenterons de montrer les nuances que l'obligation naturelle est appelée à créer.

L'on distingue les extinctions de plein droit et celles par voie d'exception. Cette double classification, qui n'est que l'ouvrage de la loi civile, ne présente ni intérêt, ni utilité dans le droit des gens, et spécialement pour la connaissance de l'obligation naturelle ; qu'elle cesse d'une manière ou de l'autre, le résultat est identique.

SECTION PREMIÈRE.

Du paiement, de la novation, de la compensation.

SOMMAIRE.

1. Le paiement, la novation et la compensation ne doivent être ici considérés que comme modes d'extinction des obligations.

2. Lorsque le paiement, qui est le mode le plus ordinaire d'extinction de l'obligation naturelle, ne suffit pas pour éteindre les diverses dettes, dont l'une est naturelle, comment s'effectuera l'imputation?

3. S'il n'est que partiel, il n'a point pour effet d'attribuer une action pour le restant de la dette.

4. Par la novation cesse l'obligation naturelle.

5. La compensation *ex dispari causa* sert-elle à éteindre deux dettes naturelles?

1. En analysant les effets de l'obligation naturelle, nous avons parlé de la répétition qui n'est point autorisée, et par conséquent du paiement qui est intervenu. Nous avons indiqué la novation comme l'un des signes auxquels se reconnaît l'obligation naturelle. Nous avons disserté sur le droit de rétention et sur la compensation, qui nous paraît être circonscrite dans les limites assignées au droit de rétention; dès-lors il n'est pas besoin d'insister de nouveau sur le paiement, la novation et la compensation; nous nous bornerons à les envisager ici comme causes d'extinction des obligations.

2. Lors de la formation de l'obligation soit naturelle, soit civile, le paiement est le mode d'extinction de l'engagement que les parties ont surtout en vue.

Celui qui a contracté plusieurs dettes, dont l'une est naturelle, et qui ne compte qu'une somme insuffisante pour l'acquittement intégral, est maître de diriger l'imputation ainsi qu'il le juge convenable.

S'il ne s'explique pas, le droit d'imputer est dévolu au créancier; mais celui-ci ne jouit pas de la même latitude. La loi 1re, Dig., *de Solutionibus et Liberat.*, s'oppose à ce qu'il dirige l'imputation sur la dette à terme, qui n'est pas échue (1), et nous ajoutons, sur l'obligation naturelle, qui n'est jamais exigible (2).

(1) Le texte de cette loi est évidemment altéré, il doit être rétabli de la sorte : « ... Dummodo in id constituat solutum, in quod ipse si deberet, esset soluturus; id est non in id debitum quod est in controversia, aut in illud quod pro alio quis fidejusserat, aut cujus dies nondum venerat. Æquissimum enim, etc... »

(2) Toutefois, le créancier gagiste qui ne reçoit pas le paiement du débiteur, mais qui se paie à lui-même avec l'argent provenant de la vente du gage, est maître d'affecter le prix du gage à celle des dettes qu'il veut indiquer, ne fût-elle que naturelle.

Comme le créancier fait le paiement, il jouit de la faculté d'imputer, qui est la conséquence du paiement qu'il effectue lui-même : « Paulus respondit, aliam causam esse debitoris solventis, aliam creditoris pignus distrahentis. Nam cum debitor solvit pecuniam, in potestate ejus esse commemorare, in quam causam solveret; cum autem creditor pignus distraheret, licere ei pretium in acceptum referre, etiam in eam quantitatem, quæ natura tantum debebatur; et ideo deducto eo debitum peti posse. » (L. 101, § 2, Dig., *de Solutionibus et Liberat.*)

Ce texte est une nouvelle preuve du principe que nous avons établi précédemment, à savoir : que l'obligation naturelle constitue une véritable dette; s'il n'en était pas ainsi, l'imputation ne pourrait pas lui être appliquée.

Quand le débiteur et le créancier gardent le silence, la loi, qui opère elle-même l'imputation, veut également qu'elle n'ait lieu sur l'obligation naturelle qu'à défaut d'obligation civile (l. 94, § 3, Dig., *de Solutionibus et Liberat.*)

3. Le débiteur, ne pouvant être contraint de solder le montant d'une obligation naturelle, voudra quelquefois ne faire qu'un paiement partiel. A l'égard de l'obligation civile, l'on se demande si le créancier peut être forcé d'accepter une fraction de ce qui lui est dû. Cette question est oiseuse lorsqu'il s'agit d'une obligation naturelle.

Quand celui qui est tenu d'une dette naturelle l'acquitte en partie, il n'accorde point par cela même une action pour le restant. Les obligations naissent à Rome de certaines formes spécifiées, le paiement d'une portion de la dette n'est pas un des modes qui serve à créer l'obligation civile.

4. L'obligation naturelle cesse, soit parce qu'une obligation civile ou bien une autre obligation naturelle lui est substituée.

La substitution de l'obligation civile à l'obligation naturelle devrait être facilement conjecturée. — En effet, quand on forme une obligation, l'on est censé vouloir qu'elle soit parfaite et conforme au vœu du législateur. L'obligation naturelle, nous en avons déjà fait la remarque (1), est plutôt tolérée qu'acceptée par

(1) Voir p. 6.

le législateur; elle ne dérive pas de l'intention des parties contractantes qui, en pleine connaissance de cause adhérant à des accords, n'ont pu se proposer de les rendre à moitié inefficaces. — Nous comprenons l'obligation naturelle quand elle résulte de la force des choses, et qu'elle ne peut être autre; par exemple, l'engagement est pris par un pupille sans l'autorisation de son tuteur, ou bien l'obligation consentie par un mineur de vingt-cinq ans, qui se fait restituer, est ramenée à l'état d'obligation naturelle (INST. JUST., § 3, *Quibus modis tollitur obligatio*. — L. 10, DIG., *de Novationibus*).

Que l'on n'allègue pas que la première obligation étant naturelle, la seconde doit avoir le même caractère. — Par le procédé de la novation, une obligation toute autre apparaît; celle qui précède était-elle sanctionnée par une clause pénale, des intérêts avaient-ils été convenus? la nouvelle ne jouira pas de ces avantages s'ils n'ont pas été stipulés (l. 15, l. 18, DIG., *de Novationibus*). Or, comme les garanties de la première obligation ne passent pas à la seconde, il doit en être de même quant aux défectuosités.

L'on considérera que la seconde obligation est principale, qu'elle ne subit pas l'influence de la première, qu'elle peut être moindre ou plus forte. En cela, elle diffère de la fidéjussion, qui nécessite des distinctions délicates (1).

(1) Voir p. 53.

L'obligation naturelle sera remplacée par une autre obligation naturelle quand, par exemple, on stipulera du pupille non autorisé (1). Si la deuxième obligation n'avait pas la forme de la stipulation, mais simplement celle du pacte, elle engendrerait une action, elle deviendrait un constitut (INSR. JUST., *de Actionibus*, § 8 et 9). — Le Préteur accorde une force particulière à ce pacte, qui était une promesse réitérée. Voilà pourquoi il disait, dans ce cas, *grave est fidem fallere* (DIG., l. 1, *de Pecunia constituta*).

5. La compensation *ex eadem causa* se produit moins comme opérant l'extinction d'une obligation que comme assurant l'exécution absolue d'un contrat (2). La compensation *ex dispari causa* doit-elle être rangée au nombre des modes d'extinction des obligations naturelles? Au premier abord, on serait porté à se prononcer pour l'affirmative; mais en y réfléchissant, on ne tarde pas à s'apercevoir qu'une compensation *ex dispari causa* implique l'idée d'une action dirigée pour arrêter une autre action, ce qui ne peut s'adapter aux allures de l'obligation naturelle. Les cautions données à l'occasion de l'une de ces obligations ne pourraient pas s'appuyer sur l'obligation naturelle de

---

(1) Il ne peut être question d'un constitut dans cette espèce, puisqu'il ne résulte que d'un pacte (l. 1, § 4. DIG., *de Pecunia constituta*).

(2) Voir p. 68.

l'autre partie, pour se dire libérées. Ainsi que nous l'avons déjà déclaré (1), la compensation est quelque chose d'artificiel, elle ne tient qu'à une question, ou, si l'on veut, à un progrès de la procédure.

Au surplus, à Rome, la compensation n'avait pas lieu de plein droit, il était nécessaire que le juge la prononçât, et il aurait fallu intenter un procès alors que l'obligation naturelle n'exposait à aucune action.

SECTION II.

De la confusion.

SOMMAIRE.

1. Nature de la confusion. — Que décider lorsque la dette principale étant naturelle, et la caution s'étant obligée civilement, le débiteur hérite de la caution ?

2. Que statuer lorsque dans l'espèce qui précède le débiteur a hérité du créancier ?

3. *Quid juris,* si le créancier devient héritier de la caution qui était obligée civilement, tandis que le débiteur principal n'était tenu que naturellement ?

4. L'on a beaucoup disserté pour déterminer la nature de la confusion, nous ne passerons pas en revue les divers systèmes qui ont été proposés; nous n'avons à considérer la confusion que d'une manière

(1) Voir p. 75.

secondaire, et en tant qu'elle s'adapte à l'obligation naturelle.

La confusion, qui est la réunion sur la même tête des qualités de créancier et de débiteur, doit nécessairement modifier le lien juridique; elle n'occasionne pas, à proprement parler, l'extinction de la dette, elle dégage seulement le débiteur; en empruntant le langage des auteurs allemands, nous dirons que l'obligation cesse subjectivement et non pas objectivement. — De là il suit que le paiement éteignant la dette, si l'un des débiteurs corréés paie, le créancier n'a plus rien à demander aux autres; au lieu que si l'un des corréés devenait héritier du créancier, il pourrait agir contre ses corréés. La loi 71, Dig., de *Fidejussoribus*, fait remarquer que, dans cette espèce, la dette n'est pas éteinte, mais que le débiteur est exempt. — En un mot, la confusion nous paraît avoir de l'analogie avec le pacte *de non petendo*, qui serait *in personam*, il affranchit le débiteur, sans anéantir la dette. Peu importe que la confusion opère de plein droit, tandis que le pacte n'a lieu que par voie d'exception; cette distinction ne tient qu'à la procédure et non pas à la nature des choses.

L'on aurait tort d'invoquer la loi 95, § 2, Dig., de *Solutionibus et Liberationibus*, pour soutenir que la confusion est un paiement: « Aditio hereditatis..... aliquando *pro solutione cedit*. » (1) Ce texte nous apprend

(1) Cujas, t. iv, p. 724, édit. de Naples, prévient que la confusion s'applique aux obligations civiles et non à celles

que le créancier, en vertu d'une obligation naturelle faisant adition de l'hérédité de son débiteur, pourra prélever le montant de ce qui lui est dû et le soustraire à l'action des légataires. Comme nous l'avons expliqué plus haut (1), l'adition permet au créancier de se payer, elle lui procure cette facilité, mais elle n'est pas un paiement. Dès qu'il y a eu adition, le créancier n'est pas désintéressé, la dette n'est pas véritablement éteinte, elle ne le sera que lorsque le créancier se sera fait à lui-même le paiement.

Au moyen de la confusion, le débiteur qui est seul et principal obligé étant dégagé, les cautions éprouvent le même sort, parce qu'elles ne peuvent être liées lorsqu'il n'existe pas un débiteur principal.

Le gage étant également un accessoire de la dette principale, disparaît dès que celle-ci vient à manquer (2).

qui sont naturelles; il nous semble que la confusion doit étendre ses effets aux obligations naturelles. Lorsqu'il y a deux corréés tenus naturellement, si l'un succède au créancier, le droit social, conforme en cela au droit civil, ne proclame pas l'extinction de la dette, mais seulement l'exemption de l'un des débiteurs.

(1) Voir p. 44.
(2) Nous ne saurions approuver la distinction que fait Cujas, t. VII, p. 517, édit. de Naples, il pense que la confusion éteint l'obligation du fidéjusseur, parce qu'elle est personnelle; mais il fait remarquer qu'elle ne produit pas le même résultat à l'égard du gage, qui est un droit réel. Cet

Qu'arrivera-t-il si, à l'occasion d'une dette naturelle, une caution s'est obligée civilement, et que le débiteur hérite de la caution, ou réciproquement? Dans cette hypothèse, on comprend que les juristes ont dû s'efforcer de détruire les conséquences qu'amenait la confusion, et surtout l'application des principes suivant lesquels nul ne peut être caution pour soi-même. — Le cautionnement n'étant intervenu que pour donner à l'obligation naturelle la vigueur qui lui manquait, il est rationnel de penser qu'en cas de confusion l'une des obligations n'ait pu absorber l'autre, comme elle l'aurait fait si les deux obligations avaient été civiles; aussi la loi 21, § 2, Dig., *de Fidejussoribus*, décide-t-elle que les deux obligations subsistent avec leur ca-

---

auteur invoque la loi 59, Dig., *ad Senat. Trebellianum.* (Voir page 99.)

Il faut faire attention que si dans l'espèce de cette loi le créancier, institué par son débiteur à la charge de transmettre l'hérédité, conserve le droit de gage, c'est parce que le Préteur contraint le créancier à faire adition, et que si ce dernier ne profite pas de l'hérédité, il n'est pas juste qu'il en résulte du préjudice pour lui. — Le rigorisme du droit, comme nous l'avons annoncé page 10, n'empêche pas l'obligation naturelle de se produire.

Au reste, quoique l'on comprenne généralement le droit de gage parmi les droits réels, il importe de bien remarquer que le gage ne constitue pas un droit réel dans la véritable acception du mot; et, dès-lors, l'argument de Cujas pèche par sa base.

ractère propre, dans la personne du débiteur héritier de la caution, ou réciproquement. « ..... Quod si hic servus manumissus, fidejussori suo heres existat durare causam fidejussionis putavit; et tamen nihilominus naturalem obligationem mansuram ; ut si obligatio civilis pereat, solutum repetere non possit. Nec his contrarium esse, quod cum reus fidejussori heres existat, fidejussoria obligatio tollatur; quia duplex obligatio civilis cum eodem esse non potest. Retro quoque si fidejussor servo manumisso heres extiterit, eadem adversus eum obligatio manet; quamvis et naturaliter teneatur, nec pro se quis fidejubere possit. »

2. Imaginons que, dans l'espèce précédente, ce soit le débiteur principal qui succède au créancier : alors la fidéjussion s'évanouit, puisque la dette principale est effacée. Que l'obligation principale soit civile ou naturelle, l'on fera l'application de la règle d'après laquelle le fidéjusseur est libéré lorsque le débiteur l'est lui-même.

3. Prévoyons actuellement le cas où le créancier devient héritier de la caution, laquelle était tenue civilement, tandis que le débiteur principal n'était assujetti qu'à une obligation naturelle; nous déciderons que la confusion empêche qu'il existe un cautionnement, mais l'obligation principale se conservera avec son caractère.

SECTION III.

De l'acceptilation et du pacte DE NON PETENDO.

SOMMAIRE.

1. L'acceptilation a pour effet d'éteindre l'obligation naturelle.
2. Le pacte *de non petendo* fait cesser l'obligation naturelle.
3. Par le pacte *de non petendo*, sont libérés de plein droit non-seulement le débiteur principal, qui est tenu naturellement, mais encore les cautions obligées civilement.

1. Il est de principe que chaque contrat peut être dissous de la manière dont il est formé (l. 35, Dig., *de Diversis regulis juris*). L'acceptilation est destinée à détruire l'obligation qui se forme par les paroles. Elle consiste dans une stipulation en vertu de laquelle le créancier, interrogé par le débiteur, voulant faire remise, déclare tenir pour reçu ce qui lui est dû (Inst. Just., § 1, tit. *Quibus modis obligatio tollitur*).

L'acceptilation consentie à l'égard d'une obligation naturelle, entraînera son extinction; peu importe que l'obligation naturelle prenne sa source ailleurs que dans une stipulation; car la stipulation emportant remise, aura du moins l'effet d'un pacte *de non petendo*. La loi 19, Dig., *de Acceptilatione*, statue en ce sens dans une espèce analogue : « Si accepto latum fuerit ei, qui non verbis, sed re obligatus est ; non liberatur quidem, sed exceptione doli mali, vel pacti conventi se tueri potest. »

Le créancier se déclarant satisfait, consent à être considéré comme ayant reçu la chose ; par conséquent, même à l'égard de l'acceptilation qui se réfère à une obligation naturelle, on ne serait pas admis à soutenir que le paiement n'a pas été effectué, et que l'obligation se maintient. Il faut avoir le soin de distinguer l'acceptilation d'une quittance ordinaire : « Inter acceptilationem et apocham hoc interest, quod acceptilatione omnimodo liberatio contingit, licet pecunia soluta non sit ; apocha non alias, quam si pecunia soluta sit. »(L. 19, § 1, DIG., de *Acceptilatione*.)

2. Nous avons déjà posé ce principe que, par rapport au droit social, il n'y a pas lieu de distinguer l'extinction de l'obligation qui s'effectue de plein droit ou par voie d'exception ; il est logique que la cause qui crée un lien serve à le dénouer ; or, le consentement seul, qui donne naissance à l'obligation naturelle, doit suffire pour la faire éteindre. Aussi ne faut-il pas s'étonner que le pacte *de non petendo* anéantisse l'obligation de plein droit : « Naturalis obligatio, ut pecuniæ numeratione, ita justo pacto, vel jurejurando, ipso jure tollitur ; quod vinculum æquitatis, quo solo sustinebatur, conventionis æquitate dissolvitur.... » (l. 95, § 4, DIG., *de Solutionibus et Liber.*)

3. Puisque le pacte *de non petendo* produit son effet

de plein droit à l'égard du débiteur principal, il en est de même à l'égard des cautions. Que l'on n'objecte pas que le fidéjusseur s'étant lié conformément aux prescriptions du droit civil ne peut, quant à son obligation qui est civile, être dégagé de plein droit par un pacte : il est aisé de répondre que puisque l'obligation principale, qui est naturelle, se trouve éteinte de plein droit au moyen d'un pacte, celle du fidéjusseur doit expirer en même temps. Sans obligation principale, la fidéjussion ne peut subsister.

L'espèce qui vient d'être énoncée ne se confond pas avec celle où le pacte *de non petendo* n'aurait été consenti que dans l'intérêt et pour le compte du fidéjusseur ; pour libérer de plein droit ce dernier, il faudrait, dans ce cas, recourir à un mode établi par le droit civil; cependant le pacte lui serait utile, mais il n'opérerait que par voie d'exception.

SECTION IV.
De la prescription.

Nous allons déterminer la puissance de la prescription sur l'obligation naturelle isolée, et sur l'obligation résultant d'un contrat du droit des gens sanctionné par le droit civil.

§ 1er.

Effet de la prescription par rapport à l'obligation naturelle isolée.

SOMMAIRE.

1. Motifs par lesquels on peut soutenir que l'obligation naturelle échappe à la prescription.

2. Raisons qui portent à décider que l'obligation naturelle est soumise à la prescription.

1. Au premier abord, on est porté à penser que la prescription ne s'applique pas à l'obligation naturelle, et telle est même la doctrine généralement professée (1). Elle se fortifie par l'argumentation suivante : Aucune action n'étant octroyée pour réclamer l'exécution d'une obligation de cette catégorie, le créancier qui ne peut exercer des poursuites, ne mérite aucun reproche, et ne saurait être puni en perdant son droit. En outre, la dette naturelle n'étant pas exigible, c'est-à-dire ne conférant pas un moyen de contrainte, quel serait le point de départ de la prescription ? Enfin, le créancier en vertu de l'obligation naturelle, est appelé à faire valoir des exceptions ; or, il est de règle que les exceptions sont perpétuelles.

2. Nous n'avons pas cherché à dissimuler la force des motifs qui viennent en aide au système contre lequel nous croyons devoir nous élever, nous allons les passer en revue, les combattre, et développer ensuite ceux qui militent en faveur de notre doctrine.

La prescription n'est pas seulement et principalement une peine infligée au créancier qui est resté dans l'inaction, mais elle est surtout une institution d'intérêt social, elle tend à diminuer le nombre des procès et à mettre fin à de vieilles querelles, toutes choses qui

(1) M. de Savigny, tom. v, p. 394 ; tom. ix, p. 96.

s'appliquent à l'obligation naturelle, quoiqu'elle ne produise pas d'action, comme à l'obligation civile. D'ailleurs, si le créancier en vertu d'une obligation naturelle ne veut pas être dépouillé, il pourra intenter une action, non pour demander à être payé, mais pour que le débiteur ait à reconnaître son droit; et par là, il aura la facilité de le sauvegarder.

Nous n'admettons pas que la prescription atteigne seulement l'action, nous soutenons qu'elle s'étend jusqu'au droit lui-même. Ne serait-il pas étrange que le lien de l'obligation naturelle, qui est moins efficace que celui de l'obligation civile, eût néanmoins plus de durée ?

Quant au délai à partir duquel courra la prescription, ce sera le jour de l'échéance, qu'il ne faut pas confondre avec l'exigibilité de la dette (1).

La maxime *quæ temporalia sunt ad agendum sunt perpetua ad excipiendum*, n'est pas applicable dans l'espèce. L'on comprend que le défendeur, par exemple, qui peut avoir à se plaindre de manœuvres frauduleuses, au lieu d'intenter l'action du dol, qui est temporaire, ait la faculté d'attendre qu'il soit poursuivi, et il sera toujours à temps de se protéger par l'exception, qui est perpétuelle. Mais le créancier en vertu d'une obligation naturelle, n'est pas défendeur, il n'est pas obligé; au contraire, le titre est établi en sa faveur; par conséquent, il ne peut alléguer qu'il use d'une exception. Sans doute, s'il reçoit le paiement et si le

(1) Voir page 257.

débiteur cherche à répéter, il opposera qu'il n'y a pas lieu de recourir à la *condictio indebiti*, parce qu'une dette a été soldée. Mais cette défense ne sera point fondée sur une véritable exception.

Nous complèterons cette réfutation par l'observation suivante : L'institution de la prescription appartient au droit des gens; or, en principe, l'obligation naturelle peut subsister à l'encontre du droit civil, mais non pas à l'encontre du droit des gens; comme l'obligation naturelle est elle-même le produit de ce dernier droit, elle doit en subir l'autorité.

C'est le moment de signaler de nouveau la distinction de l'obligation naturelle et de l'obligation morale, ou de conscience. Celle-ci est à l'abri de la prescription, parce qu'elle ne revêt pas le caractère d'une véritable obligation, au lieu qu'il en est tout autrement de l'obligation naturelle, que le législateur admet comme obligation.

Ce qui vient d'être dit n'empêche pas que l'obligation morale ne produise quelque effet, en ce qui concerne notamment la non-répétition des choses payées (1).

§ 2.

De l'effet de la prescription par rapport à l'obligation qui a son fondement dans le droit des gens, et qui est sanctionnée par le droit civil.

SOMMAIRE.

1. Raisons par lesquelles nous décidons que cette obligation naturelle se prescrit.

(1) Voir p. 5 et 33.

2. Réfutation des motifs présentés en faveur de l'opinion contraire.

1. Cette question, relative à la prescription de l'obligation naturelle alors que l'obligation civile est prescrite, a fait naître de sérieuses difficultés; aussi mérite-t-elle certains développements (1).

Puisque nous décidons que la prescription absorbe l'obligation naturelle, nous n'hésiterons pas à décider que l'obligation acceptée par le droit civil et dérivant du droit des gens, comme dans le cas de la vente, est éteinte par la prescription. Il arrive alors que la prescription exerce son influence sur une double obligation: celle qui provient du droit civil, et celle qui descend du droit des gens; l'obligation naturelle, qui se trouve jointe à une obligation civile, ne saurait être plus favorisée que celle qui est isolée.

A Rome, la prescription était une exception qui libérait après un certain laps de temps écoulé.

Le Préteur introduisit la prescription pour venir en aide aux possesseurs des biens provinciaux. Ces héritages ne pouvant être usucapés, ce magistrat voulut que les détenteurs ne fussent pas inquiétés alors que leur jouissance était ancienne. Le Préteur, qui avait pour mission d'accréditer le droit des gens, est-il censé avoir voulu que la prescription laissât entière l'obli-

---

(1) M. de Savigny, t. v, p. 406, soutient que l'obligation naturelle subsiste nonobstant la prescription encourue. Weber, § 114, adopte ce sentiment.

gation naturelle? Comment d'ailleurs concevoir cette obligation naturelle opposable à celui qui avait la bonne foi, un juste titre, une longue possession, et qui, par conséquent, était dans une position favorable.

Ces considérations sont corroborées par la loi 37, Dig., *de Fidejussoribus* : « Si quis, postquam tempore transacto liberatus est, fidejussorem dederit, fidejussor non tenetur; quoniam erroris fidejussio nulla est. » Le débiteur, ignorant que la dette fût prescrite, donne un fidéjusseur : ce cautionnement est de nul effet. Il est nécessaire de mentionner l'erreur dans laquelle est tombé le débiteur; car s'il avait fourni sciemment une caution, il aurait renoncé à la prescription.

L'on oppose que ce texte, s'appliquant aussi bien à la prescription de la procédure qu'à la prescription de l'action, ne saurait être pris en considération (1).

Si l'on admet que la prescription de la procédure amène l'extinction de l'obligation, nous ne voyons pas pourquoi l'on soutiendrait que la prescription de l'action n'amène pas le même résultat, surtout si l'on considère que, pour la prescription de l'action, les constitutions ont exigé un long délai, au lieu que la procédure était prescrite par un laps de temps restreint : aussi, tout en reconnaissant que la prescription de l'action anéantit l'obligation naturelle, nous décidons autrement par rapport à la prescription de la procédure (2).

(1) M. de Savigny, t. v, p. 426.
(2) Voir p. 10.

2. Voici les arguments proposés en faveur du système contraire.

L'obligation naturelle étant imprescriptible, il serait inconséquent de placer le créancier en vertu d'une obligation civile, dans une position plus désavantageuse que celle réservée à celui qui serait créancier en vertu d'une obligation naturelle.

Nous nous contenterons de répondre que, d'après nous, l'obligation naturelle est prescriptible ; nous venons de soutenir cette doctrine ; ainsi, nous ne tombons pas en contradiction.

Les textes que l'on invoque méritent un sérieux examen.

« Intelligere debes vincula pignoris durare, personali actione sub mota. » (L. 2, Codice, *de Luitione pignoris*). — La traduction que l'on donne est celle-ci : L'action personnelle étant prescrite, le gage dure néanmoins.

Ces termes, *actione personali submota*, signifient que l'action personnelle est mise à l'écart ; à notre avis, ils ne désignent pas la prescription, mais bien diverses autres hypothèses ; — par exemple, une demande qui est repoussée parce qu'il y a plus pétition, ou bien l'espèce où il y a péremption d'instance (Gaius, *Comm.* iv, § 104 et 105.) Il est encore possible d'admettre qu'un mineur de 25 ans s'oblige et qu'un tiers fournit un gage ; le mineur se faisant restituer, le gage sera maintenu (1).

(1) Cujas, qui enseigne que la prescription ne laisse pas

Il est un autre texte qui fournit une objection que nos adversaires regardent comme décisive (1). Elle se formule de la manière suivante :

L'action hypothécaire dirigée contre le débiteur ou ses héritiers dure quarante années, tandis que l'action personnelle ne dure que trente années ; cela prouve que la prescription de l'action personnelle laisse subsister l'obligation naturelle, car le gage ne peut se concevoir que tout autant qu'il se relie à une obligation au moins naturelle(2). « Quamobrem jubemus hypothecariam per-

subsister l'obligation naturelle, explique la loi 2 précitée, au moyen de l'indivisibilité de l'hypothèque. L'un des héritiers du débiteur acquittant sa part, sera affranchi de l'obligation personnelle, mais il sera tenu hypothécairement pour le tout (t. IX, p. 1237, édit. de Naples).

Cette interprétation de la loi 2 mérite d'autant plus de fixer l'attention, que la loi précédente pose une espèce semblable ; dès-lors la loi 2 ne serait que la conclusion de la loi 1re.

Doneau, t. IX, p. 1201, édit. de Rome, déclare que le contexte de cette loi 2 a été corrompu, et qu'une négation doit y être insérée.

Ce n'est là qu'une conjecture qui n'a pour elle l'autorité d'aucun manuscrit. Nous avons déjà fait remarquer, p. 28, qu'il n'est guère convenable de recourir à de pareils expédients.

(1) M. de Savigny, t. v, p. 416.
(2) L'usucapion ne portait pas atteinte à l'existence des hypothèques, parce qu'elle s'accomplissait par un laps de temps très restreint : une année pour les meubles, et deux années pour les immeubles; il ne fallait pas que le créancier

secutionem, quæ rerum movetur gratia, vel apud debitores consistentium, vel apud debitorum heredes, non ultra quadraginta annos, ex quo competere cœpit, prorogari, nisi conventio, aut ætas sicut dictum est intercesserit : ut diversitas utriusque rerum persecutionis, quæ in debitorem, aut heredes ejus, quæque movetur in extraneos, in solo sit annorum numero : verum in aliis omnibus ambæ similes sint : in actione scilicet personali his custodiendis, quæ prisca constitutionum sanxit justitiæ. » (L. 7, § 1, CODICE, *de Præscriptione triginta vel quadraginta annorum.*)

Nous ne dirons pas, avec certains jurisconsultes (1), que si l'action hypothécaire se prolonge pendant quarante années, c'est parce que la prescription a été interrompue à l'égard de l'obligation personnelle, soit par les poursuites dirigées par le créancier, soit par un acte récognitif émané du débiteur. Cette explication ne nous paraît pas satisfaisante. S'il y avait eu interruption de

hypothécaire, qui n'était pas en contact avec la chose, qui n'avait pas le droit d'en jouir, subit les conséquences fâcheuses d'une aliénation qu'il ignorait. En outre, l'usucapion avait été aussi introduite pour le cas où une chose *mancipi* avait été seulement livrée par le propriétaire, sans recourir à la *mancipatio* ou à la *cessio in jure*. Celui qui avait été mis en possession de la chose en acquérait le domaine quiritaire par l'usucapion ; mais il est évident que, dans cette circonstance, il n'entendait acquérir la chose que telle qu'elle avait appartenu à son auteur, par conséquent, grevée des mêmes hypothèques.

(1) Doneau, t. IX, p. 1204, édit. de Rome.

prescription à l'égard de l'obligation personnelle, la prescription aurait été interrompue en même temps par rapport à l'hypothèque, et par conséquent cette hypothèque aurait pu durer non-seulement quarante années, mais encore cinquante ou soixante, en supposant que l'interruption ou la reconnaissance surviennent plusieurs années après la formation du contrat.

Si l'on prétend que les quarante années ne compteront que du jour de l'interruption ou de la reconnaissance, nous voudrions savoir comment il arrive que cette interruption ou reconnaissance aient la force d'attribuer à l'action personnelle une nouvelle durée qui sera plus longue que celle qu'elle a ordinairement?

Nous ne croyons pas, non plus, devoir embrasser la doctrine qui s'est propagée dans ces derniers temps (1), et qui, tout en prononçant l'extinction de l'obligation naturelle par la prescription, admet cependant que si une hypothèque a été donnée, elle ne cesse que par la satisfaction offerte au créancier ; d'où la conséquence que, dans le cas de prescription, l'hypothèque a la vertu de laisser subsister à côté d'elle une obligation naturelle ; car il faut nécessairement que l'hypothèque se rattache à une obligation principale.

La loi 59, Dig., ad Senat. Trebellianum, sert de point d'appui à ce sentiment : « Debitor sub pignore, creditorem heredem instituit, eumque rogavit resti-

---

(1) M. Wangerow, t. i, p. 179. — M. Molitor, t. i, p. 58. — M. Machelard, *Textes expliqués*, p. 174.

tuere hereditatem filiæ suæ, id est testatoris : cum nollet adire ut suspectam, coactus jussu prætoris adiit et restituit..... Videamus autem, ne et pignus liberatum sit sublata naturali obligatione... Verum est non esse solutam pecuniam..... igitur non tantum retentio sed etiam petitio pignoris nomine competit, et solutum non repetetur. Remanet ergo propter pignus naturalis obligatio. »

Cette manière de voir ne nous paraît pas exacte. D'abord, nous demandons pourquoi l'hypothèque aurait la prérogative d'échapper à la prescription ? Est-ce parce qu'elle est d'institution prétorienne ? Mais les autres actions que le Préteur a créées sont soumises à la prescription. Nous trouvons même, dans les *Institutes* de Justinien, tit. *de perpetuis et temporalibus actionibus*, la preuve que les actions prétoriennes étaient plus exposées à la prescription que celles qui dérivaient du droit civil.

Abordant ensuite la loi 59 ci-dessus transcrite, nous remarquerons qu'elle statue pour l'espèce où le créancier, institué héritier par son débiteur et chargé de restituer l'hérédité, fait adition, parce qu'il y est contraint par le Préteur. L'équité commande qu'il conserve son gage. Aucun émolument ne lui advient de l'hérédité, il est juste qu'il soit maintenu dans les droits qu'il avait antérieurement, et qu'il n'a pas entendu abandonner, puisqu'il a été forcé d'accepter. C'est là un des cas où le rigorisme du droit rend nécessaire l'existence d'une obligation naturelle.

Les effets ordinaires de la confusion seront donc évités. La créance ne laisse pas que de subsister en tant que naturelle ; elle est conservée en cette qualité ; elle redeviendra civile quand la restitution sera effectuée ; aussi Justinien nous apprend-il que cette adition de l'héritier ne peut lui causer aucun dommage : « ..... Et necessitas heredi imponatur, si ipso nolente adire fidei-commissarius desiderat restitui sibi hereditatem, nullo nec damno nec commodo apud heredem remanente. » (INST., § 7, *de Fidei-commissariis hereditatibus*.)

La loi 13, § 1, DIG., *ad Senat. Velleianum*, ne prouve pas non plus que le gage ait, nonobstant la prescription, le pouvoir de créer une obligation naturelle. Une femme qui avait répondu pour autrui, se faisant restituer contre son engagement, le créancier, qui avait primitivement reçu un gage du débiteur que la femme a remplacé, sera en droit de le conserver.

Cette solution se justifie par ce motif : avant que le créancier recouvre l'obligation civile, il existe une obligation naturelle ; car le législateur autorisant ce créancier à reprendre son premier titre, lorsque la femme aura fait rescinder sa promesse ; il est évident qu'avant que cette formalité soit accomplie, le débiteur est tenu au moins naturellement.

Reste à rendre compte du § 1 de la loi 7, CODICE, *de Præscriptione, 30 vel 40 annorum*. Il faut distinguer si le gage est détenu par un tiers ou par le débiteur lui-même et ses héritiers. Dans le premier cas, l'action hypothécaire dure trente années, et dans le second, elle sera exercée pendant quarante années. De là il ne faut pas conclure que l'obligation civile se prescrivant par trente années, le gage persiste pendant dix années de plus, parce que l'obligation civile descend à l'état d'obligation naturelle. Cette transformation nous semble inadmissible ; d'ailleurs, nous avons soutenu que l'obligation naturelle tombe sous le coup de la prescription, comme celle qui est civile. Pourquoi le gage ne demeurerait-il affecté que pendant dix années à partir de l'expiration de l'obligation personnelle ? Pourquoi celle-ci ne se prolongerait-elle pas indéfiniment, puisqu'il existerait une obligation naturelle non soumise à la prescription, d'après le sentiment de nos adversaires ? Par conséquent, la durée de l'action hypothécaire à quarante années serait quelque chose d'arbitraire.

D'après nous, cette loi précitée signifie : L'obligation considérée en elle-même et isolément, sera exposée à la prescription ; mais étant jointe à un gage, elle deviendra imprescriptible par la constitution du gage et se conservera jusqu'à concurrence de la valeur du gage ; ainsi, un *mutuum* est intervenu et il a été accompagné d'une constitution de gage dont la valeur n'égale pas le chiffre de l'emprunt : si, après trente années à partir de l'échéance, le créancier intente l'action hypothécaire, il sera en droit de réclamer ce qui lui est dû, mais seulement jusqu'à concurrence de la valeur du gage. La tradition de ce gage, qui était autrefois nécessaire, rendait, en effet, la dette imprescriptible jusqu'à concurrence de la valeur du gage, il en était ainsi dans l'ancien droit ; mais dans la nouvelle jurisprudence, il a été admis que le gage pourrait se constituer par le seul consentement, et dès-lors il a été admis que cette constitution aurait pour effet de conserver la dette jusqu'à concurrence de la valeur de la chose hypothéquée, le débiteur et ses héritiers étant censés détenir le gage pour le compte du créancier.

Mais toutes les actions étant soumises à la prescription, on a appliqué, dans ce cas, l'une des prescriptions les plus longues.

Abordons une dernière objection : elle dérive de l'analogie que l'on établit entre la prescription de la propriété et la prescription des obligations ; elle s'étaye sur la loi 8, § 1, Codice, *de Præscriptione, 30 vel 40 annorum,* qui édicte de la manière suivante : Celui qui possède de mauvaise foi, et pendant trente ans, l'immeuble d'autrui, a le droit d'en conserver la possession ; mais s'il vient à la perdre, il n'aura point la revendication, qui sera dévolue au propriétaire primitif ; par conséquent, la prescription n'a pas annihilé le droit primitif.

Notons d'abord que cette constitution ne concerne que la prescription de la propriété ; même dans ce cas, la bonne foi existant, l'obligation naturelle cesserait d'exister, puisque celui qui a prescrit aurait même la revendication. En appliquant à la prescription des obligations la règle faite pour la prescription de la propriété, il faudrait scruter si celui qui veut s'en prévaloir a été de bonne ou de mauvaise foi, c'est-à-dire il faudrait engager des procès relatifs à des faits anciens. De sorte que la prescription, qui a pour but de mettre un terme aux contestations judiciaires, leur donnerait un nouvel aliment et un nouvel essor.

Au surplus, cette application de la bonne foi à la prescription des obligations, ne peut guère se concevoir; à quel moment faudra-t-il que ce débiteur soit de bonne foi? est-ce au commencement de la prescription?

Au reste, la propriété est unique, et l'on ne peut logiquement distinguer celle à laquelle est attaché le droit de revendication, et celle qui en est privée (1). Justinien, dans la mesure indiquée par le texte que nous venons de citer, tombe dans une sorte de contradiction avec lui-même, car c'est le même empereur qui a fait disparaître, avec raison, toute différence entre le domaine quiritaire et le domaine bonitaire.

Tout ce que l'on peut dire en faveur de la ligne de démarcation que Justinien trace, par rapport à la prescription de la propriété et la prescription des obligations, c'est que l'on pourrait voir, dans l'abandon de la détention, par celui qui avait acquis de mauvaise foi, au moyen de la prescription trentenaire, une sorte de renonciation à cet avantage; et c'est en se

(1) Dans le chap. IV, en discutant la question de savoir si le pupille qui traite seul s'oblige naturellement, nous constaterons que le droit de propriété ne comporte pas la classification qui sépare l'obligation naturelle de l'obligation civile.

basant sur cette conjecture, plutôt que dans le maintien d'un prétendu droit de propriété naturelle, que l'empereur a pu refuser la revendication. — D'un autre côté, qui ignore que les conventions sont plus nombreuses que les changements de propriété; d'où il suit que, pour arrêter les procès, on doit être plus radical quant aux effets de la prescription applicable aux unes, que pour les effets de la prescription applicable aux autres.

En résumé, nous croyons avoir résolu ces trois points : 1° La prescription anéantit l'obligation naturelle; 2° la loi 7, § 1, Codice, de *Præscriptione*, 30 *vel 40 annorum*, ne prouve pas que l'obligation naturelle survive à l'obligation civile; 3° enfin, l'on se méprendrait en généralisant la disposition de la loi 8, § 1, du même titre, et en l'étendant à toute espèce de prescription.

SECTION IX.

La chose jugée détruit-elle l'obligation naturelle ?

SOMMAIRE.

1. Importance de la question. — L'obligation dont demeure tenu celui qui, injustement, obtient gain de cause, ne réunit pas les conditions essentielles à l'obligation naturelle.

2. La chose jugée laisse intact le devoir de conscience.

3. Examen des textes favorables à cette doctrine.
   La chose jugée passe pour la vérité.

4. Réfutation des arguments que l'on déduit de quelques textes.

Il ne faut pas confondre le cas où le créancier succombe après examen, et celui où *causa cadit*.

1. La question que nous abordons est l'une des plus intéressantes qu'offre cette matière. Elle divise les jurisconsultes qui ont écrit sur les diverses législations anciennes et modernes.

Nous nous mettons du côté de ceux qui, en Droit romain, enseignent la négative. Dans la seconde partie de ce travail, nous aurons à examiner si la même solution doit être accueillie en Droit français.

Faisons valoir d'abord des motifs, et parcourons ensuite les textes.

La controverse qui a surgi n'aurait peut-être pas été aussi vive, le débat n'aurait pas été si animé, si l'on s'était bien pénétré des effets de l'obligation naturelle, que nous avons cru devoir exposer avec étendue.

Ces effets principaux peuvent être réduits à deux : l'obligation naturelle fait partie des biens du créancier; elle admet le cautionnement. Ces effets se rencontrent-ils dans l'obligation que le jugement a proscrite?

Quand le débiteur est mal à propos renvoyé de la demande, et que cette décision est passée en force de chose jugée, peut-on dire qu'il y a dette? — Supposons que celui qui a perdu un procès relatif à une somme d'argent, fasse ensuite un legs d'argent à la personne qui avait eu gain de cause; soutiendra-t-on que ce legs pourra ne pas être exigé parce que ce légataire, ayant triomphé injustement, est passible à son tour d'une obligation naturelle? — Un individu ayant succombé dans une contestation judiciaire contre son parent, est appelé à succéder à ce dernier; serait-il écouté s'il prétendait qu'avant d'accorder aux légataires ce qu'ils réclament, il a le droit de prélever le montant de ce qui compose sa prétendue créance naturelle? On ne saurait évidemment aller jusques-là.

La fidéjussion répugne également à l'idée d'une obligation que l'autorité judiciaire a déniée. Comment reconnaître une obligation comme ayant sa source dans un contrat dont les organes de la justice ont repoussé les effets?

Des discussions s'élevant sur le point de savoir si la dette dont il s'agit fait partie des biens de celui qui se dit créancier, ou si elle peut être garantie par un cautionnement, les juges ne tomberaient-ils pas en contradiction avec eux-mêmes en validant, jusqu'à un certain point, un acte antérieurement réprouvé? L'ordre public exige que cette sentence soit respectée; n'est-ce pas faire naître de la défiance dans l'esprit des justiciables que d'admettre que cette prétendue obligation, repoussée d'abord, conserve néanmoins de la valeur? N'est-ce pas encore porter atteinte à la considération des magistrats, qui exercent une sorte de sacerdoce?

2. Ce cas diffère essentiellement de celui où le débiteur acquitté consentirait à payer le montant de la

dette, car le jugement n'infirme pas l'obligation de conscience, qui suffit pour mettre obstacle à la demande en répétition. Lors même que ce débiteur aurait pensé que le droit l'astreignait à solder, cette méprise juridique ne serait pas un motif qui lui permît de répéter.

3. Si nous promenons nos regards sur les textes, nous nous apercevrons bientôt qu'ils s'accordent avec ces raisonnements : « Post rem judicatam.... nihil quæritur. » (L. 56, Dig., *de Re judicata.*) — « Res judicata pro veritate accipitur. » (L. 25, Dig., *de Statu hominum.*) — Or, supposons que le litige soit agité précisément sur la question de savoir si une obligation vaut comme naturelle, et que les juges lui aient refusé ce titre; ira-t-on jusqu'à penser que l'obligation naturelle continue aux yeux du législateur? Aller jusques-là, ce serait ne tenir aucun compte du jugement spécial qui a été rendu, ce serait ébranler de fond en comble l'institution de l'autorité de la chose jugée.

Les textes que nous avons cités se complètent par la loi 13, Dig., *Quibus modis pignus vel hypotheca solvitur :* « ..... Si a judice, quamvis per injuriam, absolutus sit debitor, tamen pignus liberatur. » — Le gage, comme la fidéjussion, n'étant qu'un contrat accessoire, doit crouler lorsque la dette principale ne porte pas au moins le sceau d'obligation naturelle.

4. Les lois que l'on oppose sont loin d'être décisives, elles ne paralysent nullement la force de celles

que nous avons invoquées. Arrêtons-nous d'abord à la loi 60, Dig., *de Condictione indebiti* : « Julianus verum debitorem post litem contestatam, manente adhuc judicio, negabat solventem repetere posse : quia nec absolutus sit, nec condemnatus repetere posset. Licet enim absolutus sit, natura tamen debitor permanet... »
— Cette loi se borne à déclarer que celui qui a payé après la *litis contestatio* et avant la sentence, ne peut ensuite répéter, quelle que soit la décision judiciaire qui sera portée; en effet, s'il est condamné, c'est à bon droit, puisqu'il se trouvait véritablement débiteur, et s'il est acquitté, cela n'empêche pas qu'il ne fût débiteur en conscience. — L'on prétend que ce refus de répétition est une démonstration de l'existence de l'obligation naturelle. Nous nous sommes efforcés antérieurement d'établir que la défense de répéter n'est pas l'un des signes caractéristiques de l'obligation naturelle (1), et que si l'on paie, croyant devoir civilement tandis que l'on ne doit qu'en conscience, l'on ne sera pas écouté en voulant répéter.

Les partisans du maintien de l'obligation naturelle, après la sentence du juge, insistent et s'appuient sur la loi 28, Dig., *de Condictione indebiti* : « Judex si male absolvit, et absolutus sua sponte solverit, repetere non potest. »

On fait remarquer (2) que le juge a condamné

---

(1) Voir p. 7 et 33.
(2) M. de Savigny, tom. ix, p. 91.

male, et que si la répétition est prohibée, c'est à cause de l'obligation naturelle ; car s'il a prononcé exactement, et que le paiement soit fait en connaissance de cause, on ne serait pas admis à répéter, parce que, dans ce cas, une libéralité apparaîtrait.

Nous croyons, au contraire, que le juge s'est trompé, et le débiteur qui a payé ne peut user de répétition, parce que son obligation primitive s'est convertie, aux yeux de la loi, en une simple obligation morale et de conscience ; or, l'acquittement d'une obligation morale ne réalise qu'une libéralité.

Nous donnons la même interprétation au fragment 8, § 1, Dig., *Ratam rem haberi*. Il suppose que l'on paie à un tiers qui promet l'approbation du créancier ; ce dernier intente une action contre le débiteur, et il échoue ; le paiement est maintenu, parce que nous rencontrons là un devoir de conscience. Quoique ce texte dise, *naturale debitum manet*, ces expressions n'ont pas trait nécessairement à l'obligation naturelle, elles désignent aussi le devoir de conscience, ainsi que nous l'avons exposé plus haut (1).

Enfin, l'on met en avant la loi 27, Dig., *de Pignoribus et Hypothecis* : « Servum, quem quis pignori dederat, ex levissima offensa vinxit, mox solvit ; et quia debito non satisfaciebat, creditor minoris servum vendidit ; an aliqua actio creditori in debitorem constituenda sit, quia crediti ipsius actio non sufficit ad id quod deest,

(1) Voir page 35.

persequendum? Quid si cum interfecisset, aut elus-casset?.... Fingamus nullam crediti nomine actionem esse, quia forté causa ceciderat, non existimo indignam rem animadversione et auxilio prætoris. » Ce texte prévoit le cas où le débiteur a tué ou blessé l'esclave qu'il avait donné en gage ; le créancier aura-t-il un recours à l'occasion de ce gage, alors qu'il ne peut intenter l'action personnelle résultant du contrat *quia forte causa ceciderat?* Le jurisconsulte répond affirmativement ; et par cela même ne semble-t-il pas décider qu'alors même qu'un jugement a proscrit la demande, l'obligation naturelle persiste et le gage se maintient.

Ces expressions *causa cadere*, ne nous semblent pas désigner un jugement qui prononce sur la contestation et absout le défendeur. Ils signifient seulement que le demandeur a commis une irrégularité en introduisant son action, il a agi avant l'échéance du terme, ou en un lieu différent, il a réclamé plus que ce qui lui était dû. Dans ces diverses hypothèses, nous admettons que le gage subsiste. Ce n'est pas la sentence du juge qui prononce l'acquittement, mais c'est la loi qui inflige une peine ; si le demandeur est repoussé, ce n'est pas après examen du fonds du procès, car il n'y a pas eu jugement absolutoire. Quand nous disons que le jugement qui, mal à propos, décharge le débiteur, a pour effet d'anéantir l'obligation naturelle, nous nous fondons même sur le droit des gens, qui doit vouloir qu'il en soit ainsi.

Il n'en est pas de même de l'extinction de l'obligation résultant d'une procédure imparfaite, les diverses notions n'admettent pas notamment cette peine exorbitante de la plus pétition. Dans ce cas, le mérite de la demande n'est pas même débattu; par conséquent, la sentence n'est pas rendue en connaissance de cause.

Les auteurs dont nous venons de combattre la doctrine sont un peu embarrassés quand ils examinent si l'obligation naturelle, subsistant malgré la sentence, amène la compensation; ils sont aussi forcés de recourir à un procédé ingénieux (1). Ils disent que la compensation est opposable, puisqu'elle constitue l'un des avantages de l'obligation naturelle; mais ils ajoutent que lorsque l'on voudra en faire usage pour éteindre en tout ou en partie une autre dette qui sera civile, alors celui qui aura été absous opposera la réplique déduite de la chose jugée.

Nous ne pouvons accepter ce raisonnement. Si l'on reconnaît que, nonobstant la sentence, il existe une obligation naturelle, l'on doit lui attribuer tous les effets de l'obligation naturelle. On adopte le principe de la compensation et on en arrête l'exécution au moyen de la réplique de la chose jugée; mais cette réplique elle-même n'est que de droit civil, d'après la théorie de nos adversaires, et dès-lors il serait surprenant qu'elle détruisît une obligation naturelle.

Au surplus, si l'on accepte notre système (2) con-

(1) M. de Savigny, t. ix, p. 81.
(2) Voir p. 65.

cernant la compensation, l'on n'aura pas à en redouter les effets, puisque nous la réduisons à un droit de rétention.

SECTION X.

La prestation du serment porte-t-elle atteinte à l'obligation naturelle ?

SOMMAIRE.

1. Le serment est déféré par le juge ou par la partie.
2. Le serment déféré par le juge fait disparaître l'obligation naturelle.
   Il a plus de force que le jugement.
3. Ce serment ne permet pas d'exciper de l'obligation morale.
4. Le serment déféré par le juge empêche l'obligation naturelle de se produire.
5. Il est permis de prouver la fausseté de ce serment.

1. Nous distinguerons deux sortes de serments : l'un déféré par la partie, l'autre déféré par le juge.

2. Le serment peut être déféré par la partie, soit judiciairement, soit extra-judiciairement.
Il a plus d'énergie que le jugement, et, à plus forte raison, il fait disparaître l'obligation naturelle : « Jusjurandum speciem transactionis continet; majorem que habet auctoritatem, quam res judicata. » (L. 2, Dig., de Jurejurando.)

L'autorité du serment est plus grande que celle du jugement : « Jurejurando dato, vel remisso, reus quidem adquirit exceptionem sibi, aliisque, actor vero actionem adquirit, in qua hoc solum quæritur, an juraverit, dari sibi oportere. » (L. 9, § 1, Dig., *de Jurejurando*.) « Quod si, deferente me, juraveris, et absolutus sis; postea perjurium fuerit adprobatum ; Labeo ait, de dolo actionem in eum dandam; Pomponius autem per jusjurandum transactum videri quam sententiam et Marcellus, libro viii, Digestorum, probat; stari enim religioni debet. — Nam sufficit perjurii pœna. » (L. 21, l. 22, Dig., *de Dolo malo*.)

La portée du serment est plus grande que celle du jugement, car le jugement frappe ceux qui n'ont pas consenti à le subir; au lieu que le serment est le résultat de la volonté des parties.

Le parjure n'est pas un motif pour affaiblir la puissance du serment. C'est en vain que l'on allèguerait que le dol ne doit point nuire à celui qui réclame, car il n'y a point dol dans le fait nuisible auquel on a donné par avance son adhésion.

3. Non-seulement ce serment supprime toute obligation naturelle, mais encore il empêche qu'il existe, aux yeux de la loi, une obligation morale (1); c'est pour-

(1) Nous n'approuvons pas l'explication donnée par M. de Savigny, tom. vii, p. 71. Ce jurisconsulte estime que la loi 2, Dig., *de Jurejur.*, veut dire que le serment détruit l'obligation naturelle, tandis qu'il en est autrement de la

quoi, si le paiement est intervenu, la répétition sera accordée; car le serment est un acte de conscience, et en le déférant, l'on a promis de reconnaître sa vérité s'il était prêté; par conséquent, l'on ne peut prétexter ensuite qu'il existe un devoir de conscience. — De là il suit que si la personne qui a fait le serment venait à payer avec la conviction que, d'après la loi, elle était obligée, la répétition lui serait accordée (1); et cependant s'il y avait obligation morale, la répétition serait déniée nonobstant cette erreur de droit (2).

4. Quand le serment a été déféré seulement par le juge, il emporte aussi l'obligation naturelle, il n'y a pas transaction des parties, mais il existe un jugement. Or, nous croyons avoir établi que l'autorité de la chose jugée faisait cesser toute obligation naturelle : «... Solent enim sæpe judices in dubiis causis, exacto jurejurando, secundum eum judicare, qui juraverit. » (L. 31, Dig., de *Jurejurando*.)

5. Comme la partie adverse n'a pas elle-même déféré le serment, elle n'est liée par aucune espèce de transaction, et, par conséquent, elle est recevable à établir la fausseté du serment; si elle fait cette preuve,

sentence. Nous croyons avoir établi, p. 105, que l'autorité de la chose jugée efface l'obligation naturelle.
(1) Voir nos observations, p. 40.
(2) Voir p. 33.

l'obligation renaît telle qu'elle était antérieurement, naturelle ou civile. « Admonendi sumus interdum etiam post jusjurandum exactum permitti constitutionibus principum, integro causam agere.... sed hæ constitutiones tunc videntur locum habere, cum a judice aliquis absolutus fuerit..... » (L. 31, Dig., de *Jurejurando*.)

SECTION XI.

De la capitis deminutio.

SOMMAIRE.

1. Celui qui encourt la *maxima* et *media capitis deminutio*, cesse d'être obligé naturellement.
2. La *minima capitis deminutio* laisse subsister l'obligation naturelle.

1. Par la *maxima* et *media capitis deminutio*, le citoyen romain perd sa personnalité extérieure ; par là, on lui enlève les moyens sur lesquels il avait compté pour satisfaire à ses engagements qui, dès-lors, cessent de le concerner et doivent peser seulement sur les personnes qui sont substituées à sa place : « Si debitori deportatio irrogata est, non posse pro eo fidejussorem accipi, scribit Julianus ; quasi tota obligatio contra eum extincta sit. » (L. 47, Dig., de *Fidejussoribus*.) (1)

---

(1) Ce texte démontre, de plus fort, ce que nous avons avancé page 4, que l'obligation naturelle ne découle pas du droit naturel, mais bien du droit social ou des gens, tel que l'envisage un certain peuple déterminé.

De ce qu'un fidéjusseur ne peut accéder à cette obligation, cela prouve qu'elle n'est pas même réputée naturelle. La loi 19, Dig., *de Duobus reis*, ne contrarie pas cette solution : « Cum duo eamdem pecuniam debent, si unus capitis deminutione exemptus est obligatione, alter non liberatur ; multum enim interest, utrum res ipsa solvatur, an persona liberetur. Cum persona liberatur, manente obligatione ; alter durat obligatus. Et ideo si aqua et igni interdictum est, alicujus fidejussor postea ab eo datus tenetur. » Ce texte signifie que la *maxima* et la *media capitis deminutio* déchargent la personne sans éteindre la dette ; c'est là un effet analogue à celui de la confusion ; il dispose encore que deux corréés existant, l'un encourant la *media capitis deminutio*, un fidéjusseur peut ensuite être donné ; nous le comprenons parfaitement ; la dette n'est pas éteinte, puisqu'il reste un corréé. Dès-lors il ne faut pas être surpris que la fidéjussion soit possible.

Cette décision, renfermée dans la loi 47, Dig., *de Fidejussoribus*, met de nouveau en relief la différence qui existe entre l'obligation naturelle et l'obligation morale. Quoiqu'un individu ait subi la *maxima* ou *media capitis deminutio*, il n'est pas moins tenu en conscience d'acquitter ses dettes, alors que les biens qu'il a délaissés sont insuffisants.

2. La *minima capitis deminutio* n'opère pas un changement aussi radical dans la personne. Elle est l'œuvre de la volonté plus ou moins réelle de celui qui la subit ;

on comprend dès-lors que les conséquences du changement d'état aient été tempérées par l'équité; le droit civil a pu mettre fin à l'action personnelle, mais non pas aux cautionnements qui étaient intervenus. Ces garanties se soutiennent par la continuation de l'obligation naturelle (1) : « Ili, qui capite minuuntur, ex his causis, quæ capitis deminutionem præcesserunt manent obligati naturaliter. » (L. 2, § 2, Dig., *de Capite minutis.*)

Nous rencontrons ici une nouvelle application du principe d'après lequel le rigorisme du droit, qui emporte l'obligation civile, laisse néanmoins l'obligation naturelle.

Il est essentiel de noter que le droit civil prononçait la cessation des dettes et non pas celle des créances. L'émancipation laissait les créances sur la tête de l'émancipateur, et l'adrogation les transférait à l'adrogateur (2).

---

(1) Le droit prétorien était allé plus loin: il accordait, dans ce cas, la restitution en entier. (L. 2, § 1, Dig., *de Capite minutis.*)

(2) M. Pellat, *Textes sur la Dot,* p. 50.

SECTION XII.

Celui qui fait cession de biens continue-t-il à être obligé civilement, ou ne l'est-il que naturellement?

SOMMAIRE.

1. Par la cession de biens, on ne cesse pas d'être obligé civilement, mais le montant de la condamnation ne dépasse pas la valeur des biens du débiteur.

1. Le débiteur de bonne foi qui, pour échapper aux poursuites de ses créanciers, a fait cession de biens, se protége par l'exception *nisi bonis cesserit ;* c'est là un avantage qui ne profite pas aux cautions, qui ont été choisies précisément pour garantir le créancier contre l'insolvabilité du débiteur ; par conséquent, celui qui a recours à l'expédient de la cession de biens, ne cesse pas d'être obligé; mais sera-ce dans l'ordre civil ou dans l'ordre naturel ?

Il nous paraît certain que l'obligation conserve la qualification qu'elle avait antérieurement ; aussi les lois 4 et 7, Dig., *de Cessione bonorum*, permettent au créancier de poursuivre son débiteur qui a fait cession, alors qu'il acquiert de nouveaux biens. Il fallait qu'il en fût ainsi, parce que l'institution de la cession de biens n'avait pour but que de préserver le débiteur de la contrainte personnelle et des conséquences de l'infamie (l. 11, Codice, *Ex quibus causis infamia irrogatur*).

C'est pourquoi l'obligation demeure civile, mais la condamnation ne dépasse pas la limite des biens dont peut disposer le débiteur. C'est ainsi que l'esclave qui reçoit un pécule oblige son maître, en vertu du mandat qu'il est censé avoir reçu de ce dernier; cependant la condamnation est restreinte aux bornes du pécule. Néanmoins, l'obligation civile subsiste pour le surplus.

CHAPITRE IV.

Des espèces dans lesquelles se rencontre une obligation naturelle.

En exposant les principes généraux, nous avons indiqué un certain nombre de cas particuliers ; mais il en est plusieurs que nous avons dû réserver, parce qu'ils nécessitaient des détails qui auraient dérangé notre travail d'ensemble.

SECTION PREMIÈRE.

Le pupille qui traite sans l'autorisation de son tuteur, s'oblige-t-il naturellement ?

Cette question est l'une des plus épineuses que présente cette matière. Elle a suscité une vive controverse parmi les jurisconsultes anciens et modernes ; ils ne se sont pas bornés à embrasser l'affirmative ou la négative, ils ont eu encore recours à une foule de distinctions ; car il faut observer que la difficulté consiste non pas à soutenir une opinion nettement formulée, mais à concilier les textes qui semblent se contredire.

Dans un premier paragraphe, nous passerons en revue les divers systèmes qui ont été proposés ; dans un second paragraphe, nous tâcherons de justifier celui que nous adoptons.

D'abord, il faut indiquer les limites dans lesquelles doivent se renfermer nos investigations. Nous aurons à peser la valeur d'un engagement qui se forme par la volonté. Dans l'hypothèse où il se forme re *ipsa*, c'est-à-dire indépendamment du désir de contracter que peut avoir le sujet, l'on ne saurait disconvenir que le pupille ne soit obligé ; ainsi, le pupille copropriétaire d'un objet avec une autre personne qui fait des impenses, sera tenu de supporter sa part (l. 46, Dig., *de Obligationibus et Act.*) De même le pupille s'oblige, par la nature de l'affaire, lorsque le tuteur fait des dépenses pour le compte de celui dont la personne lui est confiée (l. 1, Dig., *de Contraria tutelæ*).

L'on se tromperait si l'on croyait que le pupille subit toutes les obligations résultant *quasi ex contractu ;* il est soumis à celles dérivant de la communauté ou de la tutelle, parce que son intérêt même le commande.

Notre intention n'est pas non plus de raisonner dans l'hypothèse où le pupille a commis un délit, alors on se contente de voir s'il est *doli capax* (Inst. Just., § 18, tit. *de Obligationibus quæ ex delicto*).

§ 1er.

Des divers systèmes concernant l'obligation du pupille.

SOMMAIRE.

1. La thèse d'après laquelle le pupille ne s'oblige pas naturellement quand il traite seul, ne doit pas être admise.

2. Il ne paraît pas exact de dire que l'obligation de ce pupille est seulement morale et non pas naturelle.

3. Les glossateurs n'ont nullement résolu la difficulté en distinguant le cas où le pupille est *infans, infantiæ proximus*, et le cas où il est *pubertati proximus*.

4. L'opinion d'après laquelle ce n'est que lorsqu'il devient plus riche que le pupille s'oblige naturellement, ne semble pas devoir être acceptée.

5. En scindant les effets de l'obligation naturelle, en les admettant d'une manière générale à l'égard des tiers et non pas à l'égard du pupille, l'on propose une doctrine qui n'est pas exacte.

6. Il n'est pas non plus juridique d'admettre que le pupille ne s'oblige sous aucun rapport, et que son engagement ne produit d'effet que tout autant qu'il intervient des fidéjusseurs et par rapport à ces fidéjusseurs.

7. Réfutation du sentiment de ceux qui soutiennent que le pupille s'obligerait naturellement et aurait le moyen extraordinaire de la restitution en entier pour sauvegarder ses intérêts.

1. On a contesté que le pupille pût s'obliger naturellement ; cette assertion s'appuie principalement sur les deux textes suivants : « Quod pupillus sine tutoris auctoritate stipulanti promiserit, solverit, repetitio est; quia nec natura debet. » (L. 41, Dig., de *Condictione indebiti*.) — « Pupillus mutuam pecuniam accipiendo, ne quidem jure naturali obligatur. » (L. 59, Dig., de *Obligationibus et Act.*)

Le premier de ces textes ne saurait être pris en considération ; il déclare, en effet, que le pupille aliénant sans l'autorisation de son tuteur peut répéter, car il est frappé d'une incapacité absolue par rapport aux aliénations qu'il consent.

Cependant la loi ne pouvait entrer dans tous les détails, examiner si, dans le cas d'échange, par exemple, l'objet reçu était préférable à celui qui avait été donné ; c'est pourquoi elle statue d'une manière générale, et réprouve entièrement tout acte emportant aliénation.

De là il suit que le pupille n'aurait pas le pouvoir d'aliéner ses écus ; s'il achetait, et s'il comptait l'argent, il en conserverait la propriété, il ne lui était point permis de la transférer.

Il est vrai que dans la loi 41 précitée, le jurisconsulte, en permettant la répétition au pupille, donne ce motif: *quia nec natura debet*. Mais l'on considérera que l'espèce qu'il avait à traiter se référait à la validité de l'aliénation, et non pas à l'existence de l'obligation naturelle ; par conséquent ce qu'il dit de l'obligation naturelle n'a pas dû frapper principalement son attention.

Si ayant à se prononcer sur l'efficacité d'une fidéjussion, accédant à la promesse du pupille non autorisé, l'auteur de cette loi avait décidé que le pupille ne doit pas naturellement, ce motif ferait plus d'impression, parce qu'il se rattacherait à la question de l'obligation naturelle, qui était principalement et nécessairement débattue.

Le second fragment appartient à Rufinus, qui a vécu après Antonin, à une époque où il était de jurisprudence que l'obligation civile existait quand le pupille était devenu plus riche. Quoique cet extrait porte sommairement que le pupille, en recevant une somme à titre de *mutuum*, n'est pas obligé par le droit naturel, l'on doit nécessairement supposer que la somme a été dissipée; alors on comprend parfaitement qu'il n'est pas obligé en vertu d'un *mutuum*, c'est-à-dire qu'il n'est pas obligé de restituer, car le *mutuum* expose l'emprunteur à une action. Le jurisconsulte, en exprimant que le pupille *non obligatur jure naturali*, fait allusion à l'action découlant du droit naturel ou des gens, car la loi civile a laissé à ce contrat toute son étendue et son efficacité. C'est ce que nous apprend Justinien dans ses Institutes, § 2, *de Jure naturali*, etc : « ..... Ex hoc jure gentium omnes pene contractus introducti sunt, ut emptio venditio, locatio conductio, societas, depositum mutuum....., » C'est en ce sens que Gaius déclare que : numeratio autem pecunia jure naturali facit obligationem,.... quod genus obligationis juris gentium est. (COMM. III, §§ 131 et 132.) — Ainsi l'on aurait tort de conclure de là que le pupille n'est pas tenu naturellement (1), c'est-à-dire n'a pas contracté

---

(1) En nous occupant du § 4 de la loi 16, Dig., *de Fidejussoribus*, nous avons soutenu, page 37, que le jurisconsulte, en parlant des obligations naturelles qui produisent quelquefois une action, n'a pas entendu faire allusion aux contrats

l'obligation imparfaite que l'on nomme naturelle (1).

L'on insiste en puisant un nouvel argument dans le § 189, COMM. I de Gaius : « Sed impuberes quidem in tutela esse omnium civitatum jure contingit ; quia id naturali rationi conveniens est, ut qui perfectæ ætatis non sit, alterius tutela regatur.... » Nous ne disconvenons pas que l'intelligence du pupille ne laisse à désirer ; mais cela n'empêche pas qu'alors surtout qu'il approche de la puberté, il ne puisse contracter un engagement qui aura une certaine valeur, quoiqu'il ne revête pas la perfection qu'il aurait obtenue de l'assistance du tuteur. En un mot, Gaius ne décide pas que les actes émanés du pupille seul soient toujours radicalement nuls.

du droit des gens, que la loi civile accepte avec leur action même.

(1) M. Schultze, *de Naturali obligatione pupillorum*, page 46, donne une autre explication. Il estime que Ruffinus a déclaré que le pupille qui reçoit de l'argent prêté ne s'oblige point, parce qu'il serait tenu de rendre ensuite, et qu'il ne peut pas aliéner sans l'autorisation de son tuteur. D'après nous, il ne faut pas se référer au cas où le pupille voudrait payer. Si ce paiement était effectué avec l'autorisation du tuteur, assurément il ne pourrait pas réclamer postérieurement ; ce qui prouve qu'il est obligé naturellement. Cette obligation constitue une créance par rapport à celui qui a fourni les fonds, elle pourrait être novée. Le pupille est donc lié par une obligation naturelle ; au lieu que si l'on se préoccupe de l'aliénation qui est interdite au pupille, l'on reconnaît que celui-ci n'est pas retenu même par les liens d'une obligation naturelle.

Ce système présente peu de chances de succès, il a l'inconvénient d'aller à l'encontre d'une foule de textes que nous citerons plus tard, et qui proclament l'obligation naturelle du pupille. Ce n'est pas le moment de les énumérer, puisque, avant de mettre en relief la théorie qui a notre adhésion, nous devons nous attacher à combattre les théories opposées.

2. Pour faire concorder les textes qui sont embarrassants, quelques docteurs (1) ont pensé qu'il fallait avoir le soin de distinguer les obligations naturelles des obligations morales ou de convenance. La locution, obligation naturelle, indiquerait ces deux sortes d'obligations ; et, par rapport à l'engagement du pupille, le terme obligation naturelle, ne rappellerait que l'idée d'une obligation morale.

Il est aisé de se convaincre que l'obligation que contracte le pupille rentre dans la catégorie de celles qui sont véritablement naturelles ; aussi est-elle susceptible de fidéjussion (l. 42, DIG., *de Jurejur.*) Comment expliquer en outre que l'obligation du pupille qui ne serait que morale aurait la force de nover? (INST. JUST., § 3, *Quibus modis obligatio tollitur.*)

3. Certains glossateurs (2) ont imaginé une autre distinction qui ne nous paraît pas plus exacte ; elle tend à diviser en deux périodes l'âge du pupille. Est-il *in-*

---

(1) M. Vidal, *Revue étrangère*, tom. IV, p. 325.
(2) Ad legem 1, DIG., *de Novationibus.*

fans ou *infantiæ proximus?* il ne s'oblige pas naturellement. — Est-il *pubertati proximus ?* il est tenu naturellement.

Comment supposer que les jurisconsultes romains, hommes d'expérience et de pratique, se soient préoccupés d'espèces entièrement factices, qu'ils aient disserté sur ce qui était purement chimérique ? Comment croire qu'ils aient admis que *l'infans* qui est entièrement dépourvu d'intelligence, figure dans un contrat, et qu'il se trouve des personnes qui traitent sérieusement avec lui ?

Quant à l'*infantiæ proximus*, les jurisconsultes ne le distinguaient pas de celui qui était *infans ;* son incapacité était la même, puisqu'il touchait à cet âge où il était sans discernement.

Avec le temps, une *benigna interpretatio* a permis de séparer l'*infans* de l'*infantiæ proximus*, quoique l'intelligence se trouvât défectueuse dans l'un et l'autre (Inst. Just., § 10, *de Inutilibus stipulationibus*). Cette *benigna interpretatio* a été introduite *propter utilitatem eorum ;* elle se référait surtout aux cas où les pupilles *infantiæ proximi* stipulaient ; par conséquent, on leur reconnaissait une certaine aptitude, et l'on était dès-lors forcé d'accepter leurs promesses comme des obligations naturelles. D'ailleurs, s'ils étaient parties dans une convention produisant des obligations réciproques, et qui, en somme, leur était avantageuse, il fallait bien maintenir l'obligation naturelle par rapport à eux, si l'on voulait qu'ils profitassent de l'obligation civile qui leur avait été consentie. De là il suit que les jurisconsultes qui ont nié que le pupille s'obligeât naturellement, ne se référaient pas même à l'hypothèse où il était *infantiæ proximus*, puisque ce pupille devait être considéré comme l'*infans* lui-même ; et si ces jurisconsultes avaient voulu prendre en considération la *benigna interpretatio*, ils auraient admis l'obligation naturelle.

4. Nous arrivons au sentiment d'après lequel le pupille ne s'oblige naturellement que lorsqu'il devient plus riche. Bien des savants (1) se sont prononcés de la sorte ; ils s'étayent sur des textes qui, sans être péremptoires, ne laissent pas que d'avoir une certaine portée. Nous allons les apprécier.

« Si quis pupillo solverit sine tutoris auctoritate id, quod debuit, exque ea solutione locupletior factus sit pupillus ; rectissime dicitur, exceptionem petentibus nocere. Nam et si mutuam acceperit pecuniam, vel ex quo alio contractu locupletior factus sit ; dandam esse exceptionem...... » (L. 4, § 4, Dig., *de Doli mali et Metus exceptione.*)

Dans la première partie de ce fragment l'on voit qu'un paiement étant fait au pupille non autorisé, ce dernier pourra réclamer de nouveau s'il n'est pas devenu plus riche, car le paiement reçu implique une *alié-*

(1) Cujas, t. 1, p. 1246 ; t. VIII, p. 391, édit. de Naples. — M. Puchta, *Pandectes*, § 237.

nation de la créance; par conséquent, il n'opérera point libération, à moins que le pupille ne se trouve plus riche:
« Itaque si debitor pecuniam pupillo solvat, facit quidem pecuniam pupilli, sed ipse non liberatur, quia nullam obligationem pupillus sine tutoris auctoritate dissolvere potest, quia nullius rei alienatio ei sine tutoris auctoritate concessa est; sed tamen si ex ea pecunia locupletior factus est, et adhuc petat, per exceptionem doli mali summoveri potest.—Gaius, Comm. ii, § 84.—Inst. Just., § 4, tit. *Quibus alienare licet vel non.*

La seconde partie de la loi que nous analysons, énonce que si le pupille a reçu le montant d'un prêt, ou s'il est enrichi par suite d'un autre contrat, il sera en butte à l'exception de dol. — On peut dire que cette seconde partie du fragment offre le même sens que la première. Il s'agit dans l'une et l'autre de l'aliénation que fait le pupille: en recevant ce qui lui est dû, il aliène sa créance; et ces termes, *si mutuam acceperit pecuniam*, signifient que le pupille a reçu la somme dont il était créancier en vertu d'un *mutuum*. Ces autres expressions, *vel ex alio contractu locupletior factus sit*, se réfèrent au cas où le pupille a substitué à un contrat primitif un autre contrat qui lui a procuré quelque émolument; s'il veut agir en vertu du premier, l'exception de dol l'arrêtera. — Puisque une exception est donnée contre le pupille, il faut reconnaître qu'il agit en vertu d'un titre antérieur, sans tenir compte de celui qui a été formé après coup; le pupille ayant profité de celui-ci, sera repoussé par l'exception de dol.

Toutefois, nous croyons que l'explication suivante doit être préférée. — L'on reconnaîtra que si le pupille, en empruntant ou en participant à un autre contrat, devient plus riche, *dandam esse exceptionem;* c'est-à-dire que s'il est poursuivi et s'il oppose qu'il n'est pas tenu parce qu'il a traité sans l'autorisation de son tuteur, on lui répondra, par *une réplique,* qu'il est devenu plus riche; de sorte que *l'exception* mentionnée dans le texte n'est qu'une réplique. Tout le monde sait que la *réplique* est comprise dans le terme *exception*.

D'après cette interprétation, le pupille est condamné à payer, quand il est devenu plus riche; mais cela ne prouve pas qu'il ne soit pas tenu naturellement s'il ne s'est pas enrichi.

Le second texte, par lequel on donne de la consistance à l'opinion d'après laquelle le pupille ne s'oblige naturellement que lorsqu'il devient plus riche, s'exprime de la sorte : « Item quod pupillus sine tutoris auctoritate mutuum accepit, et locupletior factus est, si pubes factus solvat, non repetit. »(L. 13, § 1, Dig., *de Condictione indebiti.*)

De ce que le pupille qui a reçu une somme qui lui profite ne peut répéter, s'il paie après qu'il est arrivé à l'âge de puberté, il ne s'ensuit nullement qu'il ait la faculté de répéter s'il ne s'est pas enrichi. Voici le motif pour lequel le jurisconsulte a énoncé l'enrichissement, il traitait de la nature de la condiction qui est fondée sur l'équité : Toutes les fois qu'une personne s'enrichit injustement aux dépens d'une autre, il y a lieu à condiction; c'est ce que nous apprend la loi qui vient immédiatement après celle qui est l'objet de notre examen : « Nam hoc natura æquum est, neminem cum alterius detrimento fieri locupletiorem. » Il était donc nécessaire qu'un cas d'enrichissement fût imaginé dans une question qui devait être résolue d'après les principes de la condiction.

Au surplus, la loi 42, Dig., *de Jurejurando,* montre que l'engagement du pupille a la valeur d'une obligation naturelle, alors même qu'il ne s'est pas enrichi :
« ..... Sin vero creditor quidem se mutuam dedisse contendebat, pupillus autem hoc solo defendebatur, quod tutor ejus non intervenisset, et hoc tale jusjurandum interpositum est; hoc casu fidejussorem prætor non tuebitur. »

Il faut nécessairement supposer, dans ce texte, que le pupille ne s'est pas enrichi; car, en profitant du prêt, il aurait été exposé à une condamnation, la condiction aurait été dirigée contre lui avec succès. Le fidéjusseur est néanmoins recherché parce que le pupille a contracté une obligation naturelle.

5. Dans ces derniers temps, on paraît généralement apprécier l'obligation du pupille de la manière suivante (1): Le pupille qui traite sans l'autorisation de

---

(1) Glück, t. IV, p. 64. — M. Molitor, *Traité des Obligations,* t. I, n° 23. — M. Ducaurroi, t. II, p. 257, édit de 1841. — Doneau avait émis cet avis, t. II, p. 1547, édit. de Rome.

son tuteur n'a pas à redouter les conséquences de cet engagement s'il ne s'est pas enrichi; mais cet acte produira toujours des effets à l'égard de toutes personnes autres que lui, à l'égard des cautions, et de ceux qu'il libère en se mettant à leur place au moyen d'une expromission. — L'on ajoute même que cet acte sera opposable aux héritiers.

Nous ne saurions admettre cet ordre d'idées; nous ne comprenons pas qu'en accédant à une obligation l'on soit enchaîné quand il n'y a point un débiteur principal. Il est notamment de l'essence de la fidéjussion qu'elle ne s'étende pas au-delà de la dette principale; aussi plusieurs juristes romains enseignaient-ils que la fidéjussion, embrassant une somme plus forte que celle de la dette principale, n'était pas valable jusqu'à concurrence du chiffre contenu dans cette dernière. Cette décision se fondait sur ce motif que la fidéjussion n'existe et ne peut se concevoir que tout autant qu'elle forme un contrat accessoire.

Il nous paraît étonnant que les héritiers du pupille soient plus liés que le pupille lui-même, car ils n'empruntent leurs droits que de ce dernier; ils sont la continuation de sa personne.

Le mineur de vingt-cinq ans qui contracte et éprouve un préjudice, peut non-seulement demander lui-même le bénéfice de la restitution, mais il transmet encore ce droit à ses héritiers (l. 18, § 5, Dig., *de Minoribus viginti quinque annis*). Comment les héritiers du pupille qui a moins d'expérience ne seraient-ils pas protégés aussi bien que lui-même, à l'égard d'un acte qu'il a souscrit et qui ne peut qu'être préjudiciable?

6. Récemment un auteur (1) a écrit que l'obligation du pupille n'était pas réputée naturelle et n'avait pas d'effet, à moins qu'elle ne fût corroborée par des fidéjusseurs, auquel cas elle ne pouvait être opposée qu'à ces derniers.

Cette manière de voir conduirait à penser que l'expromission du pupille, qui se mettrait au lieu et place d'un débiteur avec l'intention de nover, serait dépourvue de toute efficacité (INST. JUST., § 3, *Quibus modis obligatio tollitur*).

Si l'on se préoccupe de l'intérêt du pupille, pourquoi maintenir l'obligation naturelle à l'égard des fidéjusseurs, et la rejeter à l'égard de toutes autres personnes?

Cette thèse offre aussi cette anomalie que nous avons signalée tout-à-l'heure, c'est que l'obligation accessoire est conservée quand l'obligation principale est méconnue.

7. Puisqu'il existe une si grande divergence entre les auteurs qui ont envisagé l'obligation naturelle du pupille, on ne sera point surpris que l'on vienne d'écrire (2) que les jurisconsultes romains eux-mêmes

---

(1) Brinzius, *Journal critique de Droit*, n° 3, p. 15.
(2) M. de Savigny, t. IX, p. 61.

n'étaient pas d'accord. L'on ajoute que Justinien s'est prononcé pour l'obligation naturelle du pupille, et que cette jurisprudence, compromettante pour les intérêts du pupille, aurait dû être repoussée.

Pour atténuer les résultats de cette obligation naturelle, notamment en ce qui concerne la compensation, l'on prévient que le pupille aura la faculté de recourir au bénéfice de la restitution en entier.

Que le mineur de vingt-cinq ans, qui n'est plus en tutelle, ait recours à la restitution en entier, il est facile de s'en rendre raison. Ayant la capacité pour s'obliger, s'il veut se dégager, il devra faire rescinder l'engagement; mais que celui qui est en tutelle, qui a moins d'expérience, et dont l'obligation, en supposant qu'elle existe, a moins de force que celle du mineur, soit dans la nécessité de se défendre de la même manière, cela répugne à concéder. — Nous comprenons que l'on ait étendu le bénéfice de la restitution en entier aux actes émanés du tuteur, alors que le recours contre ce dernier est insuffisant (l. 45, § 1, Dig., de *Minoribus*). Ces actes sont valables civilement, tandis que ceux émanés du pupille manquent de cette efficacité. La restitution en entier étant un moyen extraordinaire de corriger le rigorisme du droit civil et de le mettre d'accord avec l'équité, s'applique aux obligations civiles; mais elle ne saurait s'étendre aux obligations naturelles, qui ont leur source dans l'équité.

Au reste, le droit civil nous paraîtrait se contredire

si, d'une part, il exigeait l'autorisation du tuteur, et si, de l'autre, il accordait aux actes émanés du pupille seul des effets désastreux pour lui.

§ 2.

Opinion qui paraît devoir être adoptée relativement aux obligations émanées du pupille seul.

SOMMAIRE.

1. L'aliénation est interdite au pupille non autorisé.
2. Le pupille qui traite sans aliéner, contracte une obligation naturelle.
3. En s'obligeant naturellement, le pupille n'a pas à craindre les effets de la compensation proprement dite.

1. La réfutation que nous avons donnée successivement de divers systèmes, fait entrevoir la solution que nous allons présenter.

L'aliénation est interdite au pupille sans restriction, car elle est compromettante pour ses intérêts, ainsi que nous l'avons déjà fait observer (1); aussi ne s'oblige-t-il pas naturellement quand il dispose de la sorte (INST. JUST., § 2, *Quibus alienare licet*).

Nous ajouterons que l'aliénation, proprement dite, opère d'une manière absolue, *in rem*, elle ne se prête pas à toutes les appréciations auxquelles on peut soumettre une obligation qui est un lien relatif entre deux

(1) Page 123.

personnes; ce lien peut être plus ou moins fort, sanctionné par le droit des gens seul, ou le droit civil. Au contraire, l'aliénation est une; le fait qui l'a réalisée est tout ou rien, c'est-à-dire que dans la personne de l'incapable il est inefficace et n'opère que lorsqu'il échappe à toute critique. Ces idées sont mises en saillie quand la transmission de la propriété s'effectue; supposons, en effet, que celui auquel l'incapable aurait livré sa chose l'ait à son tour transmise à un autre; comment concevrait-on que ce tiers subît les exceptions qui lui sont étrangères? Ses droits à la propriété, il les exerce d'une manière absolue et indépendante, tandis que le cessionnaire d'une créance est dans une position toute différente, il n'argumente que des droits de son auteur, et, dès-lors, il est exposé à toutes les exceptions qui pourraient être opposées à ce dernier, dont il n'est que le *procurator in rem suam*.

Cette opinion sur la propriété est en opposition avec celle qui est consignée dans plusieurs ouvrages. L'on y établit un rapprochement entre l'obligation naturelle et le domaine bonitaire, que l'on regarde comme la propriété naturelle. Nous repoussons entièrement cette comparaison. Le droit de propriété ne peut être scindé de la sorte; celui qui est propriétaire a la faculté de jouir d'une manière exclusive; aussi nous ne pouvons admettre deux propriétés qui se contrebalancent : on est propriétaire ou on ne l'est pas. La distinction entre le domaine bonitaire et quiritaire n'existait pas d'abord à Rome (Gaius, Comm. II, § 40). Elle fut proscrite avec raison par Justinien. Au reste, elle n'empêchait pas que celui qui était investi du domaine bonitaire ne fût, en définitive, propriétaire ; les produits de la chose lui appartenaient (Gaius, COMM. I, § 54).

2. En dehors de l'aliénation, nous estimons que le pupille traitant sans l'autorisation du tuteur contracte une obligation naturelle, même quand il ne s'enrichit pas (1). Les lois nous paraissent bien explicites sur ce point.

Nous invoquerons d'abord la loi 7, § 1, DIG., *de Rescindenda venditione*, et la loi 3, § 4, DIG., *de Negotiis gestis*. Nous avons déjà cité la première en dissertant sur le droit de rétention (2); puisque cette loi accorde cette ressource à celui qui traite avec le pupille non autorisé, cela prouve que l'obligation naturelle est nécessairement admise. La seconde loi est aussi péremptoire : « Pupillus sane, si negotia gesserit : post rescriptum divi Pii (3) conveniri potest in id, quod factus

(1) M. Vangerow, tom. I, p. 448.
(2) Voir page 69.
(3) M. de Savigny pense qu'antérieurement à cet empereur, celui qui traitait avec le pupille, pouvait réclamer ce dont celui-ci était devenu plus riche, que la condiction était suffisante à cet effet, et que le rescrit précité n'a fait que confirmer un précepte légal.

Selon nous, ce rescrit était utile, il faisait cesser des doutes qui s'élevaient par rapport à la condiction. Des difficultés surgissaient, notamment quand un ouvrage avait été est locupletior : agendo autem, compensationem ejus, quod gessit, patitur. »

L'obligation du pupille est ainsi reconnue, qu'il subisse soit l'action, soit l'exception : dans un cas, il est tenu civilement et jusqu'à concurrence de l'enrichissement; dans l'autre, il est tenu naturellement, mais jusqu'à concurrence de la dette.

Aussi apercevons-nous dans l'engagement qu'il souscrira le signe caractéristique de l'obligation naturelle ; en payant, alors qu'il n'est plus en tutelle, le pupille aura éteint une dette, ce n'est pas une donation qu'il aura effectuée : « Si quis servo pecuniam crediderit deinde is liber factus eam expromiserit ; non erit donatio, sed debiti solutio. Idem in pupillo qui sine tutoris auctoritate debuerit, dicendum est, si postea tutore auctore promittat. » (L. 19, § 4, Dig., *de Donationibus*).

La novation sert encore de démonstration par rapport à l'obligation naturelle ; or, nous lisons dans les Insti-

---

fait et avait amélioré un fonds; l'on se demandait si la condiction était applicable dans cette circonstance, parce que l'amélioration ne pouvait être détachée de l'immeuble pour en faire l'objet d'une restitution. Dans les derniers temps, il est vrai, on avait autorisé la condiction, même pour ce cas.

Le rescrit d'Antonin renferme cet autre avantage : il attribue l'action du contrat qui est indépendante de la condiction ; ainsi, le pupille achetant et devenant plus riche parce qu'il a reçu la chose, le vendeur pourra intenter l'action de la vente, qui est de bonne foi.

tutes de Justinien, que l'obligation du pupille non autorisé suffit pour créer la novation.

3. Nous avons combattu par avance l'objection qui consiste à dire que l'obligation naturelle compromettrait les intérêts du pupille, puisqu'elle occasionnerait la compensation (1).

Nous avons soutenu en effet que, par rapport aux obligations naturelles, elle n'avait lieu que *ex pari causa*, et qu'elle se confondait avec le droit de rétention ; par conséquent la fortune du pupille ne courra point de risque, et l'on obviera d'une manière certaine à tout inconvénient (2). Il faut remarquer que dans la loi 3, § 4, Dig., *de Negotiis gestis*, que nous venons de transcrire, la compensation opposée au pupille concerne la même affaire, la gestion d'affaire qui comprend, il est vrai, plusieurs opérations, mais qui ne forme qu'un engagement unique : *agendo compensationem ejus quod gessit patitur*.

Nous avons tâché de constater que le pupille ne pouvait effectuer aucune aliénation sans l'autorisation de son tuteur, que, par conséquent, il ne pouvait aliéner sa créance en recevant un paiement. Si l'on accueillait

(1) MM. Vangerow et Schultze, p. 48, admettent l'obligation naturelle du pupille ; mais ils ne réfutent pas l'argument tiré de la compensation. Ce dernier même, en établissant l'obligation naturelle du pupille, mentionne la compensation avec les effets qu'elle entraîne en général.

(2) Voir p. 65.

la compensation *ex dispari causa* par rapport à l'obligation qu'il aura consentie, voici l'inconvénient dans lequel on tomberait : Le pupille est créancier, il ne lui est point permis d'aliéner sa créance, mais il aura recours à un moyen détourné : il s'obligera envers son débiteur sans y être autorisé, et il provoquera une compensation.

SECTION II.

Dérive-t-il une obligation naturelle de l'engagement pris par le pupille vis-à-vis de son tuteur ?

SOMMAIRE.

1. Le tuteur ne peut fournir l'*auctoritas* dans sa propre cause.
2. Cela n'empêche pas que le pupille s'obligeant envers son tuteur ne soit tenu naturellement.

1. Il est de principe que la même personne ne peut jouer en même temps le rôle de créancier et de débiteur. Si le tuteur agit seul, prétendant représenter le pupille, il ne lui est pas possible, au nom de ce même pupille, de se reconnaître débiteur envers lui-même. Mais la question est toute différente quand le tuteur traite avec le pupille.

2. Sans doute le tuteur ne peut fournir l'*auctoritas* dans un acte qui l'intéresse; toutefois, la loi 1, Dig., *de Auctoritate et consensu tutorum*, nous apprend que c'est là

une règle de droit civil qui ne doit pas avoir la force d'empêcher l'obligation naturelle d'apparaître.

Nous avons décidé que le pupille traitant seul avec un tiers s'obligeait naturellement, parce qu'il n'est pas dépourvu de toute intelligence, et que l'on ne doit pas croire facilement que son inexpérience ait été mise à contribution.

Ces deux idées acceptées, nous sommes portés à déclarer que la convention intervenue avec le tuteur n'est pas frappée d'une réprobation entière. Si le pupille prétend qu'elle lui est avantageuse, ne serait-il pas étrange de répondre qu'elle se trouve radicalement nulle ?

Cette doctrine nous semble implicitement confirmée par la loi 5, DIG., *de Auctoritate et consensu tut.* : « Pupillus obligari tutori eo auctore non potest....... Sed et cum solus sit tutor mutuam pecuniam pupillo dederit, vel ab eo stipuletur, non erit obligatus tutori : naturaliter tamen obligabitur, in quantum locupletior factus est; nam in pupillum non tantum tutori, verum cuivis actionem, in quantum locupletior factus est dandam, divus Pius rescripsit. » — Il est vrai que ce texte mentionne l'obligation naturelle pour le cas d'enrichissement ; mais l'on considérera que, puisque l'obligation naturelle est proclamée même avec cette restriction, cela démontre que le pupille n'est pas absolument incapable de contracter une obligation naturelle à l'égard de son tuteur. — En envisageant l'obligation du pupille à l'égard d'un tiers, nous avons fait remarquer que le pupille était tenu naturellement, même quand il ne devenait pas plus riche ; nous pensons qu'il doit en être de même quand le pupille traite avec son tuteur, et qu'il ne s'est pas enrichi. Si, dans le fragment que nous venons de transcrire, le jurisconsulte s'occupe de l'enrichissement, c'est qu'il a voulu prévoir l'hypothèse où, d'après le rescrit d'Adrien, une action fortifie l'obligation naturelle et lui donne une vie nouvelle (1).

SECTION III.

Quand le mineur de vingt-cinq ans se fait restituer, son obligation reste-t-elle naturelle ?

SOMMAIRE.

1. Le mineur de vingt-cinq ans, pourvu d'un curateur, ne peut seul consentir aucune aliénation.

2. L'obligation que consentirait ce mineur sans l'assentiment du curateur vaudrait, d'après le droit civil, sauf le bénéfice de la restitution.
   Mais l'obligation subsiste comme naturelle, nonobstant la restitution.

3. Si le mineur n'a pas de curateur, l'aliénation et l'obligation en général qu'il consent sont valides civilement,

---

(1) La glose sur la loi 189, Dig., *de Diversis regulis juris antiqui*, décide, au contraire, que l'engagement du pupille envers son tuteur n'a pas la consistance d'une obligation naturelle.

sauf le recours à la restitution en entier. Quoiqu'il obtienne la restitution, il sera obligé naturellement.

1. Si le mineur de vingt-cinq ans est pourvu d'un curateur, il ne peut faire seul une aliénation.

En agissant de la sorte, il n'est pas tenu naturellement. La loi 3, CODICE, *de in integrum restitutione,* ne contrarie nullement cette décision : « Si curatorem habens minor quinque et viginti annis post pupillarem ætatem res vendidisti, hunc contractum servari non oportet; cum non assimilis ei habeatur minor curatorem habens, cui a prætore curatore dato, bonis interdictum est. »

L'on a prétendu que dans ce texte il s'agit d'un contrat souscrit par le mineur, et que, par conséquent, ce n'est pas seulement l'aliénation qui se trouve entièrement inhibée, mais encore toute obligation émanée du mineur.

Nous croyons que l'aliénation seule est frappée de réprobation. Le contrat de vente est mentionné pour désigner l'aliénation. D'un autre côté, la loi 101, DIG., *de Verborum obligationibus,* semble trancher toute difficulté : « Puberes sine curatoribus suis possunt ex stipulatu obligari. » — Ainsi, le simple engagement pris par le mineur, sans l'intervention du curateur, est de nature à le lier; il en est différemment par rapport à l'acte d'aliénation (1).

(1) Cette doctrine, conforme à celle de M. Vangerow, *Pand.,* t. 1, p. 454, est combattue par un grand nombre de

2. Quand nous avons examiné si le pupille qui traite seul s'oblige naturellement, nous croyons avoir démontré qu'il ne faut pas mettre sur la même ligne l'aliénation et l'engagement proprement dit; nous employons à présent la même distinction.

L'aliénation consentie par le mineur de vingt-cinq ans, sans le consentement du curateur, nous paraît dénuée de toute efficacité, et ne donnant pas naissance à une obligation naturelle.

jurisconsultes, notamment Muhlenbrüch, *Doctrina Pandectarum*, § 391; — M. Ducaurroi, t. I, p. 193; — Vinnius, liv. III, tit. 20, § 9. — Doneau, t. XI, p. 1414.

Godefroi est embarrassé par la loi 101, que nous avons citée. Aussi croit-il devoir corriger le mot *obligari*, et il lit *obligare*. Cette interpolation amènerait une idée qu'il était tout-à-fait inutile d'exprimer, à savoir : que le pubère qui a un curateur n'a pas besoin de son concours pour obliger les autres. Nous avons déjà annoncé, page 96, qu'il fallait être très sobre de ces remaniements à faire, et c'est à l'occasion d'une correction proposée par Doneau, jurisconsulte d'ailleurs éminent, que nous nous sommes exprimé de la sorte. — Vinnius interprète le texte de façon que l'obligation souscrite d'abord par le mineur seul, a été ensuite confirmée par le curateur; mais cette explication est tout-à-fait divinatoire, elle ne repose sur aucun terme employé dans le fragment. Au reste, si l'on assimile l'obligation à l'aliénation, la loi 3 précitée, Codice, *de in integrum*, déclarant que l'aliénation n'a pas plus d'efficacité que si elle émanait de celui auquel l'administration a été interdite, il en résulte que ni l'aliénation ni l'obligation ne peuvent être ratifiées.

L'obligation souscrite par le mineur de vingt-cinq ans, non assisté de son curateur, a pour elle la sanction civile, sauf le recours extraordinaire de la restitution en entier.

Quand même le mineur a obtenu le bénéfice de la restitution en entier, son obligation subsiste comme naturelle; c'est pourquoi le fidéjusseur demeure astreint, comme le prouve la loi 7, Dig., *de Exceptionibus :* « Rei autem cohærentes exceptiones etiam fidejussoribus competunt;.... idem dicitur, et si pro filio familias contra senatus-consultum quis fidejusserit, aut pro minore viginti quinque annis circumscripto. Quod si deceptus sit in re, tunc nec ipse ante habet auxilium, quam restitutus fuerit, nec fidejussori danda est exceptio. » Ce fragment nous paraît offrir ce sens : Si un dol a été commis, le fidéjusseur se prévaut de la loi *Plœtoria;* si le mineur de vingt-cinq ans a été seulement *lésé*, le fidéjusseur reste sans exception; *si deceptus sit in re*, si le mineur a été trompé seulement par la chose et non par la personne. — C'est ainsi que l'on voit, dans le § 4 des Institutes de Justinien, titre *de Replicationibus,* que le fidéjusseur de celui qui a fait cession de biens n'est pas libéré, et que l'exception accordée au débiteur principal ne s'étend pas jusqu'à lui, parce que c'est pour avoir une sécurité et pour remplacer le débiteur principal que le fidéjusseur a promis.

3. Jusqu'à présent nous avons raisonné dans l'hy-

pothèse où le mineur, pourvu d'un curateur, s'engageait sans sa participation. Supposons qu'il n'a point de curateur : la loi 3, Codice, *de in integrum restitutione*, ne servira de règle que dans cette seconde espèce :
« ..... Si vero sine curatore constitutus contractum fecisti; implorare in integrum restitutionem, si nec dum tempora præfinita excesserint, causa cognita non prohiberis. » — Par conséquent, l'aliénation ne donnera ouverture qu'à la restitution en entier; il en sera de même de la simple obligation qui sera prise par le mineur. Alors l'aliénation et l'obligation sont placées au même rang; et si le bénéfice de la restitution est impétré, dans l'un et l'autre cas il laissera intacte l'obligation naturelle.

Il faut observer que les cas d'aliénation donnant lieu à restitution pour cause de minorité, ne se sont guère présentés depuis la constitution de Constantin, puisqu'un décret du magistrat devait autoriser l'aliénation des objets qui étaient de nature à être conservés (l. 22, Codice, *de Administratione tutorum et curat.*). — L'aliénation non accompagnée de cette formalité est nulle, et, par conséquent, le moyen extraordinaire de la restitution devient inutile.

Avant cette constitution, une vente ayant eu lieu par rapport notamment aux biens de la ville, qui pouvaient être aliénés sans décret, si le mineur se faisait restituer, il était tenu d'une obligation naturelle. Mais il faut observer que le mineur, reprenant la chose aliénée, en redevenait propriétaire véritable, et que, dans cette hypothèse, l'on ne pouvait dire que l'acheteur conservait une propriété naturelle, il n'avait plus qu'une créance naturelle. En parlant de l'aliénation faite par le pupille seul, nous avons tâché d'établir que le droit de propriété ne se prête pas à de pareilles combinaisons, et qu'il ne peut être ainsi mutilé (1).

SECTION IV.

Quelle est la force de l'obligation contractée par le mineur de vingt-cinq ans à l'égard de son curateur ?

SOMMAIRE.

1. Le mineur de vingt-cinq ans qui s'engage à l'égard de son curateur contracte une obligation civile.

2. Dans ce cas, le mineur pourra se prévaloir du moyen de la restitution en entier. — S'il se fait restituer, pour cause de lésion, son engagement se résumera en une obligation naturelle.

1. Nous venons d'exposer que le mineur de vingt-cinq ans, même pourvu d'un curateur, s'oblige civilement sans l'intervention de ce dernier, sauf le recours à la restitution en entier, le cas y échéant. En prenant un engagement à l'égard de son curateur, il ressemble à celui qui traite avec un tiers en l'absence du curateur. La loi 1re, § 1, Dig., *de Minoribus 25 annis*, qui est conçue en termes généraux, devient applicable.

(1) Voir p. 135.

2. En parlant du pupille, nous avons décidé qu'il s'obligeait naturellement envers son tuteur, parce qu'il n'a de capacité que pour se lier de la sorte. De même nous dirons que le mineur de vingt-cinq ans ayant l'aptitude pour s'obliger civilement, même quand il traite sans l'adhésion de son curateur, sera réputé avoir formé un lien de cette espèce lorsqu'il aurait fait une convention avec son curateur. Il est bien entendu qu'il pourra, dans ce cas, se prévaloir du moyen extraordinaire de la restitution en entier (1). — Si elle est demandée, l'influence que le curateur a pu exercer, d'après ses fonctions, sera nécessairement prise en considération, et l'on n'exigera pas que la lésion soit aussi importante que dans les cas ordinaires (2).

Comme nous l'avons dit à la section précédente, quand le mineur obtient le bénéfice de la restitution

---

(1) La glose sur la loi 189, Dig., *de Diversis regulis juris*, compare au pupille, traitant seul, le mineur de vingt-cinq ans pourvu d'un curateur, et qui s'oblige sans son consentement.—De là il résulterait que l'engagement formé entre le mineur de vingt-cinq ans et son curateur n'aurait que la portée d'une obligation naturelle; nous rejetterons cette conclusion, parce que nous contestons le principe dont on l'a fait découler. D'après nous, le mineur précité s'oblige civilement.

(2) Pour obtenir la restitution en entier, il faut, en principe, constater un dommage qui ait de l'importance (l. 49, Dig., *de Minoribus viginti quinque annis*).

en entier, parce qu'il est seulement lésé, son engagement ne disparaîtra point, mais se réduit à la condition de l'obligation naturelle.

SECTION V.

La cession de droits sur le pupille ou le mineur de vingt-cinq ans, que les tiers consentent au tuteur ou curateur, a-t-elle l'effet d'une obligation naturelle nonobstant la Novelle de Justinien ?

SOMMAIRE.

1. Motifs qui ont servi de fondement à la Novelle de Justinien.

2. La cession faite par les tiers au profit du curateur a pour résultat d'affranchir le mineur même de l'obligation naturelle.

1. Justinien, persuadé que les achats de créance s'effectuant pour un prix inférieur à celui du titre, fournissaient au tuteur et au curateur les moyens de réaliser pour eux des bénéfices qu'ils auraient dû réserver pour ceux qui étaient placés sous leur protection, voulant empêcher des trafics devenus faciles à ces administrateurs par la suppression des quittances qui étaient en leur possession, eut recours à un moyen énergique, et décréta que la cession produirait la libération du pupille et du mineur, sans que ces derniers eussent rien à débourser : « Et non solum donec fuerit curator, prohibemus eum ab hujus modi cessione ; sed

neque postea gerere concedimus : ne forsan hoc considerans, abscondat rem, et præordinans illud male, postmodum dum a cura cessaverit, et latere fecerit, quod maligne egerit, forte jam nunc non curator existens cessionem accipiat, et rem maligne disponat. Tunc enim infirmum esse volumus quod agitur, et non posse ullam actionem valere cessam adversus eum, cujus prius curam administraverat, sed pro non facto id esse, et lucrum fieri adolescentis : licet hæc cessio pro veris causis facta sit : non ut remeet rursus ad eum qui cessit, tanquam si nihil quasi in medium contra legem visum fuerit actum; sed cadat ab eis, quæ ex hoc sunt quæsita propter transgressionem nostræ legis. » (Novelle 72, cap. v, § 1.)

2. Le mineur s'enrichissant par suite d'une pénalité, l'on peut se demander s'il n'est pas tenu par une obligation naturelle ?

Nous répondons négativement. Comme nous l'avons déjà exprimé (1), le législateur est maître d'empêcher que l'obligation naturelle se produise; or, telle a été sa volonté dans cette circonstance, il veut que le pupille ou le mineur réalise un lucre, alors que la cession serait faite avec sincérité et bonne foi; par là, il se propose d'intimider ceux qui se proposeraient de transgresser sa défense. Il est certain que le pupille ou le mineur ne recueillera pas le bénéfice annoncé, si une

(1) Page 4.

dette naturelle était admise, puisque l'on sait que, dans certains cas donnés, l'obligation naturelle produit les effets de l'obligation civile, notamment dans le cas prévu par la loi 101, § 1, Dig., *de Solutionibus et Liberat.*

Justinien sévit contre ces sortes de cessions, parce qu'il appréhende que le tuteur ou le curateur ne fasse disparaître les quittances; mais la prévision de cette éventualité est incompatible avec l'idée d'une obligation naturelle qui survivrait.

C'est encore le moment de rappeler la distinction qui sépare l'obligation naturelle de l'obligation de conscience. Que le mineur soit tenu en conscience de payer, c'est là un autre ordre d'idées. Le législateur n'a pas le pouvoir de supprimer l'obligation de conscience, et quoiqu'il puisse en règlementer les effets, ce n'est que dans des cas extraordinaires qu'il la prive de toute efficacité (1).

---

(1) M. de Pforten, *de Obligatione civili in naturalem transitu*, p. 40, décide que l'obligation naturelle subsiste, et que, en conséquence, le paiement fait par celui qui était mineur n'autoriserait pas la répétition.

M. Wangerow, t. III, p. 113, n'admet pas l'obligation naturelle et permet de répéter.

Il nous semble que toute difficulté s'aplanirait en ayant le soin de séparer l'obligation naturelle de l'obligation de conscience. — Quoique la faculté de répéter ne soit pas accordée, cela ne prouve pas que l'obligation soit naturelle.

SECTION VI.

De l'obligation naturelle résultant de l'emprunt fait par le fils de famille.

SOMMAIRE.

1. Le fils de famille qui emprunte contracte une obligation naturelle.
2. On décide généralement que le fidéjusseur qui a cautionné le fils de famille peut se prévaloir de l'exception du sénatus-consulte Macédonien.
3. Différence entre le fidéjusseur qui accède à l'emprunt effectué par le fils de famille, et le fidéjusseur qui intervient dans le contrat souscrit par le mineur de vingt-cinq ans.
4. Quand l'intention des parties ne se découvre pas, dans le doute, le fidéjusseur pourra-t-il invoquer le sénatus-consulte?

1. Quoique le fils de famille ait la capacité de s'obliger civilement, il lui est défendu néanmoins d'emprunter. Le législateur veut le mettre à l'abri des usuriers, et le préserver d'une position qui l'aurait excité à former des vœux parricides; aussi le Préteur n'accorde pas d'action contre lui; le *mutuum* se réduit à une obligation naturelle (l. 10, Dig., *de Senat. Macedoniano*). En conséquence, le paiement étant effectué, il n'y a pas lieu à répéter (l. 9, § 5, Dig., *de Senat. Maced.*). Au premier abord on pourrait croire

qu'il en est autrement, d'après la loi 20, Dig., *de Senat. Maced.* : « Si is, cui, dum in potestate patris esset, mutua pecunia data fuerat, pater familias factus, per ignorantiam facti, novatione facta, eam pecuniam expromiserit, si petatur ex ea stipulatione, in factum excipiendum erit. »

Celui qui, croyant par erreur de fait être encore sous la puissance de son ascendant, consent une novation relative à l'emprunt qu'il avait souscrit, alors qu'il était fils de famille, ne sera point tenu d'après ce nouvel engagement; en admettant même que la novation soit réputée un paiement, l'on reconnaîtra que le paiement intervenu dans ces circonstances serait défectueux. La loi 19, Dig., *de Novationibus*, disposant que l'exception du sénatus-consulte, qui pouvait être opposée au prêteur de deniers, ne préjudicie pas au créancier auquel le fils de famille a été délégué, ne contrarie nullement la loi 20 précitée : « Doli exceptio quæ poterat deleganti opponi, cessat in persona creditoris, cui quis delegatus est. Idemque est et in cæteris similibus exceptionibus; imo et in ea, quæ ex senatusconsulto filio familias datur. Nam adversus creditorem, cui delegatus est ab eo, qui mutuam pecuniam contra senatus-consultum dederat, non utetur exceptione : quia nihil in promissione contra senatus-consultum fit... »

Il faut observer toutefois que, dans l'espèce prévue par la loi 20, Dig., *de Senat. Macedoniano*, le sujet contracte, bien qu'il soit persuadé qu'il est encore fils de famille; par conséquent, aucune action ne peut en naître. Il lui sera permis d'invoquer l'erreur dans laquelle il est tombé, parce qu'elle se réfère à un fait. Si, au contraire, elle concernait le droit, l'obligé ne serait pas recevable à en exciper, car le paiement accompagné d'une erreur de droit ne donne pas lieu à la répétition, quand il a pour effet d'éteindre une obligation naturelle (1).

Quant à la loi 19, *de Novationibus*, il est aisé de montrer qu'elle statue pour un autre ordre d'idées, pour le cas où la novation n'intervient pas entre les mêmes personnes : il s'agit d'une délégation, le tiers n'a rien à s'imputer, il reçoit un engagement pour tenir lieu d'un autre qui lui avait été consenti régulièrement. Dans la loi 20, *de Senat. Macedoniano*, la novation est stipulée entre les mêmes personnes, elle serait en opposition flagrante avec la loi, si le fait ignoré du débiteur n'était pas réalisé.

Puisque l'emprunt effectué par le fils de famille renferme une obligation naturelle, il pourra être garanti par une fidéjussion.

2. Nous devons à cette occasion aborder une difficulté qui se rattache à la loi 7, § 1, Dig., *de Exceptionibus*, et à la loi 9, § 3, Dig., *de Senat. Maced.* La première dispose, d'une manière générale, que l'exception du sénatus-consulte Macédonien profite aux fidéjusseurs ; voici le contexte de la seconde : « Non solum filio familias et

(1) La glose sur la loi 20, précitée, suppose que le fils de famille ignorait que son ascendant était mort.

patri ejus succurritur, verum fidejussori quoque et mandatori ejus ; qui et ipsi mandati habent regressum, nisi forte donandi animo intercesserunt ; tunc enim, cum nullum regressum habeant, senatus-consultum locum non habebit. »

En présence de ces deux textes, l'on décide généralement que l'exception du sénatus-consulte n'est pas seulement inhérente à la personne du débiteur principal, mais encore qu'elle s'applique au fidéjusseur. Cependant nous avons soutenu que le débiteur se faisant restituer pour cause de minorité, la caution ne profite pas de ce bénéfice (1). Pourquoi en serait-il autrement quand l'intercession se réfère à l'emprunt du fils de famille ? Est-ce que, dans les deux cas, il ne se découvre pas une dette naturelle ?

3. Toutefois il existe entre eux cette différence : Quand le fils de famille a opéré un emprunt, le créancier n'est point aussi facilement présumé avoir voulu se mettre à couvert en se ménageant un recours contre la caution ; il est possible qu'il ne soupçonnât point que celui auquel il comptait son argent fût fils de famille, tandis qu'il est vraisemblable que l'accession de la caution a été exigée à cause de l'âge du débiteur. L'état de minorité se remarque ; la qualité de fils de famille peut ne pas être soupçonnée.

Si le créancier a exigé l'engagement de la caution

(1) Voir p. 145.

précisément pour se mettre à l'abri des conséquences de l'action qu'intenterait celui qu'il savait être fils de famille, alors cette caution ne sera pas recevable à exciper du sénatus-consulte ; elle s'est offerte pour payer à la place du débiteur principal ; elle a renoncé à tout recours contre celui-ci ; elle est intervenue *donandi animo*.

4. Quand l'intention des parties ne se dévoile pas, nous admettrions, dans le doute, que le fidéjusseur sera en droit de se prévaloir du sénatus-consulte. Le fidéjusseur n'est pas censé vouloir s'engager de manière à ne pas avoir de recours contre le débiteur principal, il n'est point présumé avoir voulu se lier *donandi animo*; car *nemo censetur jactare suum*.

Ces considérations s'accordent avec celles que nous avons déjà présentées (1), en traitant de la fidéjussion comme effet de l'obligation naturelle.

SECTION VII.
De l'engagement pris par une personne privée de l'usage de ses facultés intellectuelles.

SOMMAIRE.

1. Celui qui n'est pas sain d'esprit ne contracte pas une obligation naturelle.
2. Que décider à l'égard du furieux interdit qui traite dans un intervalle lucide ?

1. Celui qui étant privé de l'usage de ses facultés

(1) Voir p. 53.

intellectuelles figure néanmoins dans une convention, n'est pas tenu même naturellement ; car, d'après le droit social, une promesse n'a de valeur que lorsque le sujet a la conscience de ce qu'il fait ; aussi la loi 40, Dig., *de Diversis regulis juris*, déclare-t-elle que *furiosi..... nulla voluntas est*. La loi 5 du même titre, tirant la conséquence de cette vérité, déclare que le furieux, *nullum negotium contrahere potest*.

C'est pourquoi le furieux ne pourrait pas même traiter avec l'assistance de son curateur ; car pour approuver un acte, il faut que cet acte existe, l'autorisation ou l'adhésion n'est que quelque chose d'accessoire.

2. Il est possible que l'agent ne soit pas continuellement dépourvu de raison, il a des intervalles lucides ; ce qui n'empêche pas de lui donner un curateur. Il traite dans un moment où ses facultés intellectuelles ne sont point paralysées. Son engagement aura-t-il quelque valeur ?

Ce changement, cette amélioration opérée en l'état de la personne, paraissent devoir ajouter à sa capacité.

Les jurisconsultes se demandaient si les actes passés dans cette circonstance étaient valables. La loi 9, Codice, *Qui testamenta facere possint*, nous révèle la controverse qui s'était élevée à cet égard : « Furiosum in suis induciis ultimum condere elogium posse, licet ab antiquis dubitabatur, tamen et retro principibus et nobis placuit. »

Cette constitution, qui appartient à Justinien, est en harmonie avec la loi 6, Codice, *de Curatore furiosi*, etc. Dans ce texte, le même empereur décrète que les conventions formées dans les intervalles lucides seront obligatoires, sans qu'il soit besoin de l'intervention du curateur ; en même temps Justinien fait part de la dissidence qui se référait à la question de savoir si le curateur cessait de l'être, lorsque la personne dont les intérêts lui étaient confiés se trouvait éclairée de nouveau par les rayons plus ou moins durables de son intelligence.

Cet aperçu historique nous donnera la clé de la loi 25, Dig., *de Fidejussoribus* : « Si quis pro..... furioso fidejusserit : magis esse ut ei non subveniatur : quoniam his mandati actio non competit. »

D'après ce que nous avons exposé plus haut, concernant la nullité radicale de l'obligation souscrite par celui qui est en démence, nous ne pouvons admettre l'accession d'un fidéjusseur à un pareil engagement : nous devons supposer que le jurisconsulte prévoit l'hypothèse où il a été conclu dans un intervalle lucide. Ulpien maintient la fidéjussion sans accorder aucun recours contre l'obligé principal ; il considère ce dernier comme n'étant lié que naturellement : voilà pourquoi il le met sur la même ligne que le pupille qui traite sans autorisation. Quelques jurisconsultes pensaient que l'obligation était complètement nulle, d'autres qu'elle était parfaite ; Ulpien a choisi un terme moyen, en la restreignant aux proportions de l'obligation naturelle.

SECTION VIII.

De l'obligation émanée du prodigue interdit.

SOMMAIRE.

1. Le prodigue interdit ressemble plus au pupille *pubertati proximus*, qu'à celui qui est insensé.
   Il peut s'obliger naturellement.
2. Dans quelles circonstances le fidéjusseur sera-t-il tenu par suite de l'engagement consenti par le prodigue.

1. L'administration des biens est enlevée au prodigue, parce que les dépenses auxquelles il s'est livré dénotent que son jugement est imparfait.

Le prodigue interdit a plus d'analogie avec le pupille *pubertati proximus* (1), qu'avec celui qui est insensé. En effet, la loi 6, Dig., *de Verborum obligationibus*, déclare que le prodigue : « stipulando sibi adquirit, tradere vero non potest, vel promittendo obligari. »—La loi 9, § 7, Dig., *de Rebus creditis*, compare formellement cet interdit au pupille. D'après cela nous n'hésitons pas à dire que le prodigue a capacité pour contracter une obligation naturelle.

Le mineur de 25 ans qui a accepté, sans l'approbation de son curateur, des engagements onéreux, et qui les fait rescinder, ne peut rompre les liens de l'obligation naturelle ; comment le prodigue prétendrait-il

---

(1) Aussi serait-il responsable des obligations résultant *ex delicto vel quasi ex delicto*.

que, par rapport à lui, ces mêmes liens ne se forment jamais ?

2. Cette loi 6, Dig., *de Verborum obligationibus*, qui vient d'être citée, ajoute : « Nec fidejussor pro eo intervenire poterit, sicut nec pro furioso... » Cependant la loi 25, Dig., *de Fidejussoribus*, dispose que le fidéjusseur se lie valablement à l'occasion de la dette du prodigue.

Ces deux textes se concilient, en examinant si le fidéjusseur est ou n'est pas intervenu, précisément pour garantir le créancier contre le risque qu'il courait à raison de l'état du débiteur interdit.

Nous avons eu occasion de poser une distinction analogue par rapport à la responsabilité de la caution qui intervient dans l'emprunt souscrit par un fils de famille (1). — Ce qui prouve que l'interprétation donnée aux deux lois précitées doit prévaloir, c'est d'abord qu'elles émanent du même auteur, qui ne peut être en contradiction avec lui-même ; d'un autre côté, on remarquera dans le dernier texte que si le cautionnement est maintenu, c'est parce que l'engagement de la caution ne peut amener aucune obligation indirecte contre l'interdit, que seul on a voulu protéger. Il est clair, d'après cela, que si la caution ne s'était pas engagée en vue de l'interdiction, elle pourrait repousser l'action dirigée contre elle, par les moyens accordés à l'interdit.

(1) Voir page 155.

Cette précision faite à l'égard de la caution du prodigue n'est pas applicable à celle qui garantirait l'obligation de l'insensé. Nous avons déclaré que l'engagement pris par celui qui n'a pas de volonté est réputé non avenu, et, n'existant pas, il ne peut ni donner de la consistance à la fidéjussion, ni en recevoir d'elle. Le prodigue, au contraire, n'est pas, d'après le droit social, incapable de formuler une volonté.

S'il y a incertitude sur le point de savoir si le fidéjusseur a été exigé par le créancier afin de le garantir contre les conséquences de l'interdiction, nous déciderons que le fidéjusseur sera dégagé, alors que le débiteur principal évitera une condamnation en argumentant de l'interdiction dont il est frappé. C'est ainsi que nous avons statué quand il s'agit du fidéjusseur qui figure dans l'emprunt contracté par le fils de famille(1). L'on doit être porté à reconnaître que la caution ne sera point poursuivie quand le débiteur principal est à couvert.

SECTION IX.

La femme répondant pour autrui ne contracte pas une obligation naturelle.

SOMMAIRE.

1. La femme en répondant pour autrui ne contracte pas une obligation naturelle.
2. Il eut été plus rationnel de statuer que cet engagement contient une obligation naturelle.

(1) Voir page 156.

1. Le sénatus-consulte Velléien a voulu prémunir la femme contre la facilité qu'elle aurait à intervenir pour autrui. Ne se privant pas dans le moment de sa fortune, l'on appréhendait qu'elle ne fût disposée à participer à un contrat de cette nature, et qu'elle ne devînt victime de son peu d'expérience des affaires; c'est pourquoi son intercession a été réputée non avenue.

L'on s'est demandé si les cautions qui accèdent à cette sorte d'engagement de la femme pourront être inquiétées? Il a été répondu négativement, parce que cette obligation de la femme est sans aucune efficacité : « Si ab ea muliere, quæ contra senatus-consultum intercessisset, fidejussorem accepissem ; Gaius Cassius respondit, ita demum fidejussori exceptionem dandam, si a muliere rogatus fuisset. Julianus autem recte putat, fidejussori exceptionem dandam, etiam si mandati actionem adversus mulierem non habet; quia totam obligationem senatus improbat; et a prætore restituitur prior debitor creditori. » Loi 16, § 1, Dig., *ad Senat. Velleianum.*

En présence de ce texte on est forcé de reconnaître que l'obligation est infirmée en totalité, et que l'engagement du fidéjusseur s'évanouit ; mais l'on regrette (1) que la femme ayant promis volontairement, il n'existe pas une obligation naturelle, de manière à ce que la caution soit responsable sans avoir de recours contre la femme.

(1) M. de Savigny, t. ix, p. 119.

2. Pour expliquer cette thèse l'on peut dire que la femme est présumée avoir été trompée, et que, par conséquent, son obligation doit défaillir en totalité : « Æquum autem visum est, ita mulieri succurri, ut in veterem debitorem, aut in eum, qui pro se constituisset mulierem ream, actio daretur; magis enim ille, quam creditor, mulierem decepit. » L. 1, § 2, Dig., ad Senat. *Velleianum*. — De même nous voyons dans la loi 2, § 3 du même titre, qu'un recours est accordé à la femme parce qu'elle est trompée.

Si un dol était pratiqué à l'égard de la femme, nous aurions rendu l'obligation entièrement inefficace; mais lorsqu'il n'y a pas eu de manœuvres frauduleuses, nous croyons qu'il aurait fallu maintenir l'engagement comme obligation naturelle. La promesse d'un mineur de 25 ans qui se fait restituer vaut toujours comme obligation naturelle; comment ne pas statuer de la même manière à l'égard de la femme?

SECTION X.

Les donations qui avaient lieu entre époux, malgré la prohibition de loi, étaient privées de l'efficacité de l'obligation naturelle.

SOMMAIRE.

1. Antérieurement aux empereurs Septime Sévère et Caracalla, les donations entre vifs que s'adressaient les époux étaient de nul effet; par conséquent, elles ne pouvaient produire une obligation naturelle.

2. Ces donations n'auraient pu être confirmées.

3. Si les époux cachaient une libéralité sous la forme d'un contrat intéressé de part et d'autre, il ne résulterait pas de là une obligation naturelle.

4. Dans le nouvel état du droit, la donation entre vifs vaudra comme donation à cause de mort.

Si le donateur change de volonté, il ne demeure pas lié par une obligation naturelle.

1. Il n'entre pas dans notre plan de faire l'historique de la jurisprudence, d'indiquer les exceptions au principe qui prohibait les donations entre époux, et d'énumérer les effets de cette défense.

Nous examinerons seulement si ces donations renferment une obligation naturelle.

Les motifs qui ont dicté la prohibition, les commentaires des juristes, tout se réunit pour écarter toute idée d'obligation naturelle.

En effet, dans les derniers temps de la République (1), les mœurs se dépravaient, le mariage devenait une spéculation, les époux cherchaient à s'enrichir aux dépens les uns des autres, sauf ensuite à faire divorce. Pour remédier à ce scandale, les donations entre époux furent interdites ; par là, on prémunissait les conjoints contre leur facilité irréfléchie à souscrire des libéralités, et contre les sacrifices qu'ils seraient portés à faire pour vivre en bonne intelligence.

(1) M. Pellat, *Textes sur la Dot*, p. 356.

Si des donations entre vifs étaient consenties, la loi les regardait comme non avenues. Il devait en être ainsi, puisque l'ordre public était offensé. Nous avons antérieurement fait ressortir le principe qui s'oppose à ce que l'obligation naturelle s'attache aux conventions qui heurtent l'intérêt général.

C'est pourquoi la loi 3, § 9, Dig., *De Donationibus inter virum et uxorem*, veut que ces libéralités soient envisagées comme inexistantes : « Sciendum autem est, ita interdictam inter virum et uxorem donationem, ut ipso jure nihil valeat, quod actum est. Proinde si corpus sit, quod donatur, nec traditio quicquam valet. Et si stipulanti promissum sit, vel accepto latum, nihil valet : ipso enim jure, quæ inter virum et uxorem donationis causa gerantur, nullius momenti sunt. »

La loi 5, § 4, Dig., *de Donat. inter virum et uxor.*,... prévoit l'hypothèse où la femme voulant, à titre de donation, libérer son mari débiteur à l'égard d'un tiers, fait à ce dernier une expromission et fournit un fidéjusseur ; non-seulement l'engagement de la femme, mais encore celui du fidéjusseur sont complètement mis à l'écart : « Si uxor viri creditori, donationis causa, promiserit et fidejussorem dederit, neque virum liberari, neque mulierem obligari, vel fidejussorem ejus, Julianus ait : perindeque haberi, ac si nihil promisisset. »

Ce texte reconnaît implicitement que l'obligation naturelle n'existe pas, car autrement le fidéjusseur serait lié.

Au reste, la prohibition des donations entre époux était édictée par le droit public (l. 7, § 6, Dig., *de Donat. inter virum et uxor...*, et, par conséquent, elle proscrivait toute idée d'obligation naturelle.

2. Avant le règne des empereurs Septime Sévère et Caracalla, la donation entre vifs était tellement défectueuse, que l'on considérait comme insignifiante la persistance de volonté du disposant ; la confirmation tacite était sans aucune influence.

3. Si les époux cachaient leurs libéralités sous l'apparence d'un contrat intéressé de part et d'autre, si, par exemple, un contrat de vente était passé entre eux pour un prix réduit, la loi annulait l'acte pour le tout, ou forçait l'acquéreur à payer le prix réel, suivant que l'opération était factice en son entier, ou qu'il n'y avait fraude que pour le prix (l. 5, § 5, Dig., *de Donationibus inter virum et uxorem*). — D'où il suit que ce moyen détourné qui aurait été employé, n'aurait pas abouti à une obligation naturelle, et que l'accession d'un fidéjusseur eut été illusoire.

4. D'après la nouvelle législation, les donations entre vifs ont été maintenues avec les attributs des donations à cause de mort ; si le donateur meurt sans avoir changé de volonté, la libéralité qu'il a consentie ne peut être rétractée par ses héritiers (l. 32, § 2, Dig., *de Donationibus inter virum et uxorem*).

A partir de cette nouvelle période du Droit, la donation entre vifs produit une obligation civile, à l'instar de la donation à cause de mort, et sous les mêmes conditions, c'est-à-dire pourvu que le donateur ne se rétracte pas (1).

Si le donateur témoigne la résolution de reprendre le bénéfice de sa disposition, il est incontestable qu'il ne restera soumis à aucune obligation même naturelle.

SECTION XI.

De l'obligation intervenue entre l'ascendant et les enfants placés sous sa puissance.

SOMMAIRE.

1. L'obligation civile ne peut exister entre l'ascendant et les enfants placés sous sa puissance.
   Il en est autrement de l'obligation naturelle.
2. L'obligation primitivement naturelle conserve cette qualité, alors même qu'un tiers hérite de l'ascendant.
3. Est encore naturelle, l'obligation qui intervient entre les enfants soumis à la puissance du même ascendant.

1. L'obligation civile ne peut exister entre l'ascen-

---

(1) M. Machelard, *Textes*, p. 250, remarque avec raison que lorsque le donateur fait la tradition, et a persévéré dans la même volonté, un effet rétroactif s'opère quant au droit de propriété, qui remonte au jour de la mise en possession (l. 11, § 9, Dig., *de Donationibus inter virum et uxorem*).

dant et celui qui se trouve sous sa dépendance; s'il en était ainsi, ce n'était pas à cause de l'incapacité du fils de famille, ni parce qu'il n'avait primitivement aucune propriété, car il était apte à contracter des dettes, sauf à les acquitter avec les biens dont il deviendrait plus tard propriétaire, lorsque, par exemple, il serait émancipé : « Filius familias ex omnibus causis tanquam pater familias obligatur et ob id agi cum eo, tanquam cum patre familias potest. » —L. 39, Dig, de *Obligationibus et Actionibus* (1).

Mais cette impossibilité d'une obligation civile entre le père et le fils soumis à sa puissance, résultait de l'unité absolue de personnes. Quand le fils contracte avec un tiers, on peut croire que c'est avec l'assentiment de son ascendant, et qu'ainsi l'action dirigée contre lui n'est pas en opposition avec la volonté du père. Cette supposition est inacceptable, quand la demande était formée par le fils contre son père. Si c'était le père qui actionnât son fils, il y aurait encore dissentiment entre eux, ce qui ne peut être, puisque la

---

(1) La loi 43, *de Obligationibus et Actionibus*, ne décide nullement que le fils de famille ne puisse s'obliger civilement : « Obligari potest pater familias, suæ potestatis, pubes, compos mentis... » — De ce que les conditions que doit réunir le père de famille pour s'obliger civilement sont indiquées, il ne résulte pas de là que le fils de famille n'ait pas la capacité de se lier de la sorte. Ainsi le *pater familias*, qui sera impubère, aura besoin de l'autorisation de son tuteur, etc.

personnalité de l'ascendant absorbe celle du descendant : « Lis nulla nobis esse potest cum eo, quem in potestate habemus : nisi ex castrensi peculio (1). » L. 4, Dig., *de Judiciis*.

Jusqu'à présent nous n'avons porté nos regards que sur les engagements donnant naissance à une action; mais les obligations naturelles se présentent sous un autre aspect : « Quœsitum est, si pater filio crediderit, isque emancipatus solvat, an repetere possit? Respondit... Non repetiturum; nam manere naturalem obligationem. — Contra si pater, quod filio debuisset, eidem emancipato solverit, non repetet; nam hic quoque manere naturalem obligationem, eodem argumento probatur... Eademque erunt, et si extraneus heres exheredato filio solverit id, quod ei pater debuisset. » — L. 38, §§ 1 et 2, Dig., *de Condictione indebiti*.

2. L'on trouve dans ce fragment que l'obligation naturelle se conserve alors même qu'un tiers succède au père, le fils étant exhérédé. Celui qui hérite du père lui est subrogé quant à l'obligation naturelle. En acceptant l'hérédité du père, le tiers s'est mis au lieu et place du père; mais l'obligation qui regardait ce dernier n'a pu s'aggraver (2). Sans doute le tiers aurait pu con-

---

(1) Le fils de famille était réputé père de famille, en ce qui avait trait au pécule castrens. — Le même principe avait été étendu au pécule quasi castrens.

(2) L'on remarquera, dans la section suivante, que l'obli-

tracter avec le fils une obligation sanctionnée par une action ; mais, dans ce cas, il aurait été tenu en son nom propre et pas comme successeur. L'acceptation de l'hérédité n'est pas un mode de transformation des obligations.

Ce texte sert d'interprétation à ceux qui disent d'une manière générale que le fils ne s'oblige pas à l'égard de l'ascendant qui le détient sous sa puissance. Ces derniers, et notamment le § 6, *de Inutilibus stipulationibus*, INST. JUST., n'entendent faire allusion qu'à l'obligation civile, qui est l'obligation par excellence. Nous avons déjà fait remarquer (1) qu'il ne fallait pas attacher un sens absolu à cette locution, qui ne s'adresse qu'à l'obligation civile.

3. De même les enfants soumis à la puissance du même ascendant ne peuvent contracter entre eux que des obligations naturelles. Ils représentent l'auteur commun, qui n'est pas censé pouvoir permettre qu'ils plaident ainsi contre lui-même ; aucune action ne dérive donc de ces engagements.

gation naturelle contractée par un esclave conserve ce caractère, alors même qu'il vient à être affranchi.
(1) Page 49.

SECTION XII.

Des conventions dans lesquelles figure l'esclave.

SOMMAIRE.

1. Ce n'est que dans des cas tout-à-fait exceptionnels que l'esclave acquiert lui-même des créances qui ne créent même que des liens naturels.

2. Quoique l'on ait enseigné le contraire, ces créances naturelles peuvent recevoir un cautionnement ; quelle est la force de ce cautionnement?

3. L'esclave a la faculté de s'obliger naturellement. Après l'affranchissement, ces obligations conservent le même caractère.

1. Lorsque l'esclave n'a point de maître, il peut placer sur sa tête des créances, pourvu qu'elles ne soient que naturelles. Ici, la propriété du maître ne contrarie pas les stipulations que se ménage l'esclave pour son propre compte.

Si l'esclave placé sous la puissance dominicale se fait promettre purement et simplement, c'est son maître qui est réputé créancier, l'esclave n'a été qu'un instrument ; mais il peut résulter de la nature de la convention que lui seul soit appelé à en profiter (1). La loi 7,

---

(1) Il nous paraît convenable d'indiquer le sens du § 2, tit. *de Stipulatione servorum*, INST. JUST. : « Sed cum factum in stipulatione continebitur, omnimodo persona stipu-

§ 18, Dig., *de Pactis,* nous fournit un exemple : Un esclave est institué héritier et affranchi sous condition ; avant que l'évènement se réalise, il fait un accord avec les créanciers héréditaires ; ensuite la condition s'accomplit : le texte déclare que l'arrangement qu'il a conclu alors qu'il était esclave pourra être opposé par lui (1).

lantis continetur ; veluti si servus stipuletur, ut sibi ire agere liceat, ipse enim tantum prohiberi non debet, non etiam dominus ejus. »

Dans ce cas, la stipulation produit son effet comme telle; le maître intentera l'action, s'il doit profiter de ce fait stipulé. Mais si le fait ne procure aucun avantage au maître, si, par exemple, l'esclave a stipulé qu'il lui serait permis de se promener sur l'héritage d'autrui, cette convention ne pourra servir d'appui même à une obligation naturelle.

L'esclave est incapable d'acquérir dans le moment une créance même naturelle, à moins qu'il ne traite avec son maître, parce que, dans ce cas, le maître, qui absorbe la personne de son esclave, peut apporter des restrictions à sa puissance.

(1) M. de Savigny, t. ii, p. 404, interprète autrement cette loi 7, § 18, Dig., *de Pactis;* il prévient que l'esclave n'est pas créancier en vertu de l'obligation primitive, mais à cause de la persistance de la personne qui a promis, et qui, par son refus, commet un dol nouveau qui a lieu après que l'esclave a obtenu sa liberté. Mais il nous semble qu'un dol ne peut avoir lieu si l'obligation primitive est radicalement nulle. Il n'y a pas de dol à ne pas se prêter à l'exécution d'un acte tout-à-fait défectueux ; même quand une obligation morale ou de conscience a été contractée, l'on ne

Il est encore reconnu que l'esclave traitant avec son maître, acquiert une créance naturelle : « Si quod dominus servo debuit, manumisso solvit, quamvis existimans ei se aliqua teneri actione, tamen repetere non poterit, quia naturale agnovit debitum... » (L. 64, Dig., *de Condictione indebiti.*)

Ce texte jette du jour sur la loi 14, Dig., *de Obligationibus et Actionibus* : « Servi... ex contractibus autem civiliter quidem non obligantur : sed naturaliter et obligantur et obligant. Denique si servo, qui mihi mutuam pecuniam dederat, manumisso solvam, liberor. — Si l'esclave acquiert une créance naturelle, ce n'est que dans les cas particuliers que nous venons de mentionner. Les dernières expressions de cette loi 14, font supposer que l'affaire s'est passée entre le maître et l'esclave, puisqu'il est rapporté que la libération a lieu quand l'esclave, après son affranchissement, reçoit une somme qu'il avait prêtée. — Si un tiers avait emprunté à l'esclave, il aurait dû rembourser au maître, celui-ci était propriétaire des écus comptés par l'esclave (1).

se rend pas coupable d'un dol, aux yeux du législateur civil, en s'obstinant à ne pas l'accomplir.

(1) Cujas, t. viii, p. 341, édit. de Naples, commente la loi 14, *de Obligationibus et Act.*, de manière à ce que l'esclave soit investi d'une créance naturelle quand il traite avec une personne quelconque ; et à l'appui de son sentiment, ce jurisconsulte cite la loi 41, *de Peculio.* Mais ce texte nous apprend, au contraire, que l'esclave n'est jamais créancier,

Ce ne sont là que des exceptions qu'il faut se garder d'étendre. Lorsque l'esclave a un maître, et qu'il ne

et que cette qualité n'appartient qu'au maître. Nous trouvons étrange la conclusion à laquelle arrive Cujas, à savoir, que l'engagement pris à l'égard de l'esclave produit deux créances: l'une civile, en faveur du maître, et l'autre naturelle, en faveur de l'esclave.

M. Puchta, Inst., t. III, p. 34, entend cette loi comme si l'esclave ayant la libre administration de son pécule avait prêté une somme à un tiers, et, dans ce cas, il voit en lui un créancier naturel. Ce contrat produit d'abord cet effet, que le débiteur se libèrera valablement entre les mains de l'esclave, même après son affranchissement, pourvu qu'il croie que le pécule lui a été laissé. — Cette obligation est encore efficace à l'égard de l'esclave auquel le pécule a été laissé en réalité, parce qu'il pourra profiter du paiement qui lui sera fait. — A l'appui de son sentiment, M. Puchta invoque la loi 53, Dig., *de Peculio*, et la loi 3, Dig., *de Manumissionibus quæ servis*, etc.

Cette doctrine ne nous paraît pas exacte: si l'on paie valablement à l'esclave, alors qu'il n'a plus le pécule à sa disposition, le paiement est valable, parce que l'esclave, ayant été mis en possession, était un mandataire auquel on peut payer, alors même que son mandat a été révoqué, pourvu que l'on ignore cette révocation; on se trouve placé dans l'hypothèse prévue par la loi 32, Dig., *de Solutionibus*; mais il ne suit pas de là que l'esclave soit un créancier naturel. Au reste, la loi 14, *de Oblig. et Act.*, dont nous nous occupons, déclare valide le paiement fait à l'esclave, non pas à cause des principes du mandat, mais parce que l'esclave est créancier naturel, dans les cas tout-à-fait spéciaux où il peut l'être.

traite pas, ou avec lui, ou d'un intérêt futur qui ne peut toucher que lui, c'est-à-dire lorsque la chose ne s'y prête

Quant aux lois 53, *de Peculio*, et 3, *de Manumissionibus quæ servis*,... nous ferons observer qu'elles ne sont pas afférentes à la question de savoir si l'esclave, contractant avec un tiers, acquiert une créance naturelle. En effet, elles statuent dans l'espèce où le maître, affranchissant l'esclave, lui laisse le pécule : il ne l'a pas donnée expressément, il n'y a pas une disposition de sa part, mais plutôt une tolérance ; ce pécule qui *ademptum non est, videtur concessum*. En cet état de choses, l'esclave affranchi ne pourra pas exercer des poursuites contre les débiteurs ; toutefois, le paiement fait entre ses mains sera valable.

Cette double décision se comprend : l'esclave affranchi ne peut s'étayer d'aucun titre qui lui transmette un droit sur les créances. Aucune cession régulière n'est intervenue ; par conséquent, l'on ne s'étonnera pas qu'il ne puisse pas actionner les débiteurs. Mais comme la volonté tacite du maître milite en faveur de l'esclave affranchi, ce dernier sera réputé être créancier naturel, ce qui n'est pas suffisant pour qu'il ait le droit d'action.

L'explication que nous venons de présenter sur les lois citées par M. Puchta, nous paraît démontrer qu'elles ne peuvent servir à l'interprétation de la loi 14, *de Oblig. et Act.* Nous le répétons, ce dernier fragment annonce que l'esclave devient créancier naturel quand une promesse lui est faite ; mais dans les hypothèses relatées dans les lois 53, *de Peculio*, et 3, *de Manumissionibus quæ servis*, ce n'est qu'après coup que l'esclave étant affranchi obtient, par la volonté tacite du maître, une créance naturelle ; c'est le maître qui lui confère cette créance. Dès le principe, elle ne résidait que sur la tête du maître, parce que les promesses pas nécessairement, ou que le maître, qui est propriétaire de l'esclave, n'amène pas, par sa volonté, cette division de personnes, nous ne pensons pas que l'esclave oblige les autres naturellement envers lui. Sa personnalité est tellement absorbée par celle de son maître, qu'il lui est impossible de l'en détacher. Une théorie contraire paralyserait le droit de propriété du maître et porterait les esclaves à veiller plutôt dans leur intérêt que dans celui de leur maître; ce qui répugne à l'idée constitutive de l'esclavage à Rome (1).

2. La créance naturelle de l'esclave pourra être corroborée par une fidéjussion. Nous appliquons le principe d'après lequel les obligations naturelles comportent la fidéjussion. — Toutefois, lorsque le maître s'oblige à l'égard de son esclave, l'on a rejeté l'accession du fidéjusseur (2), en argumentant de la loi 36, *princip.*, et § 1, Dig., *de Fidejussoribus* : « .... Nec fidejussor ac-

faites à l'esclave profitent à celui sous la puissance duquel il se trouve.

M. de Savigny, t. II, p. 406, nous paraît avoir saisi, mieux que les auteurs précités, le sens de cette loi 14, en décidant, comme nous l'avons fait nous-même, qu'il est restrictif.

(1) Nous avons, page 12, présenté quelques observations qui dénotent que la parenté ne conférait pas des droits aux esclaves, et que le législateur ne se préoccupait nullement de leur personnalité.

(2) Telle est notamment la décision de la glose sur la loi 56, Dig., *de Fidejussoribus*.

ceptus tenebitur; quia non potest pro eodem et eidem esse obligatus. »

Lorsque l'esclave n'a point de maître, il peut acquérir une créance accessoire qui n'est que naturelle; pourquoi ne pas statuer de la même manière quand l'esclave obtient une créance contre son maître? — Le texte précité n'enseigne pas le contraire. Nous reconnaissons bien que le maître ne peut pas jouer à la fois le rôle de débiteur et créancier vis-à-vis du fidéjusseur. Ce résultat aurait lieu si l'on supposait que le fidéjusseur est tenu civilement; comme l'esclave ne peut avoir aucune créance civile, il est évident que ce serait le maître qui aurait seul le droit de poursuivre le fidéjusseur; cette confusion entre les qualités de débiteur et de créancier ne se présente pas, si l'on fait attention que nous n'entendons lier le fidéjusseur que naturellement. Or, de même que le maître ne peut être débiteur sous le rapport civil, de même nous disons que le fidéjusseur ne peut être retenu par des liens civils (1).

3. Quant aux dettes que contracte l'esclave, tout le monde reconnaît qu'elles constituent des obligations naturelles. Il faut observer que même après l'affranchissement, elles conservent le même caractère et ne peuvent être l'origine d'une action: « Servus si mu-

(1) Cette solution est en harmonie avec la doctrine que nous avons exposée p. 43, en avertissant que la fidéjussion ne valait quelquefois que comme obligation naturelle.

tuam pecuniam servitutis tempore acceperit, ex ea obligatione post manumissionem conveniri non potest. » (Paul, SENT., liv. II, tit. 13, § 9.) — Celui qui s'engageait envers l'esclave savait que ce n'était que sous le rapport naturel; or, il est de principe que pour mesurer la portée d'une obligation, il faut se reporter à l'époque où elle a été formée. Le temps ou un évènement quelconque étranger aux clauses de la convention, ne peut transformer en une obligation civile celle qui n'était primitivement que naturelle. C'est ainsi que le pupille s'obligeant naturellement n'est pas tenu civilement, alors qu'il devient tout-à-fait maître de ses actions. Nous avons énuméré les effets des obligations naturelles, il ne faut pas y ajouter celui qui tendrait à les rendre civiles sans la volonté du débiteur.

SECTION XIII.

Des personnes qui ne sont condamnées que IN ID QUOD FACERE POSSUNT.

SOMMAIRE.

1. Le bénéfice de compétence n'a point pour effet de rendre naturelle l'obligation civile; il laisse la dette dans son état primitif.
2. Réfutation de l'opinion contraire.

1. En principe, le juge appelé à statuer sur les différends, ne se préoccupe pas des ressources du débiteur

pour fixer le chiffre de la condamnation; il n'a égard qu'aux bases de la demande. Cependant, à cause de la faveur que méritent certaines personnes, telles que les ascendants, les époux, les donateurs, etc., le montant de la condamnation ne s'élève pas au-delà de ce qu'elles peuvent payer, c'est ce que l'on nomme bénéfice de compétence.

Mais il faut remarquer que ce n'est que la condamnation qui est réduite, l'obligation civile n'est pas atténuée.

De là nous inférons que le bénéfice de compétence n'a point pour effet ni d'amoindrir la dette, ni de changer son caractère en rendant naturelle celle qui était civile; elle se conserve telle qu'elle était primitivement.

C'est ainsi que nous avons vu (1) que le débiteur admis au bénéfice de cession de biens, pouvait être actionné si ses facultés pécuniaires devenaient meilleures.

2. L'on objecte (2) que *omnis res deducta est in judicium*, et que le débiteur n'est tenu que d'après la sentence.

Nous ne croyons pas qu'il en soit ainsi; d'abord, le

---

(1) Page 118.
(2) Zimmern, § 161, *Traité des Actions*. — M. de Savigny, t. ix, p. 105, enseigne, au contraire, que le bénéfice de compétence ne modifie pas l'obligation.

créancier avait le droit d'exiger que le débiteur prît un engagement spécial par lequel il promettait d'acquitter l'intégralité de la dette, lorsque ses ressources le lui permettraient (l. 63, § 4, Dig., *pro socio;* — l. uniq., § 7, Codice, *de Rei uxoriæ actione*). De cette manière, les intérêts du créancier étaient protégés, il restait une obligation particulière que l'action précédemment intentée n'avait pas absorbée.

Nous allons même plus loin, et nous croyons qu'indépendamment de cette convention spéciale, la sentence qui intervenait n'empêchait pas le créancier de réclamer le paiement intégral lorsque le débiteur acquérait de la fortune. Pour arrêter de nouvelles poursuites, l'on ne peut dire qu'il y a chose jugée; car le juge s'est borné à restreindre la *condamnation*, il a reconnu que les conclusions, *l'intentio* du demandeur étaient fondées. Mais il a modéré la condamnation eu égard aux biens du défendeur; par conséquent, si la position pécuniaire de ce dernier s'améliore, la décision du juge n'est pas un obstacle à de nouvelles poursuites: nous pensons que, pour éviter toute difficulté, le juge, en prononçant la sentence, avait le soin de réserver les droits du créancier.

SECTION XIV.

Les conventions non revêtues des formes déterminées sont-elles une source d'obligation naturelle ?

SOMMAIRE.

1. Ces sortes de conventions présentent le caractère de l'obligation naturelle.

2. Si les parties n'ont entendu souscrire qu'un contrat dans une forme déterminée, il ne vaudra pas à titre d'obligation naturelle?

1. Afin d'éviter des surprises, le législateur romain avait exigé que les engagements fussent soumis à des formalités qui devenaient des garanties. Mais les rapports avec les étrangers avaient fait accepter, tels que le droit des gens les admettait lui-même, certains contrats les plus usités, la vente, le louage, le mandat, la société. Plus tard le droit prétorien et le droit impérial élevèrent certains pactes au rang des contrats. Il en fut ainsi de l'hypothèque, du constitut, de la donation, la constitution de dot. — Les autres conventions non accompagnées des formes fixées par la loi civile n'avaient la puissance de créer une action que tout autant qu'il y avait eu exécution du côté de l'une des parties ; ce fait démontrait que le traité avait été sérieux. Cependant, en l'absence de cet acte d'adhésion, il n'était pas dépourvu de toute efficacité (l. 7, *princip.*, et § 7, Dig., *de Pactis*). Il se soutenait comme obligation naturelle.

La loi 5, § 2, Dig., de *Solutionibus*, déclare que le pacte relatif à des intérêts sert de base à une obligation naturelle : « Imperator Antoninus cum divo patre suo rescripsit... Si sint usuræ debitæ, et aliæ indebitæ; quod solvitur in usuras, ad utramque causam usurarum, tam debitarum, quam indebitarum pertinere. Puta quædam earum ex stipulatione, quædam ex pacto naturaliter debebantur (1)... » Le pacte des intérêts n'étant pas favorable, on doit à plus forte raison admettre que tout autre fonderait une obligation naturelle.

2. **La loi 1, § 2, Dig.,** de *Verborum obligationibus*, ne contrarie pas cette doctrine : « ..... Contra si sine verbis adnuisset. Non tantum autem civiliter, sed nec naturaliter obligatur, qui ita adnuit; et ideo recte dictum est, non obligari pro eo, nec fidejussorem quidem. » — L'on remarquera que, dans cette espèce, une personne a été interpellée avec la forme de la stipulation, et qu'au lieu de répondre dans la même forme, elle s'est bornée à faire un signe. Cette adhésion n'est pas suffisante pour faire naître une obligation naturelle; il est aisé, en effet, de voir que les parties avaient l'intention de former non un pacte, mais une stipulation. Il y a eu dissentiment sur la nature du contrat. — Le même principe s'étend au constitut; la

---

(1) Nous avons indiqué cette loi, page 46, pour établir que l'acquittement d'une obligation naturelle ne se convertissait pas en une libéralité.

stipulation, nulle comme telle, ne vaut pas comme constitut; ce n'est pas de cette manière que l'on se proposait de se lier.

La même règle d'interprétation sert à expliquer la loi 27, § 9, Dig., de *Pactis*, et la loi 8, *princip*, Dig., de *Acceptilatione*. Le premier de ces textes est ainsi conçu : « Si acceptilatio inutilis fuit, tacita pactione id actum videtur, ne peteretur. » — Ainsi l'acceptilation, inefficace comme telle, se convertit en un pacte *de non petendo*. — Le second texte est rédigé dans le même esprit : « An inutilis acceptilatio utile habeat pactum, quæritur? et nisi in hoc quoque contra sensum est, habet pactum. » — Il faut considérer ce que l'on s'est proposé. Avait-on le projet de faire une véritable acceptilation et cette acceptilation se trouve-t-elle défectueuse? elle ne pourra valoir comme pacte, elle n'obtiendra point l'effet d'une obligation naturelle. — Seulement, quand il s'élèvera des doutes sur la question de savoir si les contractants ont entendu se soumettre aux lois de l'acceptilation, nous estimons qu'il conviendra d'assigner à la convention les attributs du pacte *de non petendo*.

De plus, en ce qui concerne l'acceptilation, nous serons facile pour reconnaître que l'on n'a pas voulu seulement se circonscrire dans la sphère d'une acceptilation proprement dite, parce que le pacte *de non petendo* produit à peu près les mêmes effets que l'acceptilation, tandis que le pacte simple, qui ne sert que comme exception, diffère essentiellement de la stipulation, qui permet d'agir.

En conséquence du principe que nous avons antérieurement formulé, et d'après lequel toute sorte d'obligation naturelle produit les mêmes effets, nous dirons que celle dérivant du pacte n'a point de prérogatives spéciales.

Récemment l'on a soutenu que l'obligation naturelle, émanant du pacte, donnait lieu à la compensation, à la validité du paiement fait par erreur, tandis que les autres obligations naturelles amènent seulement des effets volontaires de la part du débiteur. Cette théorie tend à confondre les obligations naturelles et les obligations morales; car ces dernières obligations ne sont, en général, accompagnées que des effets auxquels consent le prétendu débiteur. Au reste, nous avons remarqué (1), notamment en ce qui concerne les paiements faits *pietatis causa*, que l'erreur de droit dans laquelle on tombe n'autorise pas la répétition (l. 32, § 2, DIG., *de Condictione indebiti*).

D'après le système contre lequel nous nous élevons, l'obligation naturelle du pupille ne donnerait naissance qu'à des effets volontaires; cependant, l'on sait que la compensation *ex eadem causa* peut être opposée au pupille obligé naturellement (l. 3, § 4, DIG., *de Negotiis gestis*) (2).

(1) Page 33.
(2) Voir p. 69 et 137. — L'opinion que nous venons de combattre, a été exposée par M. Clamageran, dans une thèse sur les obligations naturelles. Puisque ce docteur admet,

SECTION XV.

Y a-t-il obligation naturelle dans une donation entre-vifs manquant des formalités déterminées par la loi?

SOMMAIRE.

1. La donation entre-vifs rentre dans le droit des gens.
   Lorsque les formalités de la loi *Cincia* n'avaient pas été observées, existait-il une obligation naturelle ou civile?

2. Il résulte de la loi civile que le défaut d'insinuation empêche la donation de produire une obligation naturelle.

1. La donation entre-vifs, quoique assujettie à des formes spéciales, rentre dans le droit des gens. Chez tous les peuples, il a été permis de témoigner son at-

p. 11, que les obligations naturelles, à l'exception de celle provenant du pacte, n'ont que des effets volontaires, il doit admettre, en même temps, que le paiement qui a lieu constitue une libéralité; nous ne pouvons dès-lors partager sa manière de voir, d'après laquelle ce paiement serait l'acquittement d'une dette. Au surplus, M. Clamageran est forcé de reconnaître que cette seconde espèce d'obligations naturelles qu'il a indiquée se subdivise, quant aux effets; ainsi, page 20, tout en considérant l'obligation de se doter comme une obligation naturelle qui incombe à la femme, il déclare que cette obligation naturelle a des caractères tout particuliers, que ses effets sont spéciaux. De là il suivrait que les obligations naturelles auraient été bien dissemblables, en Droit romain, quant à leurs effets.

tachement par des libéralités, de récompenser les services rendus, d'exprimer sa reconnaissance, de gratifier les malheureux.

Le citoyen a dû néanmoins être prémuni contre le penchant qui le porterait à donner, il fallait éviter qu'il eût plus tard des regrets. Des précautions, des mesures durent être prises dans cette prévision (1).

Dès le principe, la donation entre-vifs ne pouvait subsister que tout autant qu'elle était accompagnée de formes solennelles, notamment de celles de la stipulation. Il est clair que, dans cette hypothèse, nous appliquerions la règle que nous avons déjà émise sur les effets de la stipulation irrégulière, lorsque les parties n'avaient voulu ou entendu s'engager que par cette espèce d'obligation verbale.

Plus tard, en vertu de la loi *Cincia*, celui qui avait consenti des donations excessives, pouvait se repentir s'il n'y avait pas eu exécution (2); et, dès-lors, l'on

---

(1) M. Laferrière, *Histoire du Droit*, t. 1, p. 475, fait observer que la loi *Cincia* se rattache encore à l'ordre politique; elle était destinée à paralyser l'influence des patriciens en ce qui concernait leurs relations avec les plébéiens.

(2) Ulpien, *Regular.* 1, § 1.—A l'égard des choses *mancipi*, la loi *Cincia* exigeait qu'il y eût non-seulement transfert de la propriété par l'un des modes du droit civil, mais encore transfert de la possession. (*Frag. Vaticana*, § 313.) — Même à l'égard des choses mobilières, le donataire, pour être à couvert, devait avoir possédé la plus grande partie de l'année. (*Fragm. Vatic.*, § 311.)

peut se demander si la stipulation seule étant intervenue, il existera du moins une obligation naturelle.

Nous allons plus loin, et nous pensons que l'obligation civile naissait de la stipulation ; seulement l'action était amortie par l'exception de la loi *Cincia*.

Il est vrai que le donateur pouvait se repentir (*Fragmenta Vaticana*, §§ 266 et 272). Mais une semblable particularité se rencontre dans les donations entre-vifs que s'adressent les époux, et nous n'avons pas hésité à décider que, d'après la nouvelle jurisprudence, ces sortes de donations donnaient lieu à une obligation civile (1).

2. Les formalités de la loi *Cincia* furent remplacées par d'autres. L'insinuation fut exigée afin de prévenir le public. Justinien restreignit cette formalité à tous les dons dépassant cinq cents solides. Toutefois, le défaut d'insinuation ne rend défectueuse la donation que pour ce qui est supérieur au chiffre précité (INST. JUST., § 2, *de Donationibus*). Mais la loi 34, princ., CODICE, *de Donationibus*, porte que cet excédant est réputé non écrit et doit s'évanouir : « ..... Si quid autem supra legitimam definitionem fuerit donatum ; hoc, quod superfluum est, tantummodo non valere ; reliquam vero quantitatem, quæ intra legis terminos constituta est, in suo robore perdurare ; quasi nullo penitus alio adjecto, sed hoc pro non scripto, vel non intellecto cre-

(1) Voir p. 167.

datur..... » — De là il suit que le droit positif entend annuler toute obligation pour l'excédant. Il s'exprime très explicitement, et l'obligation naturelle ne peut avoir des effets malgré la défense du droit civil. L'insinuation n'étant que l'ouvrage du pur droit civil, son omission ne nous aurait point paru détruire l'obligation naturelle dans les rapports des parties, s'il ne se rencontrait pas des textes qui statuent le contraire....

SECTION XVI.

Les dispositions renfermées dans un testament irrégulier ont-elles la force de l'obligation naturelle ?

SOMMAIRE.

1. Le droit de tester appartient au droit des gens.
   Il convient, toutefois, que le droit civil n'accorde pas à une disposition contenue dans un testament irrégulier la puissance de l'obligation naturelle.

2. Les jurisconsultes romains ne contestaient pas que le droit de tester dérivât du droit des gens.
   Mais ils n'admettaient pas que le testament irrégulier pût servir de base à une obligation naturelle.

3. Les dispositions mentionnées dans un testament irrégulier offrent le caractère de l'obligation morale ou de convenance.

4. Conformément aux principes antérieurement exposés, nous décidons que celui qui, pensant être tenu civilement, acquitte la disposition contenue dans un testament irrégulier, n'est pas recevable à répéter.

1. Quelles qu'aient été les assertions contraires (1), nous avons la conviction que la faculté de tester fait partie du droit des gens. Nous envisageons les actes de dernière volonté comme une conséquence du droit de propriété lui-même. Le propriétaire, maître de disposer d'une manière absolue, est surtout jaloux de faire la distribution de sa fortune pour l'époque où il aura cessé d'exister. En effet, celui qui possède des biens à sa convenance, peut n'être pas désireux de les vendre ou de les donner par acte entre-vifs; mais il tiendra toujours à les transmettre par testament.

(1) Bynkershock, t. 1, p. 112, editio lugduni bat., enseigne que la faculté de tester dérive du droit civil; il se fonde sur ce que le droit naturel ne reconnait que la possession, et que celle-ci cesse à la mort du détenteur. Cet auteur ajoute seulement que l'avantage accordé au premier occupant étant de nature à susciter des luttes fâcheuses pour la société, la loi civile a compris qu'il fallait créer le droit de succéder.

Bynkershock pense encore que le droit de possession est plus ancien que le droit de propriété. Pour nous, nous estimons que l'un et l'autre remontent aux premiers temps du monde, et que la société ne peut exister qu'avec le droit de propriété; or, la propriété peut être transmise de diverses manières, et nous soutenons que la tradition n'est pas nécessaire pour arriver à ce résultat. Le jurisconsulte dont nous censurons la théorie, admettant que la loi civile a établi le droit de succéder soit *ab intestat*, soit par testament, afin d'empêcher les agitations qui auraient bouleversé la société, indique, par cela même, que la transmission de l'hérédité se justifie par le

Cependant la sollicitude du législateur doit se porter sur les actes de dernière volonté. Aucune sécurité n'existerait si l'on accueillait facilement les institutions d'héritier, alors que celui auquel on les attribue ne serait point là pour donner soit une approbation, soit un démenti. La mauvaise foi serait de la sorte encouragée, elle aurait un aliment considérable; aussi le droit civil fait-il acte de sagesse en déniant l'efficacité de l'obligation naturelle aux dispositions énoncées dans un testament irrégulier. Ce qui n'est pas en contradiction avec ce que nous avons dit : que la faculté de tester est, quant à son principe, de droit des gens; car cette faculté, tout en dérivant du droit naturel, peut et doit être réglée, dans son exercice, par la loi civile de chaque peuple.

2. Les principes qui viennent d'être exposés concernant l'origine du droit de tester, n'auraient pas été agréés à Rome, si l'on s'en rapporte à ce qui est écrit par divers auteurs (1). On a répété bien souvent que les Romains envisageaient le droit de tester comme une création du droit civil, en se fondant sur ce qu'il fallait être citoyen romain pour avoir la capacité de tester.

peut grever de fideicommis les héritiers *ab intestat* (Inst. Justin., § 10, *de fideicommissariis hereditatibus*).

(1) Heineccius, dans ses notes sur Vinnius, critique l'opinion que ce dernier a émise sur l'origine du testament, qu'il rattache au droit des gens. — Vinnius, t. i, p. 318.

Nous croyons que cette appréciation historique est inexacte. Les Romains n'attribuèrent qu'aux citoyens le droit de laisser un testament romain, c'est-à-dire un testament qui procurât les avantages découlant des lois romaines, comme ils ne permirent pas aux étrangers de contracter le mariage romain, les justes noces (INST. JUSTIN., præm., de Nuptiis). Mais il ne s'évince point de là que les Romains ne reconnussent dans le mariage qu'une institution du droit civil, car les étrangers pouvaient contracter mariage; seulement, cette union n'avait pas les effets du mariage romain, les enfants ne tombaient pas nécessairement (1) sous la puissance du père ou de l'aïeul paternel, etc. — Or, de même que l'on reconnaissait à Rome le mariage du droit des gens, de même l'on reconnaissait un testament du droit des gens. Aussi l'étranger était-il autorisé à faire un testament d'après les statuts de sa patrie : « Quoniam nec quasi civis romanus testari potest, cum sit peregrinus, nec quasi peregrinus quoniam nullius certæ civitatis civis est ut adversus leges civitatis suæ testetur. » (Ulpien, Regul., tit. 20, § 14.)

Conformément à ces idées, Constantin déclare : « Nihil enim est, quod magis hominibus, quam ut supremæ voluntatis, postquam jam aliud velle non possunt, liber

---

(1) Nous disons *nécessairement*, parce qu'il est possible que les enfants fussent soumis entièrement à la puissance du père, si la législation du pays de l'étranger avait statué de la sorte.

sit stylus, et licitum, quod iterum non redit, arbitrium. » (L. 1, Codice, *de Sacrosanctis ecclesiis.*)

Les Romains ayant exigé impérieusement que le testament fut parfait en lui-même, il en résulte que l'omission des conditions requises ne permettait pas qu'il servit de titre à une obligation naturelle (1).

(1) Les formalités imposées par le droit civil étant nombreuses et compliquées, le Préteur eut le soin de les simplifier. Si le testateur s'était conformé aux préceptes du droit prétorien, il transmettait ses biens à ceux qu'il avait choisis. Ce n'était pas seulement une obligation purement naturelle dont le bénéfice était attribué aux institués, mais c'était un droit donnant lieu à une action.

Dans le § 12 du titre *de fideicommissariis hereditatibus*, Inst. Just., nous lisons que lorsque l'on prétend qu'un fideicommis a été laissé, si les formalités prescrites pour cet acte n'ont pas été accomplies, le fideicommissaire peut déférer le serment à celui qu'il désigne comme ayant été grevé.— Il faut remarquer, d'abord, que c'est là une dérogation aux principes généraux concernant les actes de dernière volonté. Ils ne peuvent être prouvés que par les formes qui leur sont propres, et vainement le prétendu gratifié déférerait-il le serment à celui qu'il dirait être tenu de restituer. Mais cette dérogation aux règles fondamentales ne doit pas être étendue, et, par conséquent, nous ne saurions admettre que le codicille, défectueux parce que le nombre des témoins déterminés n'a pas été appelé, peut néanmoins être une source d'obligation naturelle. La disposition que l'on allègue avoir été faite vaudra entièrement, ou sera tout-à-fait annihilée, elle ne saurait se plier au système de l'obligation naturelle.

3. C'est le cas de rappeler la distinction que nous avons déjà faite à l'égard de l'obligation naturelle, et de celle dite morale, ou de convenance. L'institution et le legs placés dans un testament irrégulier, n'auront pas la portée d'une obligation naturelle, mais seulement celle d'une obligation morale; de sorte que si le paiement est effectué, la répétition est refusée. Celui qui fait la prestation est censé vouloir ou faire honneur à la mémoire du défunt, ou être généreux envers les légataires, ou acquérir la réputation d'un homme délicat. Dans ces circonstances, l'on ne peut dire que ce paiement est dénué de cause : « Qui totam hereditatem restituit, cum quartam retinere ex Pegasiano debuisset, si non retineat, repetere eam non potest, nec enim indebitum solvisse videtur, qui plenam fidem defuncto præstare maluit. » (Paul, Sext., liv. iv, tit 3, § 4.) La loi 2, Codice, *de fideicommissis*, se prononce de la même manière par rapport aux dispositions de dernière volonté, qui sont acquittées par les héritiers.

4. Nous avons tâché d'établir précédemment (1), que celui qui acquitte un devoir de convenance, alors même qu'il croit être tenu civilement, n'a pas la faculté de recourir à la répétition; nous devons faire

---

Au reste, cette disposition concernant le fideicommis s'explique par l'origine et la nature de cette institution, qui était, dès le principe, affranchie de toute espèce de formalités.

(1) Voir page 33.

aussi l'application de cette règle à l'égard des actes de dernière volonté. — La loi 9, CODICE, *ad legem Falcidiam*, décrète que : « error facti... repetitionem non impedit... quin etiam si jus ignoraverit cessat repetitio. »

Cette distinction entre l'erreur de fait et de droit nous semble s'expliquer par la considération qu'il s'agit de l'acquittement d'un devoir de convenance, et que l'erreur de droit n'autorise pas le recours à la répétition, tandis qu'il en est différemment par rapport à l'erreur de fait qui aurait de la gravité. C'est ainsi que nous nous rendons raison du § 5 de la loi 9, DIG., *de Juris et facti ignorantia*(1) : « Si quis jus ignorans, lege Falci-

---

(1) M. de Savigny, tom. III, p. 433, fait observer que cette décision est fondée sur ce que la *condictio indebiti* n'est pas admise pour cause d'erreur de droit. A l'appui de son système, il cite la loi 10, CODICE, *de Juris et facti ignorantia* : « Cum quis jus ignorans, indebitam pecuniam solverit ; cessat repetitio. Per ignorantiam enim facti tantum repetitionem indebiti soluti competere tibi notum est. » Nous ne croyons pas devoir souscrire à ce sentiment. Nous comprenons que l'on soit plus sévère pour accueillir l'erreur de droit que l'erreur de fait. Mais lorsque l'erreur de droit est telle qu'elle détruit le consentement, elle nous paraît devoir servir de base à la répétition ; car la *condictio indebiti* s'inspire de l'équité. Quand l'erreur dans laquelle on est tombé n'est pas grossière, celui qui voudrait en profiter se montrerait indélicat. Toutefois, l'erreur de droit ne pourra être invoquée que suivant la distinction faite par la loi 7, DIG., *de Juris et facti ignorantia*, qui nous semble tran-

dia usus non sit, nocere ei dicit epistola divi Pii... item est illa pars æque generalis est, ut qui juris ignorantia legis falcidiæ beneficio usi non sunt, nec possint repetere : ut secundum hoc possit dici, etiam si pecunia,

cher la question : « Juris ignorantia non prodest adquirere volentibus, suum vero petentibus non nocet. » — M. de Savigny, p. 354, objecte qu'il est bien embarrassant de savoir si la personne qui exerce la *condictio indebiti* éprouve une perte véritable, ou si elle est privée d'un bénéfice ; ainsi, ajoute ce jurisconsulte, quand on invoque l'usucapion, l'on devient quelquefois plus riche, et quelquefois l'on évite une perte ; il suffit de supposer, dans ce dernier cas, que le prix de la chose a été payé, et que la preuve ne peut en être rapportée. Il en sera de même pour une acquisition émanant *a non domino*; le prix étant soldé, si le véritable propriétaire réclame, l'usucapion protége le possesseur, sans être pour lui une cause d'enrichissement.

Nous estimons que le cas d'enrichissement n'est pas très difficile à discerner du cas où l'on cherche à éviter une perte.

L'usucapion est classée parmi les modes d'acquérir (Ulpien, *Regul.*, tit. 19, § 2). Tel est son but principal. Il est possible que l'on ait payé le prix et que la tradition ait eu lieu en conséquence. Mais la preuve de ce fait n'étant pas établie, ce n'est, aux yeux du législateur, qu'une pure allégation. En supposant même qu'il soit constant que le prix a été compté, comme l'on a reçu la chose *a non domino*, l'usucapion en procure du moins l'acquisition ; car on n'avait sur elle aucun droit véritable, le disposant ne pouvait transmettre une propriété qui ne lui appartenait pas.

Au surplus, la loi 7 précitée s'harmonise avec le principe d'après lequel l'erreur de droit ne profite pas quand il s'agit quæ per fideicommissum relicta est, quæque soluta est, non ad aliquid faciendum relicta sit, et licet consumpta non sit, sed extet apud cum, cui soluta est, cessare repetitionem. »

de l'usucapion (l. 31, Dig., *de Usurpationibus et Usucapionibus*); car l'usucapion a pour résultat de conférer une acquisition et un enrichissement.

Au nombre des espèces où l'erreur de droit motivera la répétition, afin d'éviter une perte, nous placerons les suivantes :

a) Le débiteur a contracté, purement et simplement, une obligation alternative; il se persuade que le Droit attribue le choix au créancier; il paie, en conséquence, la chose demandée, la condiction lui sera départie (l. 10, Codice, *de Condictione indebiti*).

b) Celui qui, par erreur de droit, paie aux fermiers des impôts une contribution trop élevée, est admis à répéter (l. 16, § 14, Dig., *de Publicanis*).

c) L'emprunteur s'imagine que les intérêts non promis sont dus néanmoins, parce que la loi les fait courir de plein droit; dans cette conviction il les acquitte, la condiction lui appartiendra.

Dans les cas précités, il ne se rencontre, de la part de celui qui paie, aucune obligation morale, car il ne faut pas oublier le principe d'après lequel la répétition est refusée à celui qui paie par erreur de droit, alors que, néanmoins, il était tenu d'après une obligation morale.

Ces explications nous fourniront l'interprétation de la loi 10, Codice, *de Juris et facti ignorantia*; ce rescrit devra être restreint à l'hypothèse où celui qui excipe d'une erreur de droit se proposerait de gagner, et il ne sera pas écouté.

SECTION XVII.

La promesse sous condition (1), ou à terme (2), contractée d'après les règles du droit civil, doit-elle être envisagée comme obligation naturelle ?

SOMMAIRE.

1. L'obligation conditionnelle attribue un droit qui constitue une obligation civile.

2. Ce droit ne confère pas, à celui qui a stipulé, une créance soit civile soit naturelle par rapport à la chose promise.

3. Celui qui a stipulé à terme est investi, par rapport à la chose promise, d'une créance civile, et non pas seulement naturelle.

    A plus forte raison le délai de grâce n'empêche-t-il pas l'obligation d'être civile.

1. Avant même l'évènement de la condition, l'engagement renferme une obligation civile; il ne dépend pas du débiteur de se soustraire aux conséquences qui en découlent. Cette obligation crée un droit au profit de celui auquel elle a été consentie: il fait partie de ses biens, il constitue une chance qui est appréciable, qui

---

(1) Nous n'entendons parler que de la condition suspensive, qui est la condition proprement dite, d'après la doctrine des jurisconsultes romains.

(2) Il est évident que nous ne fesons allusion qu'au terme qui diffère l'exécution de la convention, et non à celui qui fait cesser cette exécution.

n'a pas, sans doute, la même valeur que la chose promise, mais qui néanmoins en a une véritable. Elle permet de recourir à une action, afin d'empêcher celui qui a promis d'apporter obstacle à l'accomplissement de la condition (l. 50, Dig., *de Contrat. empt.*).

Cette obligation, quoique modale, est parfaite d'après le droit civil. L'obligation naturelle, au contraire, réveille l'idée d'un engagement défectueux d'après le droit civil.

2. Si l'on veut à présent définir le droit que peut avoir le créancier sur la chose elle-même promise, l'on décidera qu'il ne représente pas une créance naturelle; aussi le paiement qui aurait eu lieu par erreur donnerait lieu à la condiction (l. 16, Dig., *de Condictione indebiti*). C'est là une preuve incontestable qu'il n'existe pas d'obligation naturelle. Sans doute, l'obligation naturelle n'est pas la seule qui paralyse l'action en répétition; l'obligation morale produit le même résultat; mais du moins il est certain que l'idée de l'obligation naturelle disparaît en présence de l'action en répétition.

3. Le terme ne saurait être assimilé à la condition. Le créancier est certain d'obtenir ce qu'il a stipulé; le paiement est retardé, l'obligation existe dès le principe; aussi le paiement effectué avant l'échéance ne peut servir de fondement à la répétition : « In diem debitor, adeo debitor est, ut ante diem solutum repetere non possit. » (L. 10, Dig., *de Condictione indebiti*.)

L'on aurait tort d'inférer de ce texte, avec certains auteurs(1), que l'obligation à terme ne constitue qu'une obligation naturelle. Nous estimons, au contraire, qu'elle est civile, elle a été contractée conformément aux prescriptions du droit civil. L'obligation naturelle opposée à l'obligation civile implique l'imperfection d'un acte.

En vain l'on opposerait que l'obligation naturelle étant celle qui n'est pas vivifiée par une action, l'obligation à terme offre cette particularité. Nous remarquerons que l'assignation du terme ne prive pas le créancier de toute action ; après un certain laps de temps, l'action sera octroyée, au lieu que lorsque l'obligation est véritablement naturelle, le créancier ne peut jamais agir pour ramener la promesse à exécution. En outre, si le débiteur à terme porte atteinte aux sûretés qu'il avait fournies, le stipulant est en droit d'exiger le paiement immédiat.

Quand il s'agit d'un terme de grâce (2) accordé au

(1) M. Mühlenbruch, t. II, p. 224, *Doctrina Pandectarum*.

(2) Doneau, t. III, p. 437, édit. de Rome, reconnaît que le terme conventionnel n'empêche pas l'obligation d'être civile ; cependant il décide tout autrement à l'égard du terme de grâce. Il nous semble qu'il y a contradiction entre ces deux propositions. Le délai de grâce ne nous paraît pas avoir plus de puissance que le terme conventionnel : le premier, en effet, ne modifie qu'après coup l'exécution du contrat ; au lieu que le second avait, dès le principe, apporté du retard à cette même exécution.

débiteur pour se libérer, par exemple, dans le cas d'une condamnation, nous estimons encore que l'obligation est civile. D'après la loi 16, § 1, Dig., *de Compensationibus*, ce délai ne porte pas obstacle à la compensation : « Cum intra diem ad judicati executionem datum, judicatus Titio, agit cum eodem Titio, qui et ipse pridem illi judicatus est, compensatio admittetur ; aliud est enim diem obligationis non venisse, aliud humanitatis gratia tempus indulgeri solutionis. »

Ce texte se réfère, non pas à la compensation telle qu'elle était connue primitivement, mais à la compensation telle qu'elle a été transformée après coup. Cette dernière compensation n'est pas admise quand l'une des obligations a un terme ; l'espèce précitée a trait, non à un terme proprement dit, mais à un terme qui n'est octroyé que par humanité ; par conséquent, la dette est venue à échéance, et, en consultant le droit, la compensation sera proposée avec succès.

SECTION XVIII.

Y a-t-il obligation naturelle dans les dettes de jeu ?

SOMMAIRE.

1. Les dettes de jeu ne contiennent pas le germe de l'obligation naturelle.

2. Celui qui a perdu a même le droit de répéter.

3. Le législateur romain dénie même aux dettes de jeu le caractère de l'obligation morale, ou de convenance.

4. Il ne faut pas confondre les dettes de jeu proprement dites avec celles qui dérivent de jeux qui développent les forces du corps.

1. Nous avons vu que le Préteur place sous son égide la convention non revêtue des solennités définies par la loi, pourvu qu'elle ne blesse pas l'ordre public.

La dette de jeu est-elle repréhensible?

D'après nous, la dette de jeu ne saurait être assimilée à une obligation naturelle; car l'obligation naturelle a en perspective l'utilité générale. Le jeu n'est qu'une plaie pour la société; aussi les divers peuples ont-ils cherché à mettre un frein au jeu et à empêcher ses effets.

Les Romains, persuadés que le jeu favorise l'oisiveté, fait perdre le goût du travail, bat en brèche les fortunes, excite même au crime (l. ult., CODICE, de Aleatoribus), s'étaient montrés extrêmement sévères à l'égard des dettes du jeu, et ils s'étaient bien gardés de les envisager comme des obligations naturelles. — Celui qui avait perdu était non-seulement à l'abri de toute action, mais encore, s'il avait payé, il était en droit de répéter (l. ult., §§ 1 et 2, DIG., de Aleatoribus). Par là disparaît le caractère de l'obligation naturelle, puisqu'elle est un obstacle à la répétition.

En énumérant les effets de l'obligation naturelle, nous avons dit qu'elle admettait le constitut et le cautionnement; or, nous le demandons, une dette de jeu deviendrait-elle efficace par l'engagement itératif que prendrait le perdant, ou bien par la création d'une hypothèque ?

2. Au premier abord l'on est étonné que la répétition soit permise, car celui qui paie en connaissance de cause, alors même qu'il ne doit pas, n'est pas recevable à répéter, parce qu'il est censé avoir voulu faire une donation; aussi nous dénierions à la dette de jeu la qualité d'obligation naturelle, alors même que la répétition aurait été prohibée. Au reste, cette faculté de répéter atteste combien les Romains voyaient de mauvais œil les dettes de jeu, ils supposaient que celui qui payait obéissait plutôt à un faux point d'honneur, qu'il n'entendait donner.

Il est vrai que pour empêcher la répétition, l'on aurait pu objecter que les joueurs étaient respectivement en faute, et que in pari causa melior est causa possidentis; mais les Romains considéraient qu'il n'est pas rare que ceux qui perdent au jeu n'aient été victimes de manœuvres peu délicates, de telle sorte qu'à cause de ce dol présumé, il n'y avait pas lieu de faire l'application de la maxime précitée.

3. De ce qui précède, nous tirons la conséquence que les Romains ne considéraient pas non plus les dettes de jeu comme la source d'une obligation morale, ou de convenance; nous avons vu, en effet, que cette dernière obligation étant soldée même par erreur, alors que l'on croyait à tort être exposé à une action, la demande en répétition ne pouvait être proposée.

4. Il est évident que ce rigorisme de la loi n'atteignait pas les jeux qui consistent en des exercices destinés à développer les forces du corps, alors surtout que l'enjeu est peu élevé (l. 2, § 1, Dig., *de Aleatoribus;* — l. 3, Codice, *de Aleatoribus.*)

SECTION XIX.

Les intérêts usuraires peuvent-ils servir de base à une obligation naturelle?

SOMMAIRE.

1. La promesse de payer des intérêts excessifs ne donne pas naissance à une obligation naturelle.
2. Des intérêts usuraires ayant été payés sans qu'il intervienne aucune erreur, la répétition est autorisée.
3. Il en est autrement des intérêts non usuraires qui sont payés sans qu'il y eût promesse antérieure; la répétition n'est admise que tout autant que l'on justifie d'une erreur.

1. Notre intention n'est pas d'approfondir la question de savoir si la conscience s'accommode du prêt à intérêt. Des jurisconsultes et des canonistes ont soutenu la négative, sauf dans le cas où le prêteur de deniers ressent une perte ou se prive d'un bénéfice. Cependant l'opinion générale se prononce en faveur du prêt à intérêt; la Cour de Rome, consultée dans ces derniers temps, ne l'a point proscrit (1), et en cela elle a fait, suivant son habitude, acte de sagesse.

(1) Se sont exprimés en ce sens, les papes Léon XII,

Ne perdons pas de vue que nous devons nous mouvoir principalement dans le cercle de l'obligation naturelle, et que nous n'avons à nous préoccuper des obligations de conscience que d'une manière secondaire. Or, il est évident que le prêt à intérêt sert à faciliter les transactions, à encourager le commerce. D'ailleurs, dans l'état social, il serait bien difficile de savoir si, en fournissant ses écus et en n'obtenant aucune rétribution, le prêteur n'éprouve pas une perte, ou n'est pas privé d'un bénéfice.

Toutefois, il est nécessaire d'assigner un taux au prêt à intérêt, afin d'arrêter les exactions des usuriers et de prévenir la ruine des débiteurs. Que le propriétaire soit maître de vendre son héritage à tel prix qu'il juge convenable, on peut s'en rendre raison; nul n'est tenu de faire un achat, et s'il consent à compter un prix exorbitant, c'est qu'il veut bien souscrire à des sacrifices. La position de l'emprunteur est toute différente, il est obligé de recourir à cet expédient, de pourvoir à l'entretien de sa famille, de satisfaire ses créanciers, d'échapper aux poursuites dirigées impitoyablement contre lui; en outre, l'emprunteur ne se privant de rien dans le moment, et n'étant tenu de remplir sa promesse que dans un temps plus ou moins éloigné, se résigne facilement aux exigences de ses créanciers; or, l'État a incontestablement le droit d'intervenir pour

Pie VIII, et Grégoire XVI. — Mgr. Goussel, *Théologie morale*, t. I, p. 396 et 573.

que l'on n'use pas mal de son avoir (1); par conséquent, il peut prendre des mesures afin que le créancier n'exploite pas la situation de son débiteur, alors même que ce dernier se met à sa discrétion.

L'amour du gain avait à Rome tellement élevé le prix de l'argent, que les prêts usuraires amenèrent les séditions les plus redoutables, auxquelles il ne fut possible de remédier qu'en employant à la fois la ruse et la force (2).

C'est en vue de l'ordre public que le prêt à intérêt a été circonscrit dans certaines limites; l'engagement pris de payer des intérêts usuraires ne vaudra point comme obligation naturelle; aussi, dans l'ancien droit, la peine du quadruple était-elle infligée à celui qui dépassait le taux légitime. Cette pénalité est rappelée dans la loi 2, CODICE THEODOSIANO, *de Usuris* (3).

D'après cela, il ne faut pas s'étonner que ces intérêts exagérés ayant été acquittés, il soit permis de réclamer.

« ...... Si supra legitimum modum solvit : Severus rescripsit, quo jure utimur, repeti quidem non posse, sed sorti imputandum; et si postea sortem solvit, sortem quasi indebitam repeti posse. Proinde et si ante sors fuerit soluta, usuræ supra legitimum modum solutæ, quasi sors indebita, repetuntur. » (L. 26, *princ.*, DIG., *de Condictione indebiti*.)

(1) ..... Expedit enim reipublicæ ne sua re quis male utatur..... (INST. JUST., § 2, *de Iis qui*, etc.)
(2) M. Ortolan, INSTIT., t. II, p. 321.
(3) Voir aussi Noodt, t. I, p. 200.

L'on ne peut stipuler l'intérêt de l'intérêt ; ou bien, l'intérêt arriéré ne peut dépasser le capital. Si l'on paie sans tenir compte de ces prohibitions, la répétition sera autorisée (l. 26, § 1, Dig., *de Condictione indebiti*).

Puisque la répétition est admise, c'est une preuve péremptoire qu'il n'existe pas d'obligation naturelle ; par conséquent, ces sortes d'engagements résisteraient à toute idée de constitut, de fidéjussion, etc. (1).

Quand des arrangements sont pris pour éluder les défenses concernant l'usure, la loi intervient et arrête la demande qui serait formée à cet égard, et qu'elle appelle *improba* (l. 16, Codice, *de Usuris*). — Il va sans dire que si, dans cette hypothèse, le paiement s'effectuait, il y aurait lieu à restitution.

2. Lorsque des intérêts usuraires ont été soldés, l'action en répétition sera exercée, sans examiner si le paiement a été la suite d'une erreur. Nous repoussons la doctrine contraire, qui a été enseignée (2). En effet, l'intérêt usuraire porte atteinte au bien-être de la société, il est une cause de ruine pour les familles,

---

(1) Quoique la loi 26, *princip.*, *de Condictione indebiti*, que nous avons rapportée, déclare que si le capital n'est pas soldé, c'est sur lui que les intérêts excessifs seront imputés, cela n'empêche pas que cette stipulation d'intérêts ne soit réputée radicalement vicieuse, et que la fidéjussion ne soit considérée comme non-avenue.

(2) Notamment par Doneau, t. viii, p. 433, édit. de Rome.

il n'a été souscrit par le débiteur que parce qu'il était en quelque sorte contraint. Dès-lors, le législateur ne peut ratifier le paiement qui en est la conséquence. Nous avons constaté que, lorsqu'une dette de jeu est acquittée en connaissance de cause, les Romains octroyaient une action en répétition ; comment n'en serait-il pas de même à l'égard des intérêts usuraires ? Il existe, dans ce dernier cas, des motifs plus puissants encore.

On voit que la peine de l'infamie frappe ceux qui prêtent à un taux exagéré, et que le prêt supérieur au chiffre fixé par la loi est nommé *improbum fœnus* (l. 20, Codice, *ex quibus causis infamia*, etc.). Le législateur qui tiendrait ce langage ne tomberait-il pas en contradiction avec lui-même, s'il laissait l'usurier profiter de son improbité et conserver sans inquiétude le produit de sa fraude ?

Le débiteur qui a soldé, et qui voudra rentrer dans ses fonds, ne sera point éconduit à cause de sa turpitude, on ne pourra lui objecter la maxime, in pari causa nulior est causa possidentis.

D'un autre côté, pourquoi la répétition est-elle déniée quand on paie ce que l'on sait ne pas devoir? C'est parce que l'on est censé avoir voulu faire une donation. Mais il est impossible de recourir à une pareille supposition quand il s'agit d'intérêts usuraires. Celui-ci, qui a subi la loi en empruntant, était gêné dans ses affaires ; par conséquent, il n'était pas en mesure de se livrer à des libéralités. — Si, après coup, ce débiteur acquitte des intérêts usuraires, c'est parce qu'il se trouve sous la dépendance de son créancier, et qu'il appréhende que ce dernier demande impérieusement son capital; alors même que le capital a été remboursé, les intérêts usuraires étant postérieurement soldés, le débiteur sera admis à les réclamer, parce qu'il n'a pas de faute à s'imputer, c'est le créancier seul qui est répréhensible d'avoir fait primitivement une stipulation usuraire : « Indebitas usuras etiam si ante sortem solutæ non fuerint, ac propterea minuere eam non potuerint, licet post sortem redditam creditori fuerint datæ, exclusa veteris juris varietate repeti posse, perpensa ratione firmatum est. (L. 18, Codice, de Usuris.)

Cette constitution confirme l'opinion d'Ulpien, consignée dans la loi 26, Dig., de Condictione indebiti (1).

Ces deux textes reconnaissent, d'une manière générale, la justice de la condiction quand des intérêts ont été payés en sus du taux légal, mais ils n'exigent pas qu'une erreur soit intervenue.

Que l'on n'objecte pas que ce texte parle de la condictio indebiti, qui implique nécessairement une erreur; car celui qui paie ce qu'il sait ne pas devoir est réputé vouloir donner. Nous répondons que la condictio indebiti est générale, et qu'elle s'obtient dans les diverses circonstances où il s'agit de répéter (l. 1, princip., Dig., de Condictione sine causa). Pour qu'il y ait lieu à la condictio indebiti, il suffit que l'on paie l'indu, et que l'on

---

(1) M. Vangerow, t. 1, p. 94.

ne soit pas censé avoir voulu donner. Or, l'on n'est pas censé avoir voulu donner lorsque l'on paie par suite d'une convention qui blesse les lois, le tort provenant du créancier et non du débiteur.

3. Les raisonnements que nous venons de présenter ne régissent pas le cas où des intérêts n'ayant pas été convenus, on les paie néanmoins en connaissance de cause, et sans dépasser le taux fixé par la loi. Il ne sera permis de répéter que tout autant que l'on prouvera une erreur; car l'on a réalisé après coup ce que l'on aurait pu promettre dès le principe (1).

SECTION XX.

La clause pénale jointe à une promesse de mariage a-t-elle l'effet d'une obligation naturelle ?

SOMMAIRE.

1. Cette clause pénale ne peut être invoquée comme obligation naturelle.
2. Le paiement étant effectué, l'action en répétition ne serait pas accordée.

1. La clause pénale ajoutée à une promesse de mariage n'est pas licite, à notre avis, d'après les principes

___
(1) Nous avons tâché d'établir, p. 39, que le paiement d'intérêts qui s'effectue par suite d'une erreur, permet de répéter, et que l'on ne peut prétendre, dans cette circonstance, que le débiteur auquel on prête sans stipulation d'in-

du Droit romain : « Inhonestum visum est, vinculo pœnæ matrimonia obstringi sive futura sive jam contracta. » (L. 134, princip., de Verbor. oblig.)

La validité de cette stipulation serait cause que, pour en éviter les conséquences, l'on se résignerait à un mariage pour lequel on n'aurait pas d'inclination, et qui amènerait des résultats fâcheux.

Cette idée n'est pas contredite par la faculté accordée de faire un legs à une personne, à condition qu'elle épousera tel individu qui est désigné : « Titio centum relicta sunt ita, ut Mæviam uxorem, quæ vidua est, ducat : conditio non remittetur; et ideo nec cautio remittenda est. Huic sententiæ non refragatur, quod si quis pecuniam promittat, si Mæviam uxorem non ducat, prætor actionem denegat : aliud est enim eligendi matrimonii pœnæ metu libertatem auferri, aliud ad matrimonium certa lege invitari. » (L. 71, § 1, Dig., de Conditionibus et Demonst.) En effet, si celui que l'on gratifie d'un legs, pourvu qu'il contracte mariage avec une personne déterminée, refuse, il ne profite pas de la libéralité, il manque de gagner ; au lieu que, par l'effet d'une clause pénale, il s'appauvrit et court le risque de se ruiner.

La loi 134, de Verbor. oblig., que nous venons de citer, disposant qu'il n'est pas honnête, conforme à la morale d'enchaîner la liberté que doivent avoir les

térêts, est censé acquitter une obligation morale quand il paie ces intérêts.

futurs époux, il s'ensuit que la clause pénale qui interviendrait à cet effet ne saurait être acceptée comme obligation naturelle ; car la force de celle-ci dérive des mœurs publiques et de l'intérêt de la société.

De là il suit qu'un semblable engagement ne saurait être cautionné.

2. Toutefois, si le paiement avait eu lieu, nous n'accorderions pas l'action en répétition ; car la loi romaine considérant l'engagement pris comme une offense au bien public, il en résulte que les deux parties sont en faute, et, par conséquent, le demandeur ne peut justifier sa prétention ; or, c'est à lui qu'incombe la preuve, et s'il ne la fait pas, le défendeur doit être relaxé.

En traitant du prêt usuraire (1), nous avons reconnu que l'action en répétition est octroyée quand le paiement a été fait en conséquence d'un engagement qui blesse l'ordre public, alors que la faute n'est que du côté de celui qui a reçu ; mais dans l'espèce actuelle, les deux parties ont également méconnu les lois de la société.

SECTION XXI.

Les engagements pris afin d'obtenir une dignité ou un emploi public n'ont pas la valeur de l'obligation naturelle.

SOMMAIRE.

1. Ces engagements sont dépourvus de tout lien naturel.

(1) Voir page 210.

2.° L'inefficacité sera la même, que l'emploi ait ou n'ait pas été obtenu.

1. L'ordre public serait profondément blessé si des trafics de ce genre étaient tolérés. Les magistrats qui auraient obtenu leur titre par l'influence de leurs écus seraient déconsidérés et seraient excités, pour se dédommager, à employer des exactions.

Justinien flétrit les conventions de cette espèce (Nov. 8, *præfatio*, § 1) (1).

2. Que le sujet ait ou n'ait pas obtenu la fonction publique qu'il recherchait, la volonté qui a présidé à la convention ne sera pas moins digne de blâme, et, par conséquent, la promesse sera également inefficace.

Ces marchés relatifs aux emplois publics, étant des infractions à l'ordre public, ne sauraient procréer une obligation naturelle.

En nous inspirant des préceptes des jurisconsultes romains, nous avons tâché d'exposer les principes généraux inhérents à l'obligation naturelle. Nous avons aussi dirigé principalement nos investigations sur les questions offrant un intérêt pratique, et qui s'harmonisaient avec la jurisprudence des nations modernes.

(1) La glose place le résumé suivant en tête de cette Novelle : « Dignitates et administrationes gratis conferri debent, nihilo suffragiorum nomine dato : alias omnia mala sequuntur, cum a radice procedat avaritia quæ mater est omnium malorum. »

Dans l'aperçu que nous donnons de l'obligation naturelle, en Droit français, notre tâche a été par là bien simplifiée. Au lieu de faire des dissertations, il nous suffira souvent de faire des renvois.

SECONDE PARTIE.

DROIT FRANÇAIS.

SOMMAIRE.

1. L'obligation naturelle existe d'après les principes du Droit français.
2. La définition de l'obligation naturelle est la même en Droit français et en Droit romain.
3. Division de la matière.

1. On s'est demandé si le Droit français se prêtait à la distinction établie par les juristes romains entre l'obligation civile et l'obligation naturelle. — L'affirmative ne peut être douteuse.

Notre Droit, loin de repousser les préceptes de l'équité, s'appuie tout entier sur cette base.

Mais cette équité, qu'il prend en considération, est celle qui se rattache à l'ordre social. Les actes de la conscience échappent, le plus souvent, aux investigations du législateur; pour les réglementer, il faudrait une puissance égale à celle de Dieu (1).

En soutenant une opinion contraire à celle que nous embrassons, on doit admettre que nos Codes, qui moins que tous autres entrent dans les espèces particulières, ne présentent pas de lacunes.

On insiste, et adoptant nos propres principes, on s'efforce de démontrer que dans nos mœurs toutes les obligations sont civiles.

Cette idée peut séduire quelques hommes étrangers à la science; mais ceux qui savent de quelle manière se forme le Droit d'un peuple, comment chaque législateur profite des observations qui lui sont transmises par ses devanciers, comment, enfin, dans tous les temps, il est nécessaire d'en venir à des transactions entre ce que commande le droit rigoureux et ce que prescrit l'équité, ceux-là, disons-nous, ne repousseront jamais les moyens termes sanctionnés par l'expérience et la sagesse du peuple romain.

En dehors de ces considérations, l'obligation naturelle se révèle dans certains textes, notamment dans les art. 1235 et 2012 du Code Napoléon, sur lesquels nous aurons occasion de revenir souvent.

2. La notion de l'obligation naturelle en Droit français, est la même que celle que nous avons donnée d'après le Droit romain (2).

(1) Voir p. 3.
(2) Voir page 6. — Pothier, *Traité des Obligations*,

n° 173, appelle obligation naturelle « celle qui, dans le for de l'honneur et de la conscience, oblige celui qui l'a contractée à l'accomplissement de ce qui y est contenu. » — L'on voit que Pothier assimile l'obligation naturelle à l'obligation morale, ou de conscience, c'est-à-dire qu'il ne donne pas à l'obligation naturelle une physionomie spéciale.

M. Delvincourt, t. II, p. 112, exprime la même idée.

M. Marcadé, t. v, p. 603, estime que l'obligation naturelle est « celle que le législateur, après lui avoir refusé l'efficacité ordinaire, parce qu'elle est présumée inexistante ou invalide, sanctionne ensuite, parce qu'une exécution libre ou un acte renfermant l'aveu de sa valeur prouve au législateur que, dans ce cas particulier, la présomption générale n'est pas fondée. »

Si l'on accepte cette définition, nous le demandons, quelle différence y aura-t-il entre l'obligation naturelle et l'obligation morale, ou de convenance?

On remarquera que la formule que présente M. Marcadé est semblable à celle que M. Clamageran a proposée, en Droit romain, à l'égard de toutes les obligations naturelles, abstraction faite de celle du pacte simple. — M. Clamageran apprécie de la même façon l'obligation naturelle en Droit français, p. 49.

M. Vidal, *Revue étrangère*, t. IV, p. 384, écrit que, dans le Droit français, il n'y a pas intérêt à distinguer l'obligation naturelle de l'obligation morale, ou de conscience, qui réveillent la même idée. Quoique ce docteur ne mette pas dans une classe à part l'obligation naturelle, sa doctrine a une grande affinité avec celle précédemment indiquée, et qui, tout en maintenant une dénomination propre à l'obligation naturelle, la réduit en définitive à une obligation morale.

Comme cette obligation naturelle forme un lien juridique, elle doit être nettement séparée de celle qui est morale, ou de convenance ; cette dernière ne fait point partie des biens du créancier, ainsi que nous l'avons développé en Droit romain.

En analysant la définition de l'obligation naturelle en Droit romain, nous avons établi (1) que tout en faisant partie des biens du créancier, elle n'était pas apte à produire une action. Tel est aussi le caractère qu'elle revêt en Droit français. La corroborer au moyen d'une action, ce serait l'assimiler à l'obligation civile. L'article 1235, interdisant la répétition à l'égard de l'obligation naturelle qui a été volontairement acquittée, atteste que le créancier ne peut contraindre le débiteur à se libérer, et que, par conséquent, ce dernier ne peut être exposé à une action.

3. Nous proposant de suivre dans cette partie de notre travail le plan que nous avons adopté dans la première, nous croyons inutile d'en rappeler ici les divisions (2).

(1) Page 7.
(2) Voir page 8.

CHAPITRE PREMIER.

Origine et caractère de l'obligation naturelle.

SOMMAIRE.

1. Sources de l'obligation naturelle.
2. Les liens de famille ne constituent pas une obligation naturelle, mais bien une obligation civile.
3. Les étrangers qui se trouvent en France sont régis par les principes de l'obligation naturelle telle qu'elle est admise parmi nous. — Analogie entre le Droit français et le Droit romain.
4. Quelles sont les exceptions qui font cesser l'obligation naturelle?
5. Les dispositions prohibitives de la loi civile qui ont trait aux intérêts généraux de la société, s'opposent à l'existence de l'obligation naturelle.
6. La nullité de la vente de la chose d'autrui s'étend-elle à l'obligation naturelle?

1. En Droit romain, nous avons signalé (1) trois sources de l'obligation naturelle :

a) L'omission de certaines formalités dans les engagements ;

b) Le vice dérivant de l'incapacité civile des sujets;

c) Le rigorisme du droit civil, qui enrichit l'une des parties en arrêtant la réclamation de l'autre partie.

(1) Page 10.

Dans la législation française, l'obligation naturelle ne s'est manifestée à nous que dans les deux cas suivants :

a) Lorsque le sujet n'est incapable que d'après le droit civil ;

b) Lorsqu'il y a rigorisme du droit civil ; par exemple, le failli ayant fait un concordat avec ses créanciers, ne pourra être poursuivi à raison de la part de la dette abandonnée ; mais il demeure tenu naturellement.

La distinction entre les pactes et les contrats n'existe plus dans nos mœurs, et, sous ce rapport, il n'y a pas de milieu à établir, dans ce cas, entre l'existence et la non-existence de l'obligation civile.

2. Nous ne considérons pas comme obligation naturelle, mais comme civile, celle qui se rattache aux liens du sang (1) ; ainsi, les personnes dont la parenté est établie, ont le droit d'intenter une action pour obtenir des aliments, dans les cas prévus par la loi.

Quelques jurisconsultes (2) ont pensé que lorsqu'un

(1) Voir la partie du Droit romain, page 16.
(2) M. Toullier, t. vi, n° 384, dit que la reconnaissance d'un enfant naturel faite par acte sous seing-privé, renferme une obligation naturelle qui empêche de répéter ce qui a été payé pour aliments, et qui serait susceptible de cautionnement ; mais, ajoute l'auteur, cette reconnaissance, suivant l'opinion commune, ne suffirait pas pour motiver une demande d'aliments.

individu se dit, par acte sous seing-privé, père d'un enfant, sa déclaration sera maintenue comme obligation naturelle. A nos yeux, elle n'aura pas cette qualité.

Pourquoi un acte authentique a-t-il été exigé (article 334, Code Napoléon)? C'est pour garantir la libre expression de la volonté de celui qui fait la reconnaissance. Dès-lors, relatée dans un acte sous seing-privé, elle s'offre sans autorité ; par conséquent, elle ne peut devenir l'objet d'un cautionnement.

Toutefois, nous n'empêcherions pas de retenir ce qui a été payé d'après un tel engagement sous seing-privé; car cet aveu peut servir de base à une obligation morale, ou de conscience; l'on sait que l'obligation morale, ou de conscience, s'oppose à la répétition de ce qui a été payé même par erreur, alors que l'on s'imaginait être tenu civilement.

D'autres jurisconsultes nous paraissent être plus conséquents avec eux-mêmes, en soutenant que la reconnaissance, par acte sous seing-privé, permet même d'agir pour obtenir des aliments; seulement ils scindent ses effets, ils la regardent comme insuffisante pour attribuer un droit à la succession, ils font valoir que certainement elle créerait un empêchement au mariage.

Nous ne croyons pas qu'il soit rationnel de diviser les effets de la reconnaissance, dès que son existence est mise en question. Si elle est sincère pour servir de point d'appui à une demande alimentaire, elle sera également assez puissante pour justifier une réclamation de droits sur la succession (1).

Nous ne disconvenons pas que la reconnaissance sous seing-privé ne constitue un empêchement au mariage, lorsque, par exemple, le père voudrait épouser la fille qu'il a reconnue de la sorte. Mais l'on doit considérer, comme le disaient les jurisconsultes romains, que par rapport au mariage, il faut consulter l'honnêteté publique. C'est ainsi que nous avons vu (2) que quoique la parenté entre esclaves ne fût point prise en considération par le législateur romain, cependant ces esclaves venant à être affranchis, la parenté et l'affinité formées durant l'esclavage devenaient des empêchements aux justes noces.—De même, dans notre Droit, le mariage est prohibé entre les frères sœurs légitimes ou naturels, et les alliés au même degré (art. 162) (3).

— Nous voudrions savoir ce que c'est qu'une affinité naturelle? Ce n'est que par rapport aux empêchements au mariage qu'elle sera invoquée et pour ne pas blesser l'honnêteté publique.

De la discussion à laquelle nous venons de nous livrer, il nous semble résulter que des difficultés peuvent s'élever sur le point de savoir si la parenté, dans

(1) M. Demolombe, t. v, n° 424.
(2) Page 12.
(3) Cet empêchement était admis dans l'ancienne jurisprudence, et plusieurs auteurs pensent qu'il doit être admis dans le nouveau Droit. — M. Mourlon, *Répétitions écrites*, t. I, p. 272.

certains cas donnés, produit des obligations civiles, mais non pas sur la question de savoir si les obligations seront naturelles.

L'article 349 du Code Napoléon ne saurait être cité comme objection contre notre manière de voir : « L'obligation naturelle, qui continuera d'exister entre l'adopté et ses père et mère, de se fournir des aliments dans les cas déterminés par la loi, sera considérée comme commune à l'adoptant et à l'adopté, l'un envers l'autre. »

Il est évident que cette expression, obligation naturelle, est prise dans un sens relatif et par opposition à l'obligation qui ne dérive pas des liens du sang, mais de la parenté civile. Sans aucun doute, cette prétendue obligation naturelle serait vivifiée par une action.

3. L'obligation naturelle étant l'œuvre du droit social, régit nécessairement les étrangers qui se trouvent en France. Ils seront soumis à l'obligation naturelle, telle que l'envisage la loi française.

La faculté de contracter naturellement doit se concilier avec les lois de capacité qui accompagnent l'étranger, en quelque lieu qu'il se rende. Cette proposition a reçu quelques développements dans la partie du Droit romain (1).

4. Nous avons dit que l'obligation naturelle se pro-

(1) Voir page 13.

duisait quand il y avait rigorisme de la loi, il s'agit de savoir quelles sont les positions qui donnent ce résultat. Nous avons combattu, dans la partie du Droit romain (1), la distinction que l'on établit entre les exceptions *in favorem debitoris* et les exceptions *in odium creditoris*. Cette double classification est arbitraire. L'on éprouvera un véritable embarras pour démêler, en Droit français comme en Droit romain, les exceptions qui ont été dictées soit par un sentiment favorable au débiteur, soit par un sentiment hostile au créancier.

Nous croyons qu'il faut considérer si les exceptions découlent ou ne découlent pas du droit social, et admettre que, dans ce dernier cas, l'obligation naturelle ne sera pas effacée. Ainsi, la femme qui a contracté en dehors de l'autorisation de son mari, se faisant restituer, ne demeurera pas moins obligée naturellement.

Ce principe, auquel nous nous attachons, donne lieu à une difficulté quand on le met en regard du sénatusconsulte Velleien (2). L'on sait, en effet, que la femme qui a répondu pour autrui, échappe même aux liens de l'obligation naturelle. Mais cette objection disparait dans le Droit français, qui n'a pas accepté le sénatusconsulte Velleien.

5. L'ordre social empêche évidemment l'obligation naturelle de naître, quand des dispositions prohibitives

(1) Page 22.
(2) Voir page 24.

de certains engagements sont basées sur des motifs d'ordre public (1). — L'on ne peut, par des conventions particulières, déroger en aucune manière à ce qui intéresse l'ordre public (art. 6, Code Nap.).

D'après ce texte, les conventions interdites par le législateur, parce qu'elles lui paraissent porter atteinte à l'intérêt général, quoique, en réalité, elles ne soient pas nuisibles, n'auront pas l'effet d'engendrer une obligation naturelle. — Ainsi, la loi, dans des vues d'ordre public qu'elle appréciait mal, ayant supprimé sans indemnité les rentes féodales créées pour prix du transfert de la propriété, n'a point laissé intacte l'obligation naturelle.

En écrivant que cette abolition des rentes n'opère pas contre l'obligation naturelle, et que, par conséquent, l'engagement primitif peut devenir la cause d'un second, certains auteurs (2) ne discernent pas l'obligation naturelle proprement dite de l'obligation morale, ou de conscience. Que celle-ci devienne la cause d'un nouveau contrat, cela n'empêche pas qu'elle ne diffère de l'obligation naturelle, ainsi que nous l'avons plusieurs fois rappelé (3).

De même l'acquéreur de biens nationaux au moyen d'un faible prix, consentant à solder une indemnité à l'ancien propriétaire, ne serait pas recevable à répéter.

Nous ne prétendons pas que l'obligation de l'ac-

(1) Voir la partie du Droit romain, page 32.
(2) M. Toullier, t. vi, n° 186. — M. Zachariæ, t. ii, p. 257.
(3) Notamment pages 4 et 42.

quéreur de biens nationaux, ou du débiteur d'une rente primitivement féodale, eût assez de consistance pour recevoir un cautionnement, ou fournir matière à une novation : ce sont là des effets qui nécessitent une obligation naturelle pour le moins. — Toutefois, l'obligation morale empêche la répétition ; le paiement vaut alors comme donation. — De même l'obligation morale peut servir de cause à une obligation véritable. Celle-ci sera un titre gratuit, mais incontestable ; l'on peut, en effet, consentir une donation, ne fût-ce que par caprice, et à plus forte raison pour motif de conscience. — Il doit en être ainsi, parce que le législateur ne veut pas s'immiscer dans les actes de conscience, et que, d'ailleurs, il n'a pas le pouvoir d'empêcher que celui qui croit s'être enrichi aux dépens d'un autre, répare le tort qu'il a commis (1).

(1) M. Clamageran, p. 67, critique la jurisprudence de la Cour de Cassation, qui, par rapport au débiteur de la rente féodale et à l'acquéreur des biens nationaux, a consacré la doctrine que nous avons émise. (Arrêts du 3 juillet 1811, du 3 décembre 1813, et du 23 juillet 1833.)

Toutefois, nous ferons observer que la Cour suprême, au lieu de reconnaître une obligation naturelle en la personne soit de l'ancien débiteur de la rente féodale, soit du possesseur des biens nationaux, aurait mieux défini leur position en les déclarant tenus d'une obligation morale.

M. Demolombe, t. IX, n° 370, enseigne que d'après les principes du droit commun, on pourrait dire que les propriétaires violemment dépouillés par des mesures révolutionnaires, avaient conservé le droit de réclamer leurs fonds,

6. Nous avons écrit en Droit romain (1), que les dispositions prohibitives qui ne sont pas dictées dans l'intérêt public, mais qui sont seulement des déductions rigoureuses du droit civil, n'empêchent pas l'obligation naturelle de se produire.

Ainsi, la vente de la chose d'autrui était permise à Rome. Elle se traduisait en la promesse de mettre et maintenir l'acheteur en possession, ou de lui payer des dommages; elle n'avait rien d'illicite. Lorsque l'on considère que notre législateur a cru devoir en prononcer la nullité, l'on est porté à croire qu'il a plutôt voulu éviter des difficultés d'interprétation, qu'il n'a entendu poser des bornes à la liberté des conventions; on comprend, dès-lors, que cette prétendue nullité ne peut être acceptée qu'avec les modifications que l'équité conseille, et qu'elle n'efface pas l'obligation naturelle; c'est pourquoi nous admettrions que l'exécution du contrat empêcherait le vendeur de réclamer (2), et que pareille obligation pourrait être garantie par un cautionnement.

et que les lois qui avaient assuré l'inviolabilité des biens nationaux, n'avaient pas empêché l'État d'être débiteur.

Or, s'il existait une dette par rapport à l'État, nous reconnaîtrons qu'il existait aussi une dette morale, ou de conscience, à l'égard de ceux qui avaient profité de la confiscation.

(1) Page 25.
(2) M. Zachariæ, t. ii, p. 501, décide que le vendeur, après avoir effectué la délivrance, n'est pas recevable à demander l'annulation de la vente.

CHAPITRE II.

Des effets de l'obligation naturelle.

Ces effets rentrent dans ceux énumérés en Droit romain, nous allons les parcourir : nous n'aurons guère à indiquer de différences entre les deux législations, nous aurons plutôt à signaler des nuances plus ou moins perceptibles.

SECTION PREMIÈRE.

De la non répétition en ce qui concerne l'obligation naturelle.

SOMMAIRE.

1. Il n'y a pas lieu à répétition lorsque l'on paie, croyant être tenu civilement, tandis que l'on n'est tenu que naturellement.

2. Si l'obligation n'est que morale, ou de convenance, la répétition serait également refusée.

1. En analysant la jurisprudence romaine, nous avons dit (1) que l'acquittement de l'obligation naturelle, fait dans la persuasion que l'on est tenu civilement, n'autorise pas la répétition, et qu'il en est de même alors que l'obligation n'est que morale, ou de convenance.

(1) Voir p. 33.

Le Droit français nous semble imbu de la même doctrine. — Celui qui acquitte une obligation naturelle, croyant être lié civilement, peut-il prétexter que le paiement n'a pas un motif raisonnable? A-t-il payé l'indu? Que l'on remarque, en effet, que l'obligation naturelle sert incontestablement de base à une exception, et que, dans cette espèce, celui qui a reçu ne s'aidera de l'obligation naturelle que pour se défendre ; il opposera qu'il est en droit de retenir, et que *suum recepit*.

L'on ne manquera point de combattre cette théorie par l'art. 1235, qui porte que « la répétition n'est pas admise à l'égard des obligations naturelles qui ont été *volontairement* acquittées. » Ce texte, en annonçant que c'est volontairement que le paiement a eu lieu, veut dire que si le dol ou la violence ont été employés, la répétition sera permise, parce que celui qui a soldé n'entendait pas faire un paiement : les exceptions qu'il avait ne peuvent lui être enlevées par suite de manœuvres frauduleuses. La personne, au contraire, qui, se méprenant sur la force de son engagement, l'acquitte, n'a qu'à imputer à elle-même son imprudence, il lui était facile de se renseigner.

Au reste, cette expression *volontairement*, qui se trouve dans l'art. 1235, reçoit son commentaire de l'art. 1967, qui statue relativement aux dettes de jeu : « Dans aucun cas, le perdant ne peut répéter ce qu'il a volontairement payé, à moins qu'il y ait eu, de la part du gagnant, dol, supercherie, ou escroquerie. »

Nous le demandons, lorsque le perdant compte l'argent, serait-il recevable à réclamer sous prétexte qu'il croyait que le droit l'obligeait à solder? Accepter une pareille prétention, serait aller contre la pensée qui a dicté l'art. 1976, d'après lequel la répétition est déniée.

En effet, l'on assigne deux motifs à cette disposition législative :

a) Certains auteurs (1) disent que le jeu donne naissance à une dette naturelle et d'honneur qui résiste à une demande en répétition;

b) D'autres auteurs (2) regardent le jeu comme immoral, et ils appliquent la maxime *in pari causa melior est conditio possidentis*.

Or, le joueur n'ira-t-il pas contre le sentiment de l'honneur, s'il déclare qu'il croyait que la dette du jeu était obligatoire, et qu'à cause de son erreur il veut rentrer dans ses fonds?

Ce même joueur, qui veut reprendre son argent, ne cherche-t-il pas à l'emporter sur celui qui possède, tout en alléguant sa propre turpitude, et en exposant que ce qu'il veut retirer a été payé par suite d'une dette de jeu?

2. Nous allons même plus loin, et nous excluons la répétition quand l'obligation n'est que morale, ou de

(1) M. Toullier, t. vi, n° 381.
(2) M. Duranton, t. x, n° 370.

convenance. Dans ce cas, le paiement n'est pas dénué de cause. Il faut même faire attention qu'en Droit français, si l'on ne maintenait pas le paiement, il pourrait en résulter des conséquences fort graves ; car le paiement étant rescindé, tous les droits concédés par celui qui avait reçu s'évanouieraient. Les tiers auraient donc à souffrir. — En Droit romain, la *condictio indebiti* supposait que la propriété avait été transférée ; et les droits transférés aux tiers étaient respectés.

De ce qui précède il suit que si la mère, croyant d'après la volonté de la loi être obligée de doter sa fille, effectue cette constitution, elle ne sera pas fondée à réclamer. Nous avons statué de la sorte en Droit romain (1).

Bien plus, d'après notre législation, l'obligation de doter n'est que morale par rapport au père. Celui-ci constituant la dot avec la conviction qu'il était tenu civilement, ne serait pas écouté s'il réclamait (2).

---

(1) Page 34.
(2) M. Zachariæ, t. III, p. 388, et plusieurs autres auteurs, annoncent que, par rapport au père et à la mère, l'obligation de doter forme une dette naturelle. Nous ne pouvons nous ranger à cet avis. — Est-ce que cette prétendue obligation pourrait être cautionnée? Or, le cautionnement est l'un des signes qui dévoilent l'obligation naturelle.

SECTION II.

L'obligation naturelle fait partie des biens du créancier.

SOMMAIRE.

1. L'obligation naturelle confère un droit.
   Le paiement qui a lieu par suite de l'obligation naturelle n'est pas réputé une libéralité.—Diverses conséquences.

2. Parce qu'une obligation naturelle est acquittée, les créanciers de celui qui a payé ne peuvent prétendre que le paiement est fait en fraude de leurs droits.
   Explication de l'art. 225, qui permet aux créanciers d'opposer la prescription à laquelle renonce leur débiteur.

1. L'obligation naturelle investit d'un droit.—Tel est le criterium auquel on reconnaît l'obligation naturelle comparée à l'obligation morale.

Les corollaires de ce principe sont analogues dans les législations romaine (1) et française.

Le paiement qui est la conséquence d'une obligation naturelle ne constitue pas une libéralité (2). Ainsi,

---

(1) Voir p. 41.
(2) Un arrêt de la Cour de Cassation, en date du 10 décembre 1851, décide qu'une malade faisant par testament remise à son médecin de sommes que lui devait ce dernier, qui l'avait traitée pendant la dernière maladie, acquitte une obligation naturelle, parce que la testatrice lui avait vendu des terrains pour un prix exagéré. — Dalloz, *Recueil périodique*, 1ʳᵉ partie, p. 80.

Certainement nous n'aurions pas déclaré le médecin inles demandes en révocation pour cause d'ingratitude ou de survenance d'enfants ne sauraient être invoquées (1); — ainsi, l'héritier à réserve entre les mains duquel un semblable paiement serait effectué, ne l'imputerait point sur sa réserve.

De même, celui qui a reçu un tel paiement, et qui vient à la succession de son ancien débiteur, ne sera pas assujetti au rapport (art. 843, C. Nap.).

Une personne se mariant avec celle dont antérieurement elle était débitrice en vertu d'une obligation naturelle, et se libérant pendant le mariage, ne pourra se prévaloir de ce que les donations entre époux sont essentiellement révocables.

---

capable de recevoir dans cette circonstance; mais nous ferons remarquer que c'était une obligation morale et non pas naturelle qu'acquittait la testatrice. Sans doute l'acquittement d'une obligation morale constitue une libéralité; mais cette sorte de libéralité ne tombe pas sous le coup de l'art. 909 du Code Napoléon, qui n'a voulu prohiber que les dispositions qui seraient le fruit de la captation.

(1) En France, la révocation des donations pour cause de survenance d'enfants est admise d'une manière générale (art. 960, C. Nap.). Peut-être aurait-il été mieux de ne pas autoriser la révocation pour cause de survenance d'enfants, qui peut n'avoir lieu qu'après plusieurs années depuis la donation, qui opère contre tout tiers détenteur, qui a pour effet de rendre la propriété incertaine, et qui, par conséquent, entraîne des résultats bien plus graves que la révocation pour cause d'ingratitude. — Voir ce que nous avons écrit en Droit romain, p. 17.

Nous admettons encore en Droit français, que si le créancier d'après une obligation naturelle devient héritier de son débiteur, il aura le droit de faire un prélèvement, afin d'évaluer la quotité disponible que réclament les légataires.

La cession et le legs de l'obligation naturelle seront validés sans soulever la moindre difficulté.

2. La chose due en vertu d'une obligation naturelle venant à être livrée, les créanciers du débiteur ne peuvent exiger que le paiement leur causant du préjudice soit rescindé ; car ce paiement a pour objet une dette. La décision serait autre à l'égard de l'obligation morale, ou de convenance. — C'est au moyen de cette distinction que nous expliquons l'article 2225 : « Les créanciers peuvent opposer la prescription, encore que leur débiteur y renonce. » Les jurisconsultes trouvent ce texte difficile à expliquer ; ils se demandent comment les créanciers peuvent quereller un paiement qui est un acte de conscience et non de mauvaise foi (1).

(1) Trois systèmes ont été proposés sur cet article 2225 :
a) D'après l'un de ces systèmes, l'art. 2225 ne serait que la conséquence de l'art. 1167 ; les créanciers ne peuvent se plaindre que lorsqu'il y a fraude de la part du débiteur. —M. Troplong, *De la Prescription*, n° 101 ; — M. Marcadé, *De la Prescription*, page 42.
b) Suivant un autre système, l'art. 2225, au lieu d'être l'application du Droit commun, n'en serait que la restriction ; si le débiteur néglige d'appeler à son aide la prescrip-

Ils n'auraient peut-être pas été dans cet embarras, s'ils avaient bien calculé la portée diverse de l'obligation naturelle et de l'obligation morale. Nous avons établi en Droit romain (1), comme nous l'établirons en Droit français, que la prescription étant encourue, l'obligation naturelle n'existe pas, il reste un simple devoir de convenance ou de conscience. Or, les créanciers ont le droit de s'opposer à ce que leur débiteur accomplisse à leur détriment ce qui, aux yeux de la loi, ne passe pas pour une véritable obligation.

SECTION III.

L'obligation naturelle comporte le cautionnement, le gage, l'hypothèque, la solidarité.

SOMMAIRE.

1. Explication de l'art. 2012, qui permet de cautionner une obligation qui peut être annulable au moyen d'une exception personnelle à l'obligé.

tion, ses créanciers auront le droit d'en exciper; mais du moment que le débiteur a renoncé, les créanciers ne peuvent critiquer ce qui est l'accomplissement d'un acte de conscience. — M. Dalloz, v° *Prescription*, page 243.

c) Selon un troisième système, l'art. 2225 serait une extension du droit commun; les créanciers seraient fondés à user de la prescription, malgré la renonciation de leur débiteur, laquelle ne serait souvent que la suite de fausses délicatesses et de scrupules irréfléchis. — M. Mourlon, *Répétitions écrites*, t. III, page 19.

(1) Page 93.

2. Quelquefois la caution ne sera obligée que naturellement.

3. La caution d'une dette naturelle qui a payé n'a point de recours contre le débiteur principal.

4. Il en est de même quand le paiement émane d'un débiteur solidaire.

5. Quoique l'on ait enseigné le contraire, il est exact de reconnaître que la législation française n'a pas accepté le constitut des Romains.

1. Les sûretés dérivant du cautionnement, du gage et de l'hypothèque, ajoutent à l'obligation naturelle; elles viennent en aide au créancier qui est privé d'action. L'art. 2012 autorise le cautionnement d'une obligation de cette espèce : « Le cautionnement ne peut exister que sur une obligation valable. On peut néanmoins cautionner une obligation, encore qu'elle pût être annulée par une exception purement personnelle à l'obligé, par exemple, dans le cas de minorité. » — Nous avons reconnu, en Droit romain, que le mineur de 25 ans qui se fait restituer pour cause de lésion, demeure néanmoins obligé naturellement; il y a même raison de décider en Droit français, par rapport à l'engagement souscrit par le mineur de 21 ans (1).

2. Lorsque l'on s'oblige, on est censé vouloir se lier entièrement et se soumettre au droit civil, qui est

(1) Il ne faut pas distinguer, en Droit français, l'âge de la pupillarité de celle de la minorité.

plus efficace que le droit social ; tel est le principe que nous avons formulé en Droit romain ; toutefois, à l'égard de la caution, nous avons fait remarquer qu'elle ne jouait qu'un rôle secondaire et, par conséquent, subordonné à celui du débiteur principal, et qu'avant tout il fallait s'enquérir de l'intention des contractants (1). Nous avons ajouté que, dans le doute, la caution n'est pas censée avoir renoncé aux exceptions résidant en la personne du débiteur principal.

Au nombre des obligations naturelles que nous énumérerons plus tard, sera signalée celle de la femme qui, ayant contracté sans l'autorisation de son mari, se fait relever de son engagement. La caution qui a figuré dans l'acte n'est point censée, dans le doute, avoir voulu mettre à couvert le créancier contre l'irrégularité provenant du défaut d'autorisation. La caution pouvait ignorer aussi bien que le créancier l'existence du mariage.

Cette doctrine ne nous semble pas en opposition avec la loi française. Le créancier doit être instruit de la qualité du débiteur principal, et toute réticence de sa part, alors qu'il règle les conditions du contrat, porte à croire qu'il ne s'est tû que parce qu'il conjecturait que la caution, éclairée, ne se serait pas engagée.

Marchant dans la voie tracée par les jurisconsultes romains, nous serions d'avis que lorsque la caution

(1) Voir pages 53, 80, 156 et 161.

accède à l'engagement pris par le mineur, elle est présumée avoir consenti à prémunir le créancier contre l'exception résultant de la minorité; elle ne saurait alléguer qu'elle ne connaissait pas le vice attaché à l'obligation principale.

Cette caution sera donc en butte à des poursuites, et, quand elle aura payé, elle sera subrogée aux droits qu'avait le créancier contre le débiteur (art. 2029); elle les prend tels qu'ils se trouvent; par conséquent, ils n'attribuent aucune action contre le débiteur; la caution a prévu qu'il en serait ainsi, quand elle a donné son adhésion (1).

3. Cette solution devra être étendue au cas où il y a solidarité entre un obligé naturellement et un obligé civilement. — Ce dernier venant à payer, ne pourra exiger que l'autre lui rembourse sa part et portion. Nous nous sommes expliqué (2) en ce sens dans la partie du Droit romain, en ce qui concerne la corréalité.

4. Le constitut, qui offre quelque analogie avec le cautionnement, avait été imaginé par les Romains afin de conférer une action au créancier qui n'avait d'abord pour titre qu'un simple pacte. Il n'a pas de raison d'être dans notre législation, qui ne maintient pas la distinction des pactes et des contrats; ainsi, nous

(1) Voir page 60.
(2) Page 54.

n'avons pas à rechercher si le constitut se rattache à une obligation naturelle (1).

SECTION IV.
L'obligation naturelle peut être ratifiée.

SOMMAIRE.

1. L'obligation naturelle comporte la ratification.
2. Effet rétroactif de la ratification.
3. L'obligation morale exclut la ratification.

1. En Droit français, comme en Droit romain, l'obligation naturelle est susceptible de ratification (2).

Quand nous avons dit que l'existence du constitut n'était pas compatible avec notre législation, nous avions en vue le constitut, envisagé dans son acception propre et dans le but qui lui était assigné. Chez

---

(1) M. Troplong, *Du Cautionnement*, n° 34, et Casaregis, *Disc.* 53, n° 6, enseignent que le constitut reçoit son application en Droit français, notamment lorsque celui sur lequel est tirée une lettre de change donne son acceptation. Cet exemple ne nous semble pas bien choisi; le constitut, en effet, ne pouvait s'adjoindre qu'à une dette véritable, tandis que l'acceptation fournie sur une lettre de change fausse, lierait le tiré envers les tiers preneurs de bonne foi.

(2) M. Zachariæ, t. II, p. 451, enseigne le contraire; il se fonde sur ce que les obligations seules reconnues par le droit positif, et qui donnent lieu à une action en nullité ou en rescision, peuvent être l'objet d'une ratification. Mais l'obligation naturelle est reconnue par le droit positif qui, toutefois, ne lui attribue pas des effets complets.

nous, les pactes n'étant pas dépourvus d'action, il n'est pas besoin de recourir à un expédient pour les doter de cette prérogative.

Mais tout en rejetant le constitut avec sa spécialité, nous admettons la ratification de l'obligation naturelle.

La ratification n'exige pas plus en Droit français qu'en Droit romain le consentement du créancier. Que celui au profit duquel une remise est faite soit tenu de l'accepter, et que jusques-là il n'y ait pas lien juridique, on le comprend ; mais quant à la ratification de l'obligation naturelle, il serait dérisoire d'arguer du défaut de consentement de la part du créancier, qui peut bien rejeter un droit, mais qui ne peut vouloir que celui qu'il garde reste incomplet.

Quant au débiteur, la ratification l'expose à des poursuites, elle peut être compromettante pour lui ; par conséquent, elle nécessite la libre expression de sa volonté.

2. De là nous concluons, comme nous l'avons fait en Droit romain (1), qu'en ce qui concerne la capacité du débiteur, la ratification n'a pas d'effet rétroactif.

Que décider à l'égard des tiers ; l'art. 1338 est ainsi conçu : « La ratification... emporte la renonciation aux moyens et exceptions que l'on pouvait opposer contre cet acte, sans préjudice néanmoins du droit des tiers. »

(1) Page 57.

Rappelons le principe d'après lequel l'obligation naturelle étant acquittée, c'est un paiement qui intervient et non une donation. — Par voie de suite, la ratification ne sera que la conséquence d'une obligation antérieure. — De même que les créanciers ne peuvent se plaindre de ce que le débiteur acquitte une obligation naturelle, de même ils ne peuvent réclamer parce qu'il s'engage à l'acquitter; par conséquent, ils ne sont pas recevables à prétendre que la ratification n'a pas d'effet à leur égard.

L'art. 1338, en réservant le *droit* des tiers, a voulu dire seulement que si le débiteur a cédé le *droit* qu'il avait de critiquer l'obligation ou de ne pas l'exécuter, il ne lui est point permis, en ratifiant ensuite, de priver le cessionnaire de l'avantage qui lui a été conféré.

Une femme ayant fait une vente sans le consentement de son mari, et après la dissolution du mariage revendant le même objet à une autre personne, ne peut, par la ratification de la première aliénation, préjudicier à la seconde; à plus forte raison en est-il ainsi lorsque cette femme avait, antérieurement à la seconde vente, fait rescinder la première; de sorte qu'elle n'était plus tenue que par une obligation purement et simplement naturelle (1).

Si les créanciers chirographaires étaient fondés à s'élever contre les ratifications émanées de leur débi-

(1) Telle est généralement l'interprétation que l'on donne à ces expressions de l'art. 1338, *sans préjudice du droit des tiers.* — M. Mourlon, *Répétitions écrites*, t. II, p. 720.

teur, ils auraient un droit de suite, un droit de gage sur tous les biens de leur débiteur; ce qui ne saurait être, puisque celui-ci est même libre de contracter de nouvelles dettes.

3. Ces réflexions auxquelles nous venons de nous livrer, font voir de nouveau combien est profonde la ligne de démarcation qui sépare l'obligation naturelle de l'obligation morale. L'obligation de cette dernière espèce n'aurait pas assez de consistance pour supporter la ratification. L'on ne ratifie pas l'obligation qui, aux yeux de la loi, n'a pas cette qualification. Que l'on prenne un engagement pour cause d'une obligation morale, rien ne s'y oppose; mais ce nouvel engagement est principal, et n'est pas régi par les principes de la ratification.—D'après les principes émis sur le Droit romain, la ratification n'implique pas la novation de la créance; ainsi, les garanties stipulées au sujet de l'obligation naturelle subsistent toujours, elles se rattachent à la même obligation devenue civile.

SECTION V.

De la novation quant à l'obligation naturelle.

SOMMAIRE.

1. L'obligation naturelle peut être novée par une obligation civile; elle peut aussi nover une obligation civile.

2. Le tiers qui substitue son obligation à celle du débiteur tenu naturellement, ne peut avoir contre ce dernier

des droits plus étendus que ceux qui appartenaient au créancier primitif.

1. L'obligation naturelle peut être novée ou opérer elle-même la novation.

La première hypothèse se justifie facilement; la seconde ne s'offre pas à l'esprit avec autant de netteté. Voici un exemple : il existe une dette civile; un mineur vient, sans être autorisé, se substituer au lieu et place du débiteur, il obtient ensuite sa restitution, qui n'empêche pas son obligation de se maintenir dans l'ordre naturel; par conséquent, la novation sera réalisée.

Que l'on n'objecte pas que l'engagement du mineur étant rescindé, la novation disparaît et la première obligation reprend sa force.

Il faut répondre que l'obligation du mineur n'est pas annihilée; elle conserve son essence, comme on le faisait remarquer au Conseil d'État, dans l'Exposé des motifs sur le cautionnement (1). C'est ainsi que l'on expliquait pourquoi la caution demeurait liée, alors que le mineur avait fait usage du moyen de la restitution.

Un tel résultat n'a rien qui blesse l'équité. Les jurisconsultes romains l'avaient accepté, eux qui étaient des praticiens (2). Ce qui démontre que l'engagement du mineur doit produire la novation, c'est que nous n'a-

(1) Tel est le langage tenu par M. Treilhard. — Fenet, t. xv, p. 38.
(2) Voir page 145.

vons qu'à supposer, pour un moment, qu'à ce même engagement du mineur se trouve ajouté un cautionnement; est-ce que la novation ne serait pas admise? Or, que l'engagement du mineur soit unique ou accompagné d'un cautionnement qui, en définitive, se confond avec lui, il doit être doué de la même puissance quant à la novation (1).

Toutefois, si le créancier en vertu de la première obligation ne veut y renoncer que tout autant que la seconde vaudra comme obligation civile, et non pas seulement comme naturelle, ce sera une condition qui devra être apposée; par conséquent, son accomplissement deviendra nécessaire pour que la novation s'effectue. La décision serait identique dans notre Droit et dans celui des Romains.

2. Un tiers qui peut payer pour le compte du débiteur peut aussi substituer son obligation à celle du débiteur naturel. Mais ce paiement comme cette novation ne sauraient nuire à celui dont la dette est éteinte; par conséquent, le tiers n'obtiendra, même avec le consentement du créancier, que l'avantage d'être subrogé à celui-ci. La volonté de la personne qui reçoit le paiement ne peut aller au-delà. Cette proposition est la reproduction de celle adoptée en Droit romain (2).

(1) En indiquant les divers cas d'obligation naturelle, nous présenterons de nouveaux développements pour établir que, malgré la rescision obtenue, le mineur n'est pas affranchi de l'obligation naturelle. V. p. 270.

(2) Voir page 60.

SECTION VI.

Du droit de rétention et de la compensation se référant à l'obligation naturelle.

SOMMAIRE.

1. Le droit de rétention est admis par la législation française; il sert surtout à l'égard de l'obligation naturelle.

2. En Droit français, comme en Droit romain, l'obligation naturelle ne peut servir que pour la compensation, qui se confond dans le droit de rétention.

1. Le Droit de rétention étant une création de l'équité, l'on devrait s'étonner que le législateur français le repoussât; aussi, le silence qu'il aurait gardé à cet égard ne serait-il pas la preuve qu'il eût entendu le proscrire. Pour en venir là, il faudrait une volonté explicite.

Cette volonté a été consignée dans plusieurs textes, mais pour accepter le droit de rétention (art. 548, 1948), sans néanmoins le règlementer. Cela suffit pour l'accueillir d'une manière générale.

Ce droit de rétention nous paraît avoir en France les avantages que nous lui avons reconnus à Rome (1). Il

---

(1) Voir p. 64. C'est une question vivement débattue entre les interprètes de notre Code, que celle de savoir si le droit de rétention est une cause de préférence. Il nous semble qu'une distinction doit être faite entre les créanciers chirographaires et ceux qui ont un privilége ou une hypo-

sera utile pour écarter le débiteur et les créanciers chirographaires, mais non pour repousser les créanciers privilégiés ou hypothécaires.

Nous n'hésitons pas à permettre au créancier en vertu d'une obligation naturelle, de faire usage de ce thèque. Le droit de rétention sera un titre opposable aux premiers et non pas aux autres.

Vainement on objecte l'article 2082, deuxième alinéa, qui permet au créancier gagiste de garder la chose jusqu'à ce qu'il soit payé même de la dette contractée postérieurement à celle pour laquelle le gage était intervenu.

Nous interprétons ce texte d'après la loi unique, CODICE, *etiam ob chirographariam*, qui relate une espèce analogue (v. p. 65). Il ne s'agit point là d'un véritable droit de gage, mais seulement d'un droit de rétention qui n'aura d'effet qu'à l'égard du débiteur et des créanciers chirographaires. Dans ce cas, il peut s'élever un conflit entre le créancier nanti de la chose et d'autres créanciers privilégiés sur les meubles. Ainsi, l'on se demande si les créanciers privilégiés sur la généralité des meubles (art. 2101), doivent primer le créancier gagiste. A notre avis, la solution sera résolue en faveur des créanciers qui excipent d'un privilège général sur les meubles, lorsqu'ils seront en présence de celui qui argue seulement du droit de rétention mentionné dans le deuxième alinéa de l'art. 2082.

Le mandataire qui fait des avances dans l'intérêt du mandant, pourra user du droit de rétention; mais il ne saurait prétendre à aucune priorité sur les créanciers hypothécaires, à moins qu'il n'ait fait des constructions et qu'il ne se trouve dans le cas prévu par la loi 29, § 2, DIG., *de Pignoribus et Hypothecis*. (Voir page 65.)

droit de rétention qui facilitera son paiement, et qui sera, par rapport au débiteur, un moyen coercitif.

2. L'on enseigne généralement que l'obligation naturelle ne peut entrer en compensation d'après le Droit français, qui, à cet égard, a fait scission avec le Droit romain. Nous soutenons, au contraire, que les deux législations, au lieu d'avoir fait divorce, sont en parfaite harmonie.

Nous avons établi qu'à Rome la compensation n'était, relativement à l'obligation naturelle, que l'exercice du droit de rétention. La même doctrine nous semble applicable d'après les lois françaises (1). — Celui qui a fait des avances à l'occasion d'une affaire intéressant un tiers qui ne peut s'obliger que naturellement, est fondé à retenir ce qu'il perçoit, pour s'indemniser de ses déboursés. La bonne foi serait blessée si l'obligé naturellement, exigeant l'exécution entière du contrat en sa faveur, ne remplissait pas les engagements qui lui incombent. En Droit romain, comme en Droit français, l'obligation naturelle est dépourvue d'action; en rejetant la compensation *ex eadem causa*, l'on arriverait à ce résultat, que l'un n'aurait pas le moyen de répéter les dépenses qu'il aurait faites, et que l'autre profiterait de l'affaire sans en supporter les charges.

(1) Voir page 65.

CHAPITRE III.

Des modes d'extinction de l'obligation naturelle.

Ces modes d'extinction, en Droit français, ressemblent à ceux admis en Droit romain; car l'obligation naturelle ayant sa source dans l'équité, a des règles qui se retrouvent souvent dans les divers pays.

SECTION PREMIÈRE.

Du paiement, de la novation, de la compensation.

SOMMAIRE.

1. Le paiement est la satisfaction que les parties avaient en vue lors de la formation de l'obligation naturelle.
Si le paiement n'est que partiel, et s'il existe plusieurs dettes dont l'une est naturelle, de quelle manière s'effectuera l'imputation?

2. Le paiement qui n'est que partiel, n'a point pour effet de conférer une action quant au surplus de la dette.

3. La novation produit l'extinction de l'obligation naturelle.

4. Est-il permis d'invoquer la compensation proprement dite à l'égard de deux dettes naturelles.

1. A présent, nous n'avons à considérer le paiement, la novation, la compensation restreinte, que sous un seul point de vue, et comme modes d'extinction des obligations.

C'est le paiement surtout qui éteint l'obligation naturelle ; les parties ont en vue cette satisfaction, qu'il s'agisse d'une obligation soit civile, soit naturelle.

En présence de plusieurs dettes dont l'une est naturelle, alors que le paiement n'est pas intégral, il faudra recourir aux règles de l'imputation ; nous les avons tracées (1) dans la partie du Droit romain ; elles serviront de guide en Droit français, parce qu'elles sont conformes à l'équité.

Que le débiteur fixe l'imputation sur une obligation naturelle, personne n'est recevable à se plaindre.

A défaut de déclaration du débiteur, le droit de faire l'imputation passe au créancier, mais dans une certaine mesure ; ainsi, il ne lui serait pas loisible d'appliquer le paiement à une obligation naturelle préférablement à une obligation civile ; le débiteur qui aurait accepté une quittance ainsi conçue serait fondé à réclamer, alors même qu'il ne se plaindrait pas d'un dol, mais seulement d'une surprise (art. 1255) (2).

Après le débiteur et le créancier, c'est la loi qui règle l'imputation, de manière toutefois à ce que la dette civile soit acquittée préalablement à la dette naturelle.

(1) Page 77.
(2) M. Toullier, t. vii, n°s 177 et 178, écrit que c'est en vue des principes du Droit romain, qui ne permet pas au créancier de faire l'imputation comme il l'entend, que le débiteur ayant accepté la quittance est recevable à demander une sorte de restitution contre les conséquences de ce qui ne serait qu'une surprise.

2. Si le paiement d'une obligation naturelle n'est que partiel, nous dirons, ainsi que nous l'avons soutenu en Droit romain (1), qu'il n'a pas la puissance de rendre l'obligation civile pour le restant de la dette. Le paiement ne prouve nullement l'intention de transformer l'obligation, qui n'a point cessé d'être naturelle; le paiement effectué volontairement ne contrarie nullement l'idée d'une dette naturelle; par conséquent, il ne peut affecter cette partie de la dette qu'il n'était pas destiné à éteindre.

3. L'obligation naturelle cesse par la novation. La nouvelle dette sera réputée civile. Quand on traite, on n'est pas censé vouloir se lier à moitié. Il est inutile d'insister sur cette pensée, que nous avons exprimée en Droit romain (2).

4. Le droit de rétention, qui est l'une des prérogatives attachées à l'obligation naturelle, implique une affaire unique; par conséquent, il ne saurait être question de lui quand il se rencontre deux dettes naturelles dérivant *ex dispari causa*. Dans ce dernier cas, la compensation proprement dite doit être également écartée en Droit français et en Droit romain (3).

La compensation présuppose l'exigibilité de la dette (art. 1291); elle constitue un paiement forcé; tout cela répugne à l'obligation naturelle.

(1) Voir page 79.
(2) Voir page 80.
(3) Voir page 81.

SECTION II.

De la confusion.

SOMMAIRE.

1. La confusion doit être envisagée, dans la législation française, comme dans la législation romaine.

2. Y a-t-il confusion lorsque, la dette principale étant naturelle et celle de la caution étant civile, le débiteur succède à la caution?

1. En Droit français, la confusion offre le même caractère qu'en Droit romain (1); elle exonère la personne sans faire cesser la dette.

L'art. 1301, troisième alinéa, ne contrarie pas cette manière de voir. Il dispose que la confusion qui s'opère dans la personne du créancier et de l'un des débiteurs solidaires, profite à ces derniers pour la part dont était tenu celui qui représente le créancier.

Le principe du Droit romain, qui faisait peser l'obligation sur chacun des débiteurs corréés sans recours de l'un contre l'autre, tenait à des mesures rigoureuses tout-à-fait étrangères à nos mœurs. Il était cependant un cas où les Romains statuaient autrement : c'est lorsqu'il y avait société entre les débiteurs; alors, on rentrait, à cause de la nature du contrat, dans le droit de l'équité. Par conséquent, dans l'espèce que nous

---

(1) Voir page 85.

avons en vue, les Prudents auraient décidé, comme le Code français, que la dette était éteinte en partie. Sous l'empire de cette législation, tout est équitable; dès-lors, il ne faut pas s'étonner qu'une sorte de société soit tacitement établie entre les codébiteurs.

2. Toutefois, les motifs qui servent de fondement à la confusion ne se rencontrent plus, lorsqu'elle s'opère dans la personne du débiteur principal tenu naturellement, et de la caution obligée civilement; à cet égard, nous ne pouvons que renvoyer aux explications que nous avons données sur le Droit romain (1).

SECTION III.

De la remise de la dette.

SOMMAIRE.

1. La remise faite au débiteur principal tenu naturellement libère la caution obligée civilement. L'inverse n'a pas lieu.
2. Cette remise ne doit pas être confondue avec celle qui résulte d'un concordat.
3. Si le créancier, faisant remise au débiteur principal, se réserve expressément ses droits contre la caution, peut-on dire que ce débiteur principal demeurera lié par une obligation au moins naturelle?

1. La remise accordée au débiteur principal qui

(1) Voir page 85.

n'est tenu même que naturellement, opère la libération de la caution, fût-elle obligée civilement (1).

Toutefois, l'inverse n'a pas lieu. L'on comprend facilement l'existence isolée d'une obligation qui se soutient seule, tandis que l'on ne s'explique pas l'existence isolée d'une obligation qui n'est destinée qu'à être l'appendice d'une autre.

2. Le principe d'après lequel la remise faite au débiteur profite à la caution, ne s'applique pas à l'abandon consenti par un concordat; en effet, dans cette dernière hypothèse, le créancier n'entend pas donner; mais, sous la forme d'une prétendue remise, il veut éviter une perte plus forte.

3. La remise faite en faveur du débiteur principal libère tellement la caution, que toute réserve contraire serait complètement inutile. Il suffit, pour se convaincre de cette vérité, d'examiner quels seraient les droits de la caution qui aurait payé; elle aurait incontestablement un recours à exercer contre le débiteur principal, ce qui rendrait illusoire la remise qui aurait été faite à celui-ci. Un pareil résultat démontre que la remise, bon gré, malgré, profite à tous les deux.

(1) Voir page 88.

SECTION IV.

De la prescription.

SOMMAIRE.

1. L'obligation naturelle isolée est soumise à la prescription.
2. Il en est de même de l'obligation naturelle qui est jointe à une obligation civile.

1. Les motifs qui nous ont porté à décider, en Droit romain, que l'obligation naturelle était placée sous l'empire de la prescription, conservent, en Droit français, toute leur force. La prescription, en France comme à Rome, est une mesure d'ordre public (1). Aussi ne peut-on, par avance, renoncer aux avantages qu'elle procure (art. 2220).

Cependant, l'art. 2262 peut suggérer une objection : « Toutes les actions, tant réelles que personnelles, sont prescrites par trente ans, etc. » D'où l'on pourrait induire qu'il n'y a que les obligations accompagnées d'action qui soient passibles de la prescription.

Nous répondons qu'il n'est pas étonnant que la loi se soit préoccupée des obligations sanctionnées par une action; celles-là sont les plus à redouter, leurs conséquences sont les plus graves; mais par cela seul

---

(1) Voir page 90.

qu'elles sont mentionnées, cela ne prouve pas que les autres soient exclues. Reste toujours l'observation que nous avons émise (1) sur l'inconséquence qu'il y aurait à laisser plus de vie à l'obligation qui aurait moins de force.

L'art. 2257, disposant que la prescription ne court pas avant l'échéance du terme, ne fournit pas un argument plus solide que celui que nous venons de combattre. Ce texte ne prouve pas que le législateur n'ait voulu faire subir la prescription qu'à celui qui est muni d'une action. Il faut, en effet, ne pas assimiler deux hypothèses bien différentes. Quand l'obligation est à terme, la prescription se trouve suspendue parce que la dette n'est pas échue. Mais ce motif n'existe pas lorsque le créancier ne peut agir que parce que seulement la dette est naturelle. Cette qualité de l'obligation ne fait nul obstacle à son échéance. Cela est tellement vrai, que si une caution était intervenue, le créancier aurait le droit de la poursuivre, quoique l'obligation principale ne valût que dans l'ordre naturel; au lieu que ce même créancier serait forcé d'attendre si un terme modifiait l'obligation principale.

En un mot, la prescription fait sentir son influence à partir de l'époque fixée pour le paiement; et si le débiteur acquitte l'obligation naturelle, on ne peut dire qu'il a payé par anticipation; il a purement et simplement exécuté son engagement.

(1) Voir page 93.

17

Nous avons cru devoir ajouter quelques développements à ceux que nous avons donnés dans la partie du Droit romain, parce que cette question a de l'importance et qu'elle ne nous semble pas avoir été généralement présentée dans son véritable jour.

2. La prescription, faisant cesser l'obligation naturelle qui est isolée, nous paraît devoir produire le même effet à l'égard de l'obligation naturelle, qui est concomitante de l'obligation civile. En France, comme à Rome (1), la prescription doit être acceptée sans restriction.

Cette doctrine n'est pas contrariée par l'art. 2223, qui dispose que les juges ne peuvent suppléer d'office la prescription.

Ce texte signifie seulement que des raisons impérieuses militant en faveur du maintien de la prescription, il ne fallait pas que, dans certains cas particuliers, elle profitât à celui qui a la conviction de ses torts, et qui ne veut pas s'enrichir de la sorte. Toutefois, cet abandon de la prescription n'est pas l'acquittement d'une obligation naturelle, mais bien l'acquittement d'une obligation de conscience (2).

(1) Voir page 96.
(2) M. Zachariæ, tome v, page 825, estime, au contraire, que la prescription laisse subsister l'obligation naturelle. Il objecte que si l'on soutient que la prescription efface l'obligation naturelle, il s'ensuivra qu'un droit prescrit ne pourrait servir de cause à une nouvelle obligation qui serait

Vainement on opposerait que si la renonciation à la prescription n'est pas l'acquittement d'une obligation naturelle, il s'ensuivra que la renonciation à la prescription constituant une libéralité, devra être revêtue des formalités déterminées pour les donations. Que l'on fasse attention que ces formalités ne sont pas imposées à toutes les libéralités, notamment à celles déguisées sous la forme d'un contrat à titre onéreux.

Nous avons présenté, en Droit romain (1), certaines consentie pour tenir lieu de la dette primitive. Mais l'on remarquera que, dans cette circonstance, il existe une obligation de conscience qui doit être séparée de l'obligation naturelle; or, l'obligation de conscience peut être la cause d'une obligation civile.

M. Troplong, *De la Prescription*, tome 1, n° 29, enseigne que la prescription éteint l'obligation naturelle, et il fait observer que si la prescription a besoin d'être opposée par la partie, cela ne prouve pas que celle-ci, en ne l'invoquant pas, acquitte une obligation naturelle; seulement, elle laisse subsister une obligation civile.

Il nous semble que cette appréciation de la prescription ne doit pas être acceptée. Nous sommes d'accord avec M. Troplong pour reconnaître que la prescription ne laisse pas vivre l'obligation naturelle; mais nous pensons que celui qui ne fait pas usage de la prescription, acquitte un devoir de conscience, sans être tenu par la même obligation civile qui existait antérieurement. Avec la doctrine de ce savant magistrat, il est bien difficile de se rendre raison de l'art. 2225, qui ne permet pas que la renonciation à la prescription préjudicie aux créanciers. (Voir ce que nous avons écrit, page 236.)

(1) Page 93.

explications pour établir que, lorsque l'obligation civile était prescrite, l'obligation naturelle disparaissait également ; à plus forte raison faut-il décider de la sorte dans notre législation, qui ne fournit pas quelques textes spécieux pour servir d'armes aux partisans de l'opinion contraire ; aussi, quant à l'acquisition de la propriété, n'admettrait-on pas la distinction d'après laquelle le possesseur de mauvaise foi qui a prescrit n'aurait pas l'action en revendication. Nous avons critiqué (1) cette décision de Justinien.

SECTION V.

L'autorité de la chose jugée efface-t-elle l'obligation naturelle ?

SOMMAIRE.

1. En Droit français, comme en Droit romain, l'autorité de la chose jugée s'oppose à ce que l'obligation naturelle survive.

2. L'autorité de la chose jugée laisse intacte l'obligation morale, ou de conscience.

1. La chose jugée est un obstacle insurmontable à l'existence de l'obligation naturelle (2). Les motifs que

---

(1) Page 102.
(2) M. Zachariæ, tome v, page 201, est d'un sentiment contraire.
La stabilité des jugements intéresse l'ordre public. Si l'on a obtenu la contrainte par corps dans un cas où elle n'était

nous avons fait valoir en Droit romain (1) sont également décisifs dans le Droit français, qui proscrit toute preuve tendant à porter atteinte à la chose jugée (art. 1352).

C'est le droit des gens qui commande ce respect à l'égard des décisions judiciaires. Quand nous avançons que l'autorité de la chose jugée dérive du droit des gens, cela signifie que, dans chaque pays, les sentences doivent avoir force et respect, et non pas que les jugements rendus dans un état soient également obligatoires dans un autre.

2. Il est essentiel de se rappeler la distinction proposée entre l'obligation naturelle et celle de conscience. La première peut exister, quoiqu'il y ait injustice dans certains cas donnés, alors que le jugement a été porté mal à propos. La seconde obligation est toujours équitable.

SECTION VI.

La prestation du serment fait-elle cesser l'obligation naturelle ?

En Droit français, comme en Droit romain, nous

pas permise, l'autorité de la chose jugée est telle que le créancier peut exercer cette mesure rigoureuse. Cette pensée est exprimée par M. Bioche, *Dict. de Procédure*, t. III, p. 618.

(1) Page 105.

considérons le serment sous un double point de vue : il est décisoire ou supplétoire.

SOMMAIRE.

1. Le serment décisoire emporte l'obligation naturelle.
2. Il n'est pas même permis à la partie qui a déféré le serment de prouver sa fausseté.
3. Le serment supplétoire détruit l'obligation naturelle.
4. La partie qui se plaint de ce jugement peut en prouver la fausseté.

1. Le serment déféré par la partie, soit en justice, soit extra-judiciairement, a plus de force que le jugement, ainsi que nous l'avons constaté (1) d'après le Droit romain.

Il efface non-seulement l'obligation naturelle, mais encore l'obligation morale; de sorte que si la partie qui a prêté le serment payait parce qu'elle croyait que la loi lui en faisait le commandement, elle serait recevable à répéter (2).

2. La partie qui a déféré le serment a consenti, par cela même, à prendre son adversaire pour arbitre suprême; par conséquent, elle est irrecevable à prouver la fausseté du serment (art. 1363), et même à se prévaloir de cette fausseté du serment que le ministère public fait constater devant les tribunaux criminels.

(1) Page 112.
(2) Voir page 113.

L'art. 366 du Code Pénal, qui sévit contre celui qui a fait un faux serment, a en vue l'intérêt public et non pas l'intérêt privé. Il serait anormal que, parce que le ministère public intente une action au criminel, l'on eût le moyen de faire valoir un droit privé, que l'on ne serait jamais fondé à exercer devant la juridiction civile, alors que les tribunaux civils seraient surtout compétents en cette matière (1).

3. Quoique le serment déféré par le juge n'ait point pour lui l'adhésion de toutes les parties, néanmoins il fait cesser l'obligation naturelle, parce qu'il est accompagné d'une sentence. A proprement parler, c'est plutôt le jugement que le serment qui produit cet effet.

4. Semblable aux jugements ordinaires, ce jugement qui repose sur le serment supplétoire pourra être critiqué, le cas y échéant ; d'où il suit, comme nous l'avons exposé en Droit romain (2), que la cessation de toute obligation par le fait de ce serment, ne sera pas toujours irrévocable (3).

---

(1) Notre collègue et ami, M. Bonnier, professeur à la Faculté de Paris, *Traité des Preuves*, n° 356, démontre, en invoquant l'Exposé des motifs au Corps Législatif, qu'il n'est point permis d'intervenir comme partie civile, lorsque le ministère public poursuit le parjure.
(2) Page 114.
(3) M. Bonnier, *Traité des Preuves*, n° 372, fait observer, avec raison, que le juge de l'appel pourra déférer le

SECTION VII.

De la mort civile, et de l'interdiction légale qui a été substituée à la mort civile.

SOMMAIRE.

1. Celui qui avait encouru la mort civile ne restait pas obligé naturellement.
2. L'interdiction légale ne modifie nullement le caractère des obligations.

1. Le Code Napoléon avait admis la mort civile, qui dépouillait le condamné de tous ses biens et ouvrait sa succession comme s'il était mort naturellement (art. 25, Code Nap.) De là il fallait inférer que les successeurs du mort civilement étaient seuls chargés des dettes; d'ailleurs, ils détenaient les biens, c'était le cas d'appliquer la règle : *Bona non dicuntur nisi deducto œre alieno*. Pareillement, nous avons vu (1) que celui qui avait encouru à Rome la grande ou moyenne déchéance d'état, était déchargé de ses obligations, même envisagées dans l'ordre naturel. Si le condamné avait été obligé naturellement, il en serait résulté, ce qui est choquant, que les créanciers auraient été investis d'une double obligation : l'une civile, contre les héritiers; l'autre naturelle, contre le mort civilement (2).

C'est avec raison que le nouveau législateur a sup-

serment à celui des plaideurs que le juge de première instance n'avait pas désigné.

(1) Page 116.
(2) Voir, sur cette question, M. Demolombe, t. 1, n° 202.

primé la peine de la mort civile, qui déparait nos codes (1), et nous ne pouvons qu'applaudir à la loi du 31 mai 1854, qui l'a abolie.

2. Toutes les condamnations à des peines afflictives perpétuelles produisent l'interdiction légale déterminée par les articles 29 et 31 du Code Pénal.

Cette interdiction laisse au sujet sa personnalité extérieure ; par conséquent, elle ne porte aucune modification à ses engagements antérieurs.

Quant aux obligations qu'il contracterait pendant la durée de la peine, nous ne les assimilons pas à celles souscrites par l'interdit dont les facultés intellectuelles sont affaiblies.

Cette interdiction légale n'est pas une protection, mais une punition. C'est afin d'empêcher le condamné de se procurer des ressources qui adouciraient son sort, que le législateur le prive de l'administration de ses biens, et veut lui ôter tout crédit. Une pensée d'ordre public ayant déterminé cette interdiction, une obligation naturelle ne peut dériver d'un engagement pris par cet interdit, qui va à l'encontre de l'intérêt social. De là il suit qu'une caution prêterait inutilement son concours à un tel acte que la loi réprouve.

(1) La mort civile entraînant la dissolution du mariage (art. 25, Code Nap.), il en résultait que les enfants qu'auraient eu les époux, dont l'un avait encouru la mort civile, étaient réputés illégitimes ; et de cette manière était puni l'époux qui n'avait pas consenti à se séparer de son conjoint malheureux.

SECTION VIII.
De la cession de biens.
SOMMAIRE.

1. La cession de biens judiciaire laisse subsister l'obligation civile.
2. Au contraire, la cession volontaire détruit même l'obligation naturelle.

1. En France et à Rome, la cession judiciaire est un bénéfice qui protége le débiteur de bonne foi contre les poursuites des créanciers. Elle n'affecte pas l'obligation naturelle et laisse même vivre l'obligation civile; s'il survient de nouveaux biens au débiteur, il peut être actionné (art. 1270).

2. La cession volontaire est le résultat des accords intervenus entre le débiteur et les créanciers. Les abandons que consentent les créanciers auront pour résultat d'éteindre l'obligation naturelle; il n'est pas vraisemblable que les créanciers songent à répudier l'obligation civile, tout en se réservant l'obligation naturelle; aussi, le débiteur étant déchargé de l'une et l'autre obligation, aucune espèce de cautionnement ne pourrait plus intervenir. — Il en serait autrement si les créanciers s'étaient bornés à donner un délai à leur débiteur; dans cette hypothèse, l'obligation civile persisterait.

SECTION IX.
De la faillite.
SOMMAIRE.

1. L'état de faillite ne détruit pas l'obligation civile.

2. Nonobstant le concordat, l'obligation naturelle subsiste.

1. La décision que nous avons donnée à l'égard de celui qui fait la cession judiciaire, s'applique au failli; l'un et l'autre ne pouvant satisfaire leurs créanciers, échappent à la rigueur des poursuites par l'abandon de leur avoir; aussi, l'état de faillite n'influe en rien sur les obligations.

2. Toutefois, si des remises sont faites à suite d'un concordat, l'obligation naturelle est réservée pour ces parts des dettes qui ont été sacrifiées. Aussi, le failli qui voudra obtenir sa réhabilitation, sera-t-il tenu de prouver qu'il a payé l'intégralité de ses dettes (1).

Le concordat laisse subsister l'obligation naturelle non-seulement à l'égard des créanciers qui ont la main forcée par la majorité, mais encore à l'égard de ceux qui ont donné leur adhésion; car, s'ils ont signé le concordat, c'est moins pour faire une libéralité que pour éviter une perte plus grande; l'expérience démontre que les liquidations faites par les masses donnent des résultats plus avantageux.

Il s'évince de ces principes que la caution reste toujours tenue, malgré la remise faite au débiteur; nous en dirions autant des hypothèques, si les créanciers hypothécaires n'étaient pas étrangers au concordat.

Il y a plus : après le concordat, de nouvelles sûretés pourraient être fournies, bien entendu si elles ne sont pas le prix d'un vote frauduleux.

(1) Voir pages 222, 255.

CHAPITRE IV.

Des divers cas où il existe une obligation naturelle.

Après avoir exposé et discuté les principes de l'obligation naturelle, il nous reste à en faire l'application à quelques questions isolées.

SECTION PREMIÈRE.

Le mineur de vingt-et-un ans, qui traite sans l'autorisation de son tuteur, s'oblige-t-il naturellement?

SOMMAIRE.

1. Il faut appliquer les principes du Droit romain qui régissent les actes émanés du mineur de vingt-cinq ans.
2. D'après le Droit français, les obligations consenties par le mineur de vingt-et-un ans durent comme naturelles, quoiqu'il se fasse restituer.
3. La loi impose diverses formalités pour des actes importants; en les souscrivant seul, le mineur s'oblige-t-il naturellement?

1. Les principes de la législation romaine, en ce qui concerne les actes consentis par le mineur de vingt-cinq ans, nous paraissent devoir servir de guide.

Tout le temps que le mineur n'est pas relevé de son engagement, il est obligé civilement; il ressemble au mineur de 25 ans qui, à Rome, était lié de la même manière, à moins qu'il n'obtint le bénéfice de la restitution.

Ce qui démontre que, chez nous, l'obligation du mineur est civile, c'est qu'elle est susceptible de fournir une action (art. 1304); or, nous avons vu qu'il est de l'essence de l'obligation naturelle de ne jamais produire une action.

Cette analogie que nous établissons entre le Droit romain et le Droit français, dénote que nous ne regardons pas comme nul l'engagement pris par le mineur seul.

Cependant, le système de la nullité a été embrassé par quelques auteurs qui, abstraction faite de toute lésion, déclarent que le mineur n'est pas lié par les actes dans lesquels il a figuré seul, ils considèrent du même œil les engagements du mineur français et ceux du pupille de Rome.

Ce sentiment ne peut se concilier avec les art. 1304, 1305 et 1307. Il est fait mention dans ces textes d'actes passés par les mineurs, et de déclarations afin de dissimuler l'âge.

Cette doctrine, que nous embrassons, fait de jour en jour des progrès et tend à se généraliser (1).

(1) Elle a été consacrée par un arrêt de la Cour de Cassation en date du 18 juin 1844.—Dalloz, année 1844, 1re partie, p. 225.

Il est bien entendu que nous ne nous occupons, en ce moment, que des actes non assujétis à des formes particulières.

Les partisans de l'opinion contre laquelle nous nous éle-

2. Lorsque, dans le délai déterminé, le mineur aura fait rescinder son engagement, il sera néanmoins tenu par une obligation naturelle ; aussi le cautionnement produira-t-il son effet. « On peut cautionner une obligation, encore qu'elle pût être annulée par une exception purement personnelle à l'obligé, par exemple, dans le cas de minorité » (art. 2012).

Cette solution ne contredit nullement celle que nous donnons par rapport au jugement passé en force de chose jugée ; nous avons pensé qu'il anéantissait l'obligation naturelle. Or, l'on pourrait objecter que le mineur ayant obtenu la rescision de son engagement, il ne reste pas même une obligation naturelle. Mais nous répondons qu'il n'a pas été jugé que l'obligation, considérée en elle-même, était défectueuse, comme si,

vons, prétendent qu'il n'y a que les actes dans lesquels figure le tuteur qui soient attaquables pour cause de lésion.

De là il suivrait que le mineur serait mieux traité que l'interdit lui-même ; car ce dernier n'est pas recevable à faire rescinder, pour cause de lésion, les contrats auxquels participe son tuteur.

M. Valette, dans ses notes sur M. Proud'hon, t. II, page 468, réfute l'argument pris dans l'art. 481 du Code de procédure, qui accorde aux mineurs le moyen de la requête civile lorsqu'ils n'ont pas été valablement défendus. Ce ne sont pas, fait observer ce professeur, les mineurs seuls qui peuvent employer la requête civile dans cette circonstance, elle est également ouverte à l'État, aux communes et aux établissements publics qui, cependant, ne sont pas admis à se faire restituer pour cause de lésion.

par exemple, un dol était intervenu; le tribunal s'est borné purement et simplement à dégager la personne du mineur, à cause d'une prérogative qui lui est octroyée.

3. Nous avons fait connaître (1) que, d'après le Droit romain, le mineur pourvu d'un curateur ne s'obligeait sous aucun rapport, quand il consentait seul un acte d'aliénation. De son côté, la loi française inhibe au mineur certains actes importants, tels que l'aliénation des immeubles, la constitution des hypothèques, les emprunts, qui doivent être accompagnés de certaines formalités (art. 457 et 458 Code Nap.). Si elles n'étaient pas accomplies, quoique le mineur eût donné son consentement, existerait-il une obligation naturelle? Ne serait-ce pas faire tomber le législateur en contradiction avec lui-même, que d'admettre que, d'une part, il veille dans l'intérêt des mineurs, qu'il montre une grande sollicitude pour sauvegarder leurs biens; et que, d'une autre part, il accorde des effets à une convention qui ne tient aucun compte de ses prescriptions.

Nonobstant ces observations, nous décidons que le mineur qui consentira seul un des actes soumis à des formes spéciales, et qui en obtiendra l'annulation, demeurera lié naturellement.

D'après le Droit français, les actes faits contrairement à ses prescriptions ne sont pas, comme d'après

(1) Page 143.

le droit civil de Rome, atteints d'une nullité telle, qu'elle n'ait pas besoin d'être prononcée.

Sous ce rapport, l'action en nullité se rapproche chez nous de l'action en rescision, et cette similitude doit nous porter de plus fort à maintenir, malgré la nullité prononcée, l'obligation naturelle.

Dans notre législation, lorsque le mineur traite seul, il faut distinguer : les actes sont-ils assujétis à des formes particulières? ils seront annulables sans qu'il soit nécessaire de justifier d'une lésion. Au contraire, quand les actes ne sont pas soumis à des formes spéciales, ils seront seulement rescindables, et la preuve de la lésion devra être rapportée.

Que l'acte passé par le mineur soit annulable ou rescindable, cela est indifférent quant à l'obligation naturelle; dans les deux hypothèses, le mineur est tenu civilement, il est exposé à une action qu'il n'est plus en son pouvoir d'arrêter après dix années, à compter de la majorité (art. 1304).

Une fois qu'il a fait prononcer l'annulation ou la rescision, il reste lié sous le point de vue naturel; c'est pourquoi la caution qu'il aurait donnée serait engagée, sans examiner si l'acte est annulable ou rescindable (art. 2012). Nous avons déjà fait observer que la validité du cautionnement est la marque à laquelle on reconnaît que l'obligation vaut au moins comme naturelle.

Notre théorie, d'après laquelle l'acte annulable et rescindable sont placés sur la même ligne, en ce qui concerne l'obligation naturelle, soulèvera peut-être l'objection suivante : l'acte qui doit être revêtu de certaines formalités est réputé inexistant en cas de non accomplissement ; dès-lors le mineur est censé n'avoir rien fait quand il a seul souscrit des actes importants qui devaient être accompagnés de certaines formalités. — Nous répondons qu'il ne faut pas confondre les formalités prescrites pour la validité de l'acte considéré en lui-même, et celles destinées à suppléer à l'incapacité. L'inobservation des premières affecte l'acte d'un vice absolu et radical. Il en est autrement quant à l'inobservation des secondes. Or, le consentement du conseil de famille et l'homologation du tribunal ne sont pas exigées pour la validité d'un contrat de vente ou d'emprunt, mais seulement en vue de l'incapacité du sujet. — D'où il suit que l'irrégularité ne provient que d'un manque de capacité. Or, nous avons vu (1), soit en Droit romain, soit en Droit français, que l'incapacité qui n'est que civile ne fait pas obstacle à l'existence de l'obligation naturelle.

SECTION II.

Quelle est la valeur de l'obligation souscrite par le mineur à l'égard de son tuteur ?

SOMMAIRE.

1. Il faut appliquer les principes du Droit romain, qui sont relatifs à l'engagement pris par le mineur de vingt-cinq ans à l'égard de son curateur.

(1) Page 222.

2. Justification de cette proposition.

3. Quand le ci-devant mineur aura fait un traité sans que les formalités indiquées par l'art. 472 aient été accomplies, sera-t-il obligé naturellement?

1. Nous avons dénommée civile, l'obligation que le mineur de vingt-cinq ans contractait à Rome vis-à-vis de son curateur ; en même temps, nous avons reconnu à ce mineur lésé le droit à une restitution (1). Par là, cette sorte d'engagement a été placé dans le droit commun.

Cette appréciation nous semble devoir s'appliquer, en Droit français, à l'engagement souscrit par le mineur à l'égard de son tuteur ; par conséquent, cette obligation ne deviendra naturelle que par l'effet de la rescision. — Elle sera obtenue plus facilement à l'encontre du tuteur, qu'à l'égard d'autres personnes. Il ne faut pas que celui qui exerce des fonctions de confiance soit tenté d'en abuser.

2. L'art. 1304 prête son appui à cette doctrine : il accorde au mineur un délai pour faire rescinder les actes qu'il a passés, sans examiner la qualité des autres contractants.

D'une part, aucun texte n'amène à penser que l'engagement pris envers le tuteur soit réputé inexistant. Peut-être que le mineur aura intérêt à ce qu'il soit conservé.

(1) Voir p. 147.

D'autre part, il n'y a point de motif pour réduire de suite cet engagement à la condition de celui qui ne vaut que dans l'ordre naturel, puisque le mineur a la capacité pour s'obliger civilement, et qu'il ne réclame pas contre son obligation.

3. Après même la cessation de la tutelle, le ci-devant mineur se trouve, quant au règlement de ses intérêts, à la merci de son ancien tuteur tout le temps que celui-ci ne lui a pas rendu son compte. Voilà pourquoi le législateur défend tout traité qui interviendrait alors que le compte détaillé et les pièces justificatives n'ont pas été communiquées dix jours à l'avance (art. 472, Code Nap.)

Si, en dehors de ces prescriptions de la loi, une convention était formée, elle serait annulable seulement sur la demande du mineur (1); elle aurait le sort des actes souscrits par le mineur seul, quoique des formes spéciales fussent imposées. De là, nous concluons que le ci-devant mineur qui aurait fait accepter par les tribunaux sa demande en nullité, n'aurait point, par cela même, fait rompre le lien de l'obligation naturelle.

(1) M. Demante, *Cours analytique de Code Napoléon*, t. II, p. 307.

SECTION III.

Quel est l'effet de la cession de créances ou de droits consentis au tuteur contre le mineur ?

SOMMAIRE.

1. Notre code rappelant la prohibition décrétée par le Droit romain, sans permettre au mineur de bénéficier, il ne peut être question d'obligation naturelle en ce qui concerne ce dernier.

1. Le législateur romain, comprenant les abus et les fraudes que pourraient occasionner les cessions de droits que se ferait consentir le tuteur ou le curateur, avait édicté une défense formelle à cet égard ; et, en cas de contravention, il prononçait la libération du pupille ou du mineur (1).

Le Droit français, en maintenant la prohibition, n'a pas rappelé cette sanction exorbitante et qui ne saurait être suppléé ; aussi, malgré quelques dissidences qui s'étaient d'abord manifestées, l'on enseigne, aujourd'hui, que le mineur aura l'option entre la nullité de la cession, ou le maintien de la cession à son profit, pourvu que, dans ce dernier cas, le tuteur soit indemnisé de ses débours (2).

Puisque, dans aucune hypothèse, le mineur ne profite de la créance au moyen de cette sorte de confisca-

---

(1) Voir p. 149.
(2) MM. Ducaurroy, Bonnier, Roustain, *Commentaire du Code Civil*, t. I, n° 649.

tion décrétée par la loi romaine, nous n'avons pas à nous demander s'il demeure débiteur dans l'ordre naturel.

La Novelle 72 interdisait en termes exprès la cession à titre gratuit; dans notre Droit, elle sera également prohibée; seulement, le mineur ne sera point reçu, dans cette circonstance, à dire qu'il prendra comme donataire la place de son tuteur. La voie de nullité sera seulement ouverte contre cet acte, et le cédant recouvrera contre le mineur sa créance, telle qu'elle était primitivement.

Il est vrai que l'on a soutenu (1) que la prohibition de l'art. 450 du Code Napoléon ne s'étendait pas à la donation. Le texte précité, a-t-on dit, n'empêcherait pas le tuteur d'être substitué aux droits du créancier contre le mineur, par le moyen d'une disposition à titre gratuit qui serait une institution d'héritier, ou même simplement un legs.

Nous ferons remarquer que, dans cette dernière hypothèse, l'on n'a pas à craindre les spéculations et les concerts frauduleux que masquerait une donation entre-vifs. Il n'est pas vraisemblable que l'on convertisse un testament en un instrument de spoliation. Rien ne prouve, d'ailleurs, que le tuteur ait eu connaissance du testament; tandis qu'il est partie dans l'acte de donation entre-vifs.

(1) M. Demolombe, t. vii, n° 761.

SECTION IV.

Les actes passés par l'interdit renferment-ils une obligation naturelle ?

SOMMAIRE.

1. Quoique les tribunaux aient relevé l'interdit des obligations qu'il avait consenties, cependant elles valent comme naturelles.
2. Si l'interdit avait traité dans un moment où il ne jouissait pas de sa raison, l'acte n'aurait aucune espèce d'efficacité.

1. Les observations que nous a suggérées le Droit romain se représentent d'elles-mêmes (1). Quoique l'interdiction ait été prononcée, il est cependant possible que l'état de l'aliéné offre des intermittences. Si le législateur permet d'attaquer généralement tous les actes passés après l'interdiction, c'est parce qu'il aurait été difficile de constater ceux qui se rapporteraient à des moments où il n'y avait pas absence complète de raison. Toutefois, c'eut été bien rigoureux que d'admettre qu'ils étaient tous réputés non-avenus; aussi a-t-on seulement le droit de les attaquer dans un délai déterminé (art. 1304); par conséquent, ces contrats sont valables dans l'ordre civil, puisqu'ils sont aptes à produire d'eux-mêmes une action.

Si, en temps utile, une demande a été soumise aux tribunaux et que l'interdit ait été dégagé des liens du

(1) Voir p. 156

contrat, l'obligation qu'il avait consentie sera conservée comme naturelle, et, par voie de suite, elle recevra l'accession d'un cautionnement (art. 2012).

On aurait tort de penser, comme on l'a soutenu (1), que l'obligation de l'interdit est totalement nulle pour défaut de consentement, et que le cautionnement ne se maintient que parce que celui qui l'a souscrit est censé avoir voulu s'obliger principalement.

Cette appréciation nous semble en opposition avec les vrais principes. De ce qu'une personne est interdite, cela ne prouve pas qu'elle soit continuellement privée de sa raison (art. 489, Code Nap.)—Si, en outre, l'engagement pris par l'interdit se trouvait dénué de toute espèce de consentement, il s'ensuivrait que l'interdit ne serait pas seul en droit de se plaindre (art. 1125). L'autre partie devrait avoir la même faculté.

Au surplus, le cautionnement n'est qu'un contrat accessoire; en lui enlevant ce caractère, on le dénature et l'on va contre l'intention de celui qui s'est obligé avec cette restriction, ce qui ne peut être.

2. Nous venons de raisonner dans l'hypothèse où il n'est point établi que, lorsqu'il traitait, l'interdit était dans un accès de fureur, dans un moment où sa raison était complètement éclipsée; il est certain que, dans le cas où cette preuve serait faite, le cautionnement n'aurait pas d'efficacité, que l'obligation naturelle ne

(1) M. Delvincourt, t. III, p. 484.

se produirait point; mais, dans le doute, elle sera admise; elle n'empêche pas, en effet, que l'interdit n'obtienne une protection convenable. — Nous adoptons ainsi, en Droit français, la solution que nous avons donnée (1) en Droit romain.

Ce n'est que lorsqu'il sera établi que l'acte a été passé dans un moment où l'interdit était entièrement privé de sa raison, que nous lui ôterons le lien naturel.

SECTION V.

Des actes émanés du prodigue auquel un conseil judiciaire a été donné.

SOMMAIRE.

1. Le prodigue se faisant restituer contre les actes indiqués dans l'art. 513, reste obligé naturellement.
2. De ce que le prodigue s'oblige naturellement, il ne s'ensuit pas que l'on reconnaisse une propriété naturelle.

1. En France le prodigue n'est pas, comme à Rome, interdit d'une manière générale. L'art 513 ne lui inhibe que certains actes à cause de leur importance : « Il peut être défendu aux prodigues de plaider, de transiger, d'emprunter, de recevoir un capital mobilier et d'en donner décharge, d'aliéner ni de grever leurs biens d'hypothèques sans l'assistance d'un conseil. »

Nonobstant cette disposition législative, le prodigue,

_____
(1) Page 157.

participant à ces actes et les faisant ensuite infirmer, sera-t-il assujéti à une obligation naturelle ? — Nous sommes portés à le croire. Nous avons décidé précédemment que les actes importants consentis par le mineur seul, produisent une obligation naturelle, quoique les formalités imposées par le législateur aient été laissées de côté. Nous ne devons pas hésiter à reconnaître la même efficacité pour les actes énumérés dans l'art. 513, qui n'ont pas été de la part du législateur l'objet d'une aussi grande sollicitude. — En outre, le prodigue n'étant frappé que d'une incapacité partielle, parce que sa raison n'est affaiblie que dans une certaine mesure, l'on comprend que, relativement aux actes qui lui sont défendus, il soit apte à contracter une obligation naturelle.

Quand le prodigue s'est dispensé de recourir au contrôle du conseil, l'on s'est demandé si les actes étaient annulables ou rescindables. Quelle que soit la doctrine que l'on adopte à cet égard, il faut reconnaître que le prodigue seul est recevable à réclamer devant les tribunaux (1). — En outre, qu'il y ait annulation ou rescision, l'obligation naturelle sera toujours intacte.

2. En statuant de la sorte, nous n'infirmons pas ce que nous avons écrit contre la théorie d'une propriété naturelle. Si le prodigue aliène un immeuble, et s'il le reprend, l'acquéreur n'en conservera point la pro-

(1) M. Demante, *Cours analytique de Code Napoléon*, t. II, p. 260.

priété naturelle, qui nous paraît chose inadmissible : ce que nous avons dit en Droit romain s'étend nécessairement au Droit français. Celui qui a reçu du prodigue sera seulement investi d'une créance naturelle envers le prodigue. En un mot, tout se réduira à une obligation naturelle.

SECTION VI.

De l'obligation de la femme qui traite sans autorisation.

SOMMAIRE.

1. Quoique la femme ait été relevée de l'engagement souscrit sans autorisation, elle demeure néanmoins obligée naturellement.
2. Une telle obligation pourrait être acquittée par la femme durant le mariage, et au moyen de ses deniers paraphernaux.

1. Si le mineur qui traite seul est tenu civilement, et si après avoir fait prononcer la rescision de son engagement, il demeure encore dans les liens de l'obligation naturelle, des motifs plus puissants portent à statuer de la même manière par rapport à la femme qui s'oblige sans autorisation; car elle a plus d'expérience, elle est plus en état de veiller à ses intérêts. Dans le Droit romain, il était interdit absolument à la femme d'intercéder pour autrui; le législateur français n'a pas voulu, avec raison, dans ce cas, annihiler la capacité de la femme.

Dès-lors son obligation sera réputée civile, une action pourra en résulter. En effet, si, dans le délai qui lui est concédé, elle ne s'est point pourvue devant les magistrats (art. 1304), elle ne sera plus recevable à repousser la demande du créancier.

La femme ayant fait accepter par les tribunaux ses conclusions tendant à la nullité, sera néanmoins obligée dans l'ordre naturel.

D'après cela, nous disons que la dette que souscrit la femme peut non-seulement être cautionnée dès le principe (art. 2012), mais encore qu'elle est susceptible de l'être, quand il y a un jugement qui admet la nullité.

2. La femme s'étant obligée de la sorte, peut-elle, après qu'elle a obtenu la séparation de biens, payer au moyen de ses deniers?

Les jurisconsultes sont loin de s'accorder sur la portée de l'art. 1449, qui confère à la femme séparée judiciairement la libre administration de ses biens, et lui permet d'aliéner son mobilier. Il n'entre pas dans notre plan de parcourir les divers systèmes qui se sont produits à cet égard.

Nous nous contenterons de faire observer que la femme obtient la libre administration de ses biens, c'est-à-dire un droit d'administration plus étendu que celui qu'exerce le mineur émancipé (1). Dès-lors on ne saurait lui contester le pouvoir d'affecter un capital

---

(1) Voir notre *Traité de la Séparation de corps*, p. 219.

mobilier au paiement d'une dette civile. Or, comme celle qui est naturelle constitue une véritable dette, nous reconnaissons encore que la femme aurait capacité pour la solder.

La décision que nous venons de donner à l'égard de la femme séparée judiciairement, nous l'appliquons à la femme séparée contractuellement (art. 1536 et 1538), et à la femme mariée sous le régime dotal, qui paie avec ses deniers paraphernaux. L'on a soutenu qu'à l'égard des actes d'aliénation, la capacité de la femme séparée contractuellement et de la femme mariée sous le régime dotal, en ce qui concerne le mobilier paraphernal, est moindre que celle de la femme séparée judiciairement.

Nous n'avons pas à nous occuper de cette doctrine, elle ne nous parait devoir exercer aucune influence sur la validité du paiement de la dette naturelle. En effet, l'administration départie à la femme séparée contractuellement, ou qui a des meubles paraphernaux, lui confère le droit de solder les dettes. Les motifs que l'on indique pour empêcher l'aliénation directe du mobilier ne sauraient être invoqués. L'on peut toujours se dispenser de vendre des objets mobiliers non exposés à dépérir ; tandis que l'on se trouve dans une sorte de contrainte par rapport au paiement de l'obligation naturelle. Il est même possible que, par cet acquittement, l'on veuille arrêter les poursuites dirigées contre la caution.

Si, au contraire, la femme voulait acquitter seule ce

qui ne serait qu'une obligation morale, ou de conscience, elle dépasserait sa capacité, un tel paiement étant taxé de libéralité (1). Or, d'après le sens que nous parait avoir l'art. 1449, la femme ne peut disposer de ses biens mobiliers à titre gratuit.

SECTION VII.
Les donations entre époux valent à titre d'obligation civile et jamais à titre d'obligation naturelle.

SOMMAIRE.

1. L'époux révoquant la donation qu'il a faite, ne demeure tenu ni civilement ni naturellement.
2. Il en sera de même si la libéralité a été déguisée sous la forme d'un contrat de vente permis entre époux.
3. Quand il y a révocation, quelle est l'obligation de l'époux donataire ?

1. Notre Droit a reproduit les principes de la dernière jurisprudence romaine, en ce qui concerne les donations entre époux. — Elles sont donc essentiellement révocables (art 1096), et le donateur qui change d'intention est exempt de toute obligation, même naturelle.

2. En cachant sa libéralité sous la forme d'une vente, et en spécifiant l'un des cas où ce contrat est permis entre époux (2), le donateur serait également

(1) Dans notre *Traité de la Séparation de corps*, p. 220, nous avons soutenu cette doctrine.
(2) Voyez notre *Traité de la Séparation de corps*, où

maître de revenir sur ce qu'il a fait, et de se soustraire à toute obligation.

3. D'après les principes du Droit romain, qui sont ceux du Droit français, la révocation de la donation n'oblige celui qui a reçu qu'à restituer ce dont il se trouve avoir profité au moment où le donateur manifeste le changement de volonté (l. 7, § 3, Dig., *de Donat. inter virum et uxorem*). — Si le donataire avait laissé dépérir, ou avait dissipé l'objet de la libéralité, il serait affranchi à cet égard de toute obligation, même naturelle.

SECTION VIII.

Quelle est l'obligation résultant de l'engagement formé entre le fils et le père investi de la puissance paternelle?

SOMMAIRE.

1. Différence entre la puissance paternelle des Romains et celle des Français.
2. Par rapport aux engagements pris par le fils à l'égard de son père, il faut appliquer les principes relatifs à ceux qui émanent du pupille à l'égard de son tuteur.
3. Si c'est le père qui s'engage à l'égard de celui qui se trouve sous sa puissance, l'obligation ne sera défectueuse sous aucun rapport.

1. Chez nous, la puissance paternelle n'a point

nous avons émis le sentiment d'après lequel le contrat ne vaudrait pas comme donation, s'il exprimait un cas où la vente n'est pas autorisée entre époux (art. 1595); l'acte est alors défectueux dans sa forme extérieure.

cette énergie et cette durée qui caractérisait celle des Romains. — D'après nos lois, le fils conserve son individualité, il a des intérêts distincts; le père a une autorité qui se rapproche du pouvoir du tuteur, et ce n'est pas principalement pour l'avantage de l'ascendant que la puissance paternelle a été instituée.

2. De là nous induisons que si le fils souscrit une obligation à l'égard de son père, l'art. 1304 recevra son application. En effet, ce texte s'exprime d'une manière générale, il régit les actes *faits par les mineurs*, sans se préoccuper s'ils sont en tutelle seulement, ou bien sous la puissance paternelle.

Comme la puissance paternelle et tutélaire influent de la même manière sur les obligations du mineur, l'on reconnaitra que le fils pourra se pourvoir en rescision, et qu'après avoir réussi dans sa demande, il demeurera néanmoins débiteur sous le point de vue naturel (1).

3. L'obligation souscrite par le père envers le mineur diffère de celle qui émane du mineur lui-même : aussi ne pourrait-elle pas être critiquée par les mêmes moyens. L'ascendant n'a pas besoin que la loi veille à ses intérêts, il se suffit à lui-même.

(1) Voir page 274.

SECTION IX.

Y a-t-il, d'après le Droit français, des personnes qui ne sont tenues que QUATENUS FACERE POSSUNT ?

SOMMAIRE.

1. Il ne faut pas admettre dans le Droit français le bénéfice de compétence, tel qu'il était institué à Rome.
2. Cas dans lesquels le bénéfice de compétence pourrait être appliqué.
3. Les obligations arrêtées dans leur exécution ne cessent pas d'être civiles.

1. Le bénéfice de compétence, avec l'extension que lui donnait le Droit romain, ne saurait être accepté dans notre législation. On a cherché surtout à le faire revivre dans le cas où un parent exercerait des poursuites contre un débiteur auquel, de son côté, il est tenu de fournir des aliments (1); car, dit-on, il est tout simple de laisser à ce dernier, qui est attaqué, une partie des biens nécessaire à sa subsistance. Si l'on permet de le dépouiller entièrement, il dirigera ensuite une demande alimentaire contre celui qui était son créancier, et le résultat ne sera qu'un surcroît de procédure. — Mais il faut considérer que ce parent autorisé à retenir une partie de son patrimoine, afin de subsister, aura la faculté de l'aliéner, et pourra se

---

(1) M. Proud'hon avait émis cette doctrine, que M. Valette a combattue, *Traité de l'état des personnes*, t. 1, p. 430.

trouver de nouveau dans la pénurie. Une autre action alimentaire étant formée par lui, les juges seront forcés de l'accueillir. *Necare videtur qui alimenta denegat.* D'ailleurs, si l'on admet le bénéfice de compétence dans ce cas, nous ne savons pas pourquoi on le rejetterait à l'égard de l'associé; car les lois romaines étaient très explicites à l'égard de ce dernier, elles regardaient ceux qui avaient formé le contrat de société comme s'étant, par cela même, engagés à avoir une grande bienveillance les uns à l'égard des autres (l. 63, Dig., *Pro socio*) (1).

2. Quoique nous repoussions, en principe, le bénéfice de compétence, il est cependant des cas tout particuliers où le débiteur ne sera tenu que *in id quod facere potest.*

a) Un failli est déclaré excusable, il cesse d'être contraignable par corps. Comme tous ses biens ont été livrés à ses créanciers, il faut qu'on lui permette de pratiquer une industrie et de pourvoir à son entretien; dès-lors, on ne pourra lui saisir ensuite les instruments de son commerce et les bénéfices qu'il réalise, que tout autant qu'on lui laissera de quoi vivre et travailler.

b) Celui qui a fait cession de biens se trouve dans

(1) L'on remarquera que le bénéfice de compétence pouvait être invoqué dans le cas même d'une société particulière.

une position analogue, sa bonne foi est établie, il a droit à la même faveur.

Ces individus, ayant abandonné tout leur avoir, sont réputés, à un certain point de vue, des hommes nouveaux, leur succession est presque censée avoir été ouverte; il ne faut donc pas s'étonner qu'ils soient traités avec certains ménagements à l'égard des biens postérieurement acquis.

3. Ce qui vient d'être dit n'empêche pas que, si ces personnes gagnent au-delà de ce qui leur est nécessaire, elles ne soient tenues d'acquitter l'intégralité de leurs dettes primitives. Le jugement ne les a pas véritablement modifiées, il s'est borné à en retarder l'exécution. Nous avons remarqué (1) dans la partie du Droit romain, que le bénéfice de compétence n'avait pas l'effet de convertir en obligation naturelle celle qui, antérieurement, était civile.

SECTION X.

Les conventions non revêtues des formes extérieures imposées par la loi, ne donnent-elles naissance qu'à l'obligation naturelle?

SOMMAIRE.

1. Il faut avoir le soin de distinguer ce qui tient à la perfection de la convention, et ce qui se réfère à la perfection de l'acte.

(1) Page 179.

Malgré l'imperfection de l'acte, l'obligation demeure civile.

2. Quand les actes sont solennels, l'omission des formalités empêche l'obligation naturelle de se produire.

1. En France, les contrats, étant parfaits par le seul consentement, existent indépendamment de toute écriture. Afin de prévenir les procès et la fraude, le législateur ne se contente pas du témoignage des hommes, quand l'objet des conventions a quelque importance; il permet cependant d'invoquer l'aveu de la partie adverse, de lui déférer le serment, et de recourir même à la preuve testimoniale, quand il existe un commencement de preuve par écrit. Ainsi, l'on aurait tort de croire que l'infraction aux règles tracées par les art. 1325 et 1326, ferait passer l'engagement à l'état d'obligation naturelle. La convention synallagmatique non rédigée en double, et ne relatant pas l'accomplissement de cette formalité; l'engagement sous seing-privé de payer une somme, non rédigé en entier par la main du souscripteur, ou ne contenant pas le bon ou approuvé, ne seront pas viciés dans leur essence. Cela est tellement vrai, que si le souscripteur reconnaissait la formation de la convention, mais voulait se prévaloir de l'irrégularité dans la forme, il ne serait pas écouté. L'écriture n'est donc pas l'un des éléments constitutifs de la convention, elle ne sert que pour la preuve. Si la convention est légalement établie, elle pourra être ramenée à exécution. Dans le cas con-

traire, elle n'aura point d'effet, même dans l'ordre naturel.

Les raisonnements que nous venons de présenter s'appliquent à l'hypothèse où l'on a méconnu quelqu'une des formalités prescrites pour le contrat d'assurance. (Art. 332, Code de Comm.)

2. Quand des formes ont été décrétées, non pour la preuve, mais pour la perfection de la convention, alors leur omission ne peut être réparée; ce qui a été fait est réputé sans valeur; aucune obligation, soit civile, soit naturelle, n'en découlera. Il en sera de la sorte dans les contrats de mariage, dans les constitutions d'hypothèques et les donations, qui vont être la matière d'un examen particulier.

Pour savoir si les formalités ont été déterminées pour la perfection du contrat, il faut considérer l'intention du législateur, l'importance qu'il attachait à la mesure qu'il prescrivait, et le but qu'il se proposait.

SECTION XI.

La donation entre-vifs irrégulière peut-elle servir comme obligation naturelle?

SOMMAIRE.

1. Quand les formalités réglées par la loi ont été omises, la donation ne peut être invoquée comme produisant obligation naturelle.

2. A l'égard du donateur, la disposition n'aurait pas même l'effet d'une obligation morale, ou de convenance.

Il en est différemment par rapport aux héritiers.

3. Si le mineur accepte seul une donation entre-vifs contenant des charges, sera-t-il tenu au moins naturellement, alors qu'il se fait relever de son acceptation ?

4. La promesse de faire un don manuel produit-elle une obligation naturelle ?

1. Le législateur français a voulu que les donations fussent accompagnées d'un grand nombre de formalités qu'il regardait comme essentielles; par conséquent, si elles n'ont pas été remplies, l'acte doit être sans aucune espèce de valeur, et il ne peut servir d'assiette à une obligation naturelle.

Quoique le législateur romain ne se soit pas montré aussi rigide quant aux formalités des donations, l'on se rappelle néanmoins qu'il frappait de nullité les donations qui avaient de l'importance, si elles n'étaient pas insinuées (1).

2. Cette manière de voir, en ce qui concerne le Droit français, n'est pas contredite par l'art. 1340, portant que l'exécution de la part des héritiers du donateur ne leur permet pas de répéter.—Ce texte ne dénote nullement l'existence d'une obligation naturelle; nous savons, en effet, que la répétition est interdite quand il s'agit de l'acquittement de l'obligation de convenance.

(1) Voir page 187.

Il faut remarquer que la répétition est refusée aux héritiers qui ont acquitté la libéralité, et non pas au donateur lui-même. De là nous tirons la conséquence que, vis-à-vis de ce dernier, la loi ne confère pas à la donation qui est irrégulière, l'effet même d'une obligation morale (1).

En ce qui concerne cette répétition, des motifs peuvent être présentés afin de la justifier. L'on s'est proposé de prémunir le disposant contre le penchant qu'il aurait à donner, l'on a voulu le garantir contre lui-même; des formalités ont été exigées afin de constater une volonté libre et réfléchie de la part de celui qui se dépouille. Quand même celui-ci connaîtrait la défectuosité de l'acte de donation, il craindra de se rétracter et de contester la livraison de la chose promise. Les héritiers n'éprouvent pas les mêmes sentiments et ne sont pas retenus par les mêmes scrupules. Ils se trouvent dans une position toute différente : ce sera en connaissance de cause et avec une entière liberté qu'ils délivreront l'objet. A leur égard, l'obligation morale existe; mais l'on aurait tort de l'appeler naturelle. C'est pourquoi cette donation défectueuse ne pourrait être caution-

---

(1) Nous nous écartons entièrement de la doctrine de M. Toullier, qui enseigne, t. VI, n° 380, qu'une donation nulle quant à la forme constitue une obligation naturelle, de sorte que le paiement fait par le donateur lui-même empêche la répétition. M. Troplong, *Des Donations entre-vifs et testamentaires*, tom. I, n° 1064, repousse la doctrine émise par M. Toullier.

née, et l'acquittement de cette donation par les héritiers ne serait pas considérée comme le paiement d'une véritable dette. Les créanciers des héritiers peuvent aussi quereller cette sorte d'adhésion qui diminue l'avoir de leurs débiteurs. C'est encore le cas de rappeler combien il importe de ne pas confondre l'obligation morale avec l'obligation naturelle.

Au reste, l'art. 1340 n'établit de fin de non-recevoir contre les héritiers, qu'alors que l'exécution provient d'eux-mêmes ; si elle dérivait du donateur, ils ne seraient pas liés, il n'y aurait pas une adhésion de leur part, et l'on ne pourrait pas leur opposer un fait propre ; aussi la répétition ne leur serait pas interdite.

3. De même que nous avons dit (1) qu'il faut avoir le soin de séparer les formalités qui appartiennent à l'acte lui-même, et celles qui se réfèrent à la capacité, alors qu'il s'agit d'un acte important auquel le mineur aurait seul participé, de même nous dirons que si le mineur seul acceptait une donation dont l'acte réunirait les formalités prescrites, le donateur ne serait pas recevable à se prévaloir de cette irrégularité, qui n'a trait qu'à l'incapacité du sujet (2).

Si, dans ce cas, le mineur veut que son acceptation

---

(1) Page 273.
(2) La question est controversée. La solution que nous adoptons, est celle de M. Valette sur M. Proud'hon, t. 1, p. 479.

soit rétractée, et s'il obtient des tribunaux qu'il en soit ainsi, demeure-t-il tenu naturellement, à l'égard des charges qui lui avaient été imposées par la donation ?

C'est une question vivement débattue que celle de savoir si le donataire peut, en principe, au moyen d'une renonciation à la libéralité, se dispenser d'acquitter les charges dont il a été grevé. Pour la négative, l'on fait valoir que le donateur n'a pas entendu spéculer, mais seulement conférer un avantage, et que, par conséquent, il ne saurait se plaindre, si le donataire renonce à la libéralité afin de ne pas accomplir les charges. L'on cite l'art. 935, qui permet aux ascendants d'accepter les donations faites aux mineurs, alors même qu'ils ne sont pas investis de la tutelle; l'on fait ressortir les inconvénients graves qui résulteraient pour les intérêts du mineur d'une acceptation déclarée irrévocable; or, ajoute-t-on, si la donation est irrévocable à l'égard du majeur, elle doit l'être pareillement à l'égard du mineur quand elle a été dûment acceptée (art. 463, Code Nap.)

Nous donnons la préférence à l'opinion contraire, qui se fonde sur le Droit romain : « Legem, quam rebus tuis donando dixisti, sive stipulatione tibi prospexisti, ex stipulatu; sive non, incerto judicio, id est, præscriptis verbis, apud præsidem provinciæ debes agere, ut hanc impleri provideat. » (L. 9, CODICE, *de Donationibus.*)

La générosité que dicte la libéralité ne fait pas toujours disparaître l'intérêt personnel ; la donation devient alors, suivant l'expression du jurisconsulte romain, un *negotium mixtum* (1. 18, Dig., *de Donationibus*).

En décrétant que la donation faite au mineur doit être acceptée par le conseil de famille, l'art. 463 du Code Nap. démontre que des charges étant mêlées à la libéralité, il n'est pas au pouvoir du donataire de répudier le tout. Quant à l'art. 935, concernant l'acceptation des ascendants, nous ne penserions pas qu'il soit applicable lorsque la donation se trouve grevée de charges.

Si l'on décide, en principe, qu'un donataire ne peut se soustraire aux charges qui pèsent sur lui, le mineur, arguant de son incapacité, et prenant cette voie pour se dégager, ne serait pas délié de l'obligation naturelle. —Il en serait autrement, si l'on accepte la thèse d'après laquelle toute personne a la faculté de renoncer à la donation, pour éviter les charges qui l'accompagnent.

4. Comme il est avéré que les formalités déterminées par les art. 931 et 932 du Code Nap. ne s'étendent pas aux dons manuels, l'on peut se demander si la simple promesse de donner, de la main à la main, une chose qui peut être l'objet d'un don manuel, suffit pour créer une obligation naturelle.— Nous ne saurions le penser. Il est de principe que la seule promesse de donner n'engendre pas une obligation naturelle. Si le don manuel est reconnu par la loi civile, c'est à cause de la

règle : qu'en fait de meubles, possession vaut titre (art. 2279). Mais la tradition n'ayant pas été opérée, il n'y a pas lieu de recourir à la règle précitée, et l'on se trouve en présence d'un simple désir de donner, ou, si l'on veut, d'une simple manifestation de la volonté.

SECTION XII.

Les dispositions contenues dans un testament irrégulier peuvent-elles être considérées comme obligations naturelles?

SOMMAIRE.

1. En Droit français, comme en Droit romain, le testament irrégulier ne peut servir de base à une obligation naturelle.

2. Toutefois, il servirait de titre à une obligation morale, ou de convenance.

1. Nous avons soutenu que la faculté de tester était une dépendance du droit des gens (1), et que les jurisconsultes romains ne s'étaient pas écartés de ce principe.

Le législateur français nous paraît avoir suivi la même voie. Aussi a-t-il proclamé que le Français a le droit de faire un testament olographe dans tous les pays (art. 999); et la loi du 14 juillet 1819, permet à l'étranger de léguer, même à l'étranger, les biens qu'il laisse en France. Le Code ne s'opposait pas,

(1) Voir page 189.

d'ailleurs, à ce que l'étranger disposât de cette manière en faveur d'un Français.

2. Nous avons décidé que si les héritiers de celui qui a donné entre-vifs exécutaient la disposition, ils ne seraient pas recevables à répéter; la même doctrine doit être admise pour apprécier l'exécution du testament accomplie par les héritiers légitimes, lors même qu'ils prétendraient qu'ils ne se sont déterminés que par suite d'une erreur de droit (1). Leur demande en répétition serait victorieusement combattue, par cette considération que si une obligation civile n'a pas été acquittée, c'est du moins une obligation morale, ce qui suffit pour couper court à leur réclamation. Nous avons vu que l'un des effets de l'obligation morale était d'empêcher la répétition quand même celui qui a effectué le paiement serait en mesure de prouver qu'il n'a agi que par suite d'une erreur de droit (2).

(1) Page 193.
(2) M. Zachariæ, t. v, p. 76, enseigne que l'héritier ne serait pas facilement écouté s'il avançait n'avoir exécuté le testament que par suite d'une erreur de droit, et que, dans tous les cas, il serait tenu de prouver l'existence de cette erreur.

Nous ne pensons pas qu'en offrant même cette preuve, l'héritier fût admis à se faire relever contre cette exécution. Il n'est pas recevable à dire qu'il n'aurait pas rempli les intentions du testateur, et que c'est parce qu'il n'a pas connu la loi, qu'il pouvait connaître, qu'il a fait l'acte significatif qui

Dans la partie du Droit romain, en assignant (1) pour origine à la faculté de tester le droit des gens, nous avons, de même, constaté que le législateur s'opposait à ce que le testament irrégulier fût doué de l'efficacité attachée à l'obligation naturelle (2).

SECTION XIII.

Avant l'échéance du terme ou l'avènement de la condition, la promesse est-elle réputée obligation naturelle ?

SOMMAIRE.

1. Les principes développés dans la partie du Droit romain doivent être suivis.

1. L'influence de la condition ou du terme sur l'obligation étant la même en Droit romain (3) et en Droit français, une exposition nouvelle serait superflue.

---

lui est opposé. Il aurait dû, s'il n'était pas lui-même édifié sur la loi, prendre des renseignements.

(1) Page 192.

(2) Les annotateurs de Zachariæ, t. II, p. 257, font mention d'une décision judiciaire d'après laquelle les dispositions renfermées dans un testament non revêtu des formes légales, valent comme obligations naturelles ; nous ne pouvons donner notre assentiment à cette doctrine.

Nous croyons que ces estimables auteurs n'ont point parfaitement discerné l'obligation naturelle de celle qui n'est que morale.

(3) Voir page 199.

Nous nous contenterons d'ajouter que si la stipulation du terme n'empêche pas l'obligation d'être civile, à plus forte raison en est-il de même du terme de grâce ; aussi le délai de grâce ne fait-il pas obstacle à la compensation (art. 1292); ce qui prouve qu'il n'a pas même la portée du terme proprement dit. Le juge n'a retardé l'exécution de l'obligation que parce qu'il était persuadé que le débiteur ne pouvait payer; mais l'impossibilité de se libérer dans laquelle on se trouve, n'empêche pas l'obligation d'être civile.

SECTION XIV.

L'obligation naturelle résulte-t-elle des dettes de jeu et des paris ?

SOMMAIRE.

1. La dette de jeu n'offre pas le caractère de l'obligation naturelle.
    Le paiement ayant eu lieu, la répétition n'est pas admise à cause de la règle : *in pari causa melior est causa possidentis.*
2. C'est à tort que l'on a soutenu que cette règle ne devait pas être appliquée en Droit français.
3. Que les enjeux aient été confiés à un tiers, ou déposés sur table, celui qui a gagné n'a pas d'action pour les réclamer.
4. Quand il y a eu paiement volontaire, la répétition est interdite ; de là il suit : que si le perdant a souscrit des effets, ou délégué son propre débiteur, il pourra résister à l'action dirigée par le gagnant.

5. Les emprunts faits pour acquitter les dettes de jeu, alors que le prêteur connaît leur destination, sont assimilés aux dettes de jeu.
6. Celui qui se charge de payer une dette de jeu pour le compte d'un tiers, et qui l'acquitte, n'a pas d'action en répétition.

Mais le joueur qui a perdu, ayant désintéressé le tiers qui a fait des avances, ne pourra user de répétition.
7. Le mandataire qui a reçu les fonds du perdant, et qui paie sa dette, n'est pas exposé à une action en répétition de la part du mandant.
8. Les jeux de hasard, même modérés, ne produisent pas les effets d'une obligation de conscience.

Il arrive, dans certains cas exceptionnels, que le législateur ne veut pas conférer de l'efficacité à l'obligation de conscience.
9. Les jeux d'adresse produisent une action.

Si l'enjeu est excessif, le juge doit rejeter la demande pour le tout.
10. Différence entre les dettes de jeu et celles provenant d'un pari.
11. Des jeux de Bourse, des reports.
12. Les contrats d'assurance sur la vie et les contrats de rente viagère ne doivent pas être mis au rang des jeux et des paris.

1. La législation française et romaine s'entendent pour dénier aux dettes de jeu (1) le caractère d'obligation naturelle.

(1) Voir l'art. 138 de l'Ordonnance du mois de janvier 1629, déclarant toutes dettes, contractées pour jeu,

Il est vrai que lorsque le paiement s'en est ensuivi, la loi française n'accorde pas la répétition; mais cela ne prouve pas qu'à ses yeux la dette de jeu soit naturelle; car l'obligation naturelle ne peut avoir son principe dans une convention compromettante pour la société; comme on le fesait remarquer au Conseil d'Etat, à la différence des autres contrats, qui rapprochent les hommes, celui de jeu les éloigne, il brise le lien social (1).

Dès-lors, il ne faut pas s'étonner que les torts étant réciproques, on applique la règle : *in pari causa melior est causa possidentis.*

2. L'on a cependant soutenu (2), dans ces derniers temps, que cette règle n'avait pas été acceptée par le législateur français : *a)* parce que l'une des parties ne peut s'enrichir aux dépens de l'autre; *b)* parce que l'art. 1376 oblige celui qui reçoit l'indu, à en opérer la restitution; *c)* enfin, parce que, aurait-on pu ajou-

nulles, et toutes obligations et promesses faites pour le jeu, quelques déguisées qu'elles soient, nulles et de nul effet, et déchargées de toutes obligations civiles et naturelles. — Recueil d'Édits et Ordonnances : édition de Néron, t. 1, p. 180.

L'on notera que cette ordonnance annule même l'obligation naturelle. Il est rare que le législateur se prononce en termes formels pour annihiler l'obligation naturelle.

(1) M. Portalis, *Exposé des motifs*. — Fenet, t. xiv, p. 539.

(2) M. Marcadé, t. v, p. 457.

ter, l'art. 1131 n'attribue aucun effet à l'obligation dont la cause est illicite.

Nous répondrons que l'acte qui prohibe la répétition, quand il s'agit des dettes de jeu, ne peut s'expliquer que par la règle mise en question, à moins que l'on ne dise que la dette de jeu est naturelle, ce qui est bien difficile à justifier, quand on réfléchit aux attributs de l'obligation naturelle. Ainsi, la dette de jeu étant reconnue naturelle, il faut aller jusqu'à déclarer que le cautionnement sera valable. Si quelques auteurs ont fait entrer la dette de jeu dans l'obligation naturelle, c'est parce qu'ils n'avaient pas une idée parfaitement exacte de cette sorte d'obligation.

L'art. 1376 n'amène nullement à conclure que la règle que nous défendons ait été abrogée. De ce que celui qui a reçu ce qui ne lui était pas dû est exposé à la répétition, il ne s'ensuit pas que celui qui a payé une chose mobilière qu'il savait ne pas devoir soit autorisé à réclamer : il sera réputé avoir voulu donner ; or, les donations d'objets mobiliers ne sont pas soumises à des formes spéciales. — Lors même qu'un immeuble aurait été livré, l'action en répétition serait écartée, s'il y avait turpitude à imputer aux deux parties. Dans cette circonstance, ce ne serait pas l'art. 1376 qui devrait être consulté, puisqu'il se réfère au cas où il a erreur et non pas turpitude de la part de celui qui paie, mais bien cette maxime fondée sur la raison et la morale, et d'après laquelle tout demandeur est tenu de justifier sa prétention, et ne peut l'étayer sur un acte immoral.

Quant à l'objection prise dans l'art. 1131, l'on remarquera que si ce texte déclare de nul effet l'obligation qui a une cause illicite, c'est afin d'en empêcher l'exécution ; il statue pour le cas où les choses sont entières, il ne veut pas que le créancier soumette aux tribunaux des conclusions qui seraient un scandale. Par le même motif, l'exécution ayant été effectuée, nous ne permettons pas à celui qui a payé d'exposer une conduite digne de blâme, de faire ainsi bon marché de sa réputation, afin d'en venir à une répétition, et afin d'avoir un peu plus de fortune.

Au surplus, quand l'exécution du contrat a eu lieu, l'on dénie la répétition, non parce que celui qui a reçu s'étaye sur le contrat infecté d'une cause illicite, mais seulement parce qu'il se trouve détenteur ; en un mot, ce n'est pas le contrat qui produit ce résultat, mais bien la loi.

Nous venons d'interpréter l'art. 1131, conformément à la doctrine qui regarde une telle convention comme inexistante ; à plus forte raison faudrait-il accepter la solution que nous avons donnée, si l'on adopte le sentiment d'après lequel la cause illicite n'empêche pas la convention de subsister, et la rend seulement annulable.

Nous avons vu (1) que si, en Droit romain, le perdant pouvait faire usage de la répétition, c'est parce que l'on devait supposer qu'il avait été victime de

---

(1) Page 204.

quelque manœuvre frauduleuse. — En France, cette déloyauté ne se présume point; seulement, lorsqu'elle sera établie, il y aura lieu à la répétition (art. 1967). Ce ne sera pas le cas d'invoquer la règle *in pari causa*...

3. Que le joueur intente son action contre le perdant ou contre un tiers auquel l'enjeu aurait été confié, son action sera également réprouvée : Est-ce que, dans l'un et l'autre cas, le demandeur n'avance pas qu'il a joué ? est-ce qu'il ne réclame pas l'assistance de la justice, pour que cette dette soit ramenée à effet ? Nous ne pouvons adhérer à l'opinion d'après laquelle le gagnant ne réclamerait pas une dette de jeu, mais exercerait un droit de propriété. Le tiers qui retient les enjeux est un dépositaire (1). Nous allons même jusqu'à concéder qu'il a été autorisé à livrer lui-même les enjeux à celui qui gagnerait; mais ce mandat ne peut-il pas être rétracté ? Et jusqu'à ce que le paiement ait été effectué, est-ce que le perdant n'est pas en droit de ne pas solder ? Le paiement volontaire seul fait obstacle à la répétition (art. 1967). Si, malgré la défense du perdant, le mandataire payait, pourrait-on dire que le paiement a été volontaire ? Supposer que les parties ont entendu que la propriété des enjeux fût transférée de plein droit au gagnant, c'est interpréter leur volonté de manière à favoriser le jeu. Nous ajou-

(1) M. Troplong, *Des Contrats aléatoires*, n° 202, adopte cette doctrine, contraire à celle de M. Zachariæ, t. III, p. 80.

tons même que si telle avait été leur intention, elle ne devrait pas produire cet effet aux yeux de la loi. Le jeu ne deviendrait que plus désastreux, s'il était permis de rendre illusoires les mesures prises afin de le réprimer. Par avance l'on ne peut s'interdire le droit de refuser le paiement. D'ailleurs, la propriété ne peut être transmise au moyen d'une convention illicite (art. 1131).

Quand les torts sont respectifs, nous disons que celui qui possède doit être préféré, parce qu'il n'a rien à prouver, il se trouve défendeur. Mais la position n'est plus semblable, si un tiers, désigné par les parties, se trouve nanti de la chose. En cas de résistance de celui-ci ou du perdant, il faudrait que le gagnant entretînt les tribunaux de sa prétention, et offensât, de la sorte, la morale publique, en racontant que c'est par suite d'une convention de jeu qu'il agit.

Le principe qui a présidé à la solution qui vient d'être donnée, régit encore l'hypothèse où l'enjeu ayant été déposé sur table, le perdant l'a repris : son adversaire serait sans action (1); pour motiver sa demande, il serait nécessaire qu'il établît la légitimité d'une créance qui provient du jeu. Sans doute, celui qui retire son enjeu ne sera pas bien vu dans le monde; toutefois, il ne faut

---

(1) Les auteurs sont dissidents sur cette question ; M. Troplong, *Des Contrats aléatoires*, n° 201, exprime le sentiment que nous embrassons, et que rejette M. Dalloz, *Nouveau Répertoire*, t. 19, p. 184.

pas examiner la chose à ce point de vue, il importe seulement de savoir si le réclamant est recevable à intenter une action. De même, la personne qui a perdu au jeu et qui refuse de payer, ou dénie la dette, n'est pas favorable; mais ce n'est point ce qui doit être pris en considération. Le joueur favorisé par le sort argumenterait en vain de son droit de propriété. Le législateur ne reconnaît pas cette abdication anticipée et conditionnelle de la propriété; cela est tellement vrai, qu'il permet à ses agents de s'emparer des enjeux, et en prononce même la confiscation.

4. Puisque l'on peut se refuser au paiement des dettes de jeu, il s'ensuit que si le perdant a souscrit des effets pour garantir la dette de jeu, il pourra opposer que la cause de l'obligation est vicieuse, et que, par conséquent, il ne veut pas réaliser le paiement.

L'obligation de jeu n'étant pas naturelle ne sert pas quant à la novation; aussi, nous ne pouvons admettre que si le perdant délègue son débiteur, cette délégation ait de l'efficacité. Accepter l'opinion contraire, c'est reconnaître que la dette de jeu est douée de l'une des qualités inhérentes à l'obligation naturelle (1).

(1) Nous sommes d'avis avec M. Dalloz, *Nouveau Répertoire*, t. XXIX, p. 190, qu'il n'y a pas lieu d'examiner si la délégation est faite avec ou sans garantie; mais nous différons de sentiment avec ce jurisconsulte, en ce sens que nous n'envisageons pas la délégation comme un paiement. Ainsi, une simple obligation morale étant suivie de paiement, la

5. De ce que le jeu est une offense au droit social, il en résulte que les prêts consentis soit pour jouer, soit pour acquitter ces sortes de dettes, ne donnent lieu à aucune action. Celui qui, en connaissance de cause, fournit son argent, facilite le jeu, vient en aide au joueur, favorise sa passion, le met à même de se ruiner, et participe lui-même à un contrat que la société réprouve.

D'après cela, nous ne pensons pas qu'il soit à propos de distinguer si le prêt est antérieur ou postérieur à la partie perdue.

Cette décision paraîtra rigoureuse à ceux qui subissent l'influence des idées accréditées dans le monde par rapport au jeu. Ces sortes d'obligations y sont appelées dettes d'honneur. Toutefois, en les considérant en elles-mêmes et sans aucun préjugé, on les relègue au nombre de celles qui ont *turpem causam*. Dès-lors l'individu qui fournit les fonds, pour acquitter un engagement de cette espèce, concourt à un acte répréhensible, et se trouve privé du droit de répéter. C'est ainsi que cette répétition serait interdite à celui qui aurait, en connaissance de cause, prêté son argent, afin de rémunérer la personne qui aurait participé à une action illicite. Ce n'est là que l'application d'un principe général.

répétition ne saurait être admise; au contraire, l'obligation morale ne comporterait pas la délégation.

6. Si l'emprunt fait pour jouer ou payer la dette de jeu est envisagé comme dette de jeu, quand le prêteur connaît l'affectation des sommes qu'il livre, il doit en être de même lorsqu'un tiers se charge de payer la dette de jeu pour le compte d'une autre personne. Il sait non-seulement que ses fonds seront employés à une dette de jeu, mais encore il se met lui-même en contact avec le joueur, il exécute une obligation que la loi désapprouve.

Il est évident que si celui qui a emprunté pour payer une dette de jeu, ou qui a chargé un tiers de payer pour lui, désintéresse la personne qui lui fait des avances, il ne pourra pas réclamer.

7. Lorsque le joueur a remis les fonds à un tiers avec charge de payer sa dette, ce mandataire soldant, ne sera pas exposé à un recours, il n'a rien conservé pardevers lui ; le mandant ne peut lui imputer d'avoir fait ce qu'il lui avait prescrit lui-même.

Mais tout le temps que les fonds sont entre les mains de ce mandataire, le gagnant n'a aucun droit sur eux, même quand le perdant aurait recommandé à son mandataire de payer. Le gagnant n'a que le droit de retenir, il faut donc qu'il soit nanti pour qu'il profite de la dette de jeu.

8. La loi désapprouve les jeux de hasard, lors même que les enjeux ne sont pas considérables et se trouvent en rapport avec la fortune des joueurs ; car il aurait

été difficile, dans la pratique, d'apprécier les fortunes respectives. Voilà pourquoi l'on a sévi d'une manière générale contre les dettes de jeu.

Toutefois, l'une de ces dettes formée dans les circonstances qui viennent d'être énoncées, obligerait en conscience. Mais la loi ne lui attribue aucune efficacité.

Il est vrai que nous avons dit (1) que le législateur ne s'immisce pas dans les actes de conscience, et ne restreint pas les obligations qui en dérivent, à moins que l'ordre public ne l'exige. Mais il ne faut pas confondre les lois d'ordre public avec celles qui ne sont que des mesures politiques; aussi avons-nous décidé (2) que la vente des biens nationaux et la suppression des rentes féodales, établies pour prix de transport de la propriété, n'empêchaient pas l'obligation de conscience de produire ses effets ordinaires. Il est important d'observer que les mesures politiques, quoique peu conformes à l'équité, deviennent un obstacle à l'existence de l'obligation naturelle (3), tandis qu'elles n'étendent pas leur influence sur l'obligation de conscience. Voilà encore une différence notable entre l'obligation naturelle et celle de conscience.

Comme nous venons de l'exprimer, dans certains cas particuliers l'obligation de conscience est destituée de ses attributs reconnus par la loi. Nous citons pour

(1) Pages 3, 151 et 228.
(2) Page 228.
(3) Voir p. 227.

exemple les dettes de jeu modérées. Si, le paiement effectué, la répétition n'est pas admise, c'est parce que, d'après les vues du législateur, il y a faute de part et d'autre, et que *melior est causa possidentis.* — Nous avons indiqué que l'obligation de conscience pouvait être la cause d'une obligation civile. La dette de jeu dont il s'agit ne pourrait pas recevoir cet emploi, puisqu'elle n'est pas acceptée par le législateur comme dette de conscience.

9. Le législateur français ne voit pas tous les jeux avec la même défaveur; ceux qui sont un exercice du corps ou de l'esprit ne sont pas l'objet de sa réprobation; il permet (1) au gagnant d'intenter une action, pourvu que la somme promise ne soit pas excessive (art. 1966).

Si l'enjeu est considérable, les juges doivent repousser entièrement la demande. Le but des joueurs a été alors, non de procurer à tous un délassement et d'attribuer une rémunération au plus habile, mais de donner l'essor à leur cupidité et de compromettre les intérêts de celui qui n'aurait pas de chances heureuses.

10. Il ne faut pas confondre le contrat de jeu avec la convention qui est un pari.

Le jeu a en vue l'intérêt ou le gain. Le pari, au contraire, n'a en perspective que la satisfaction que recherchent des personnes dissidentes d'opinion.

(1) Voir le Droit romain, p. 205.

Dans le jeu, le bénéfice est chose principale; dans le pari, il n'est qu'accessoire : aussi, dans le jeu, les prestations à fournir par les parties sont les mêmes; dans le pari, elles peuvent être différentes. Celui qui affirme un fait, et qui prétend que la contradiction est inadmissible, s'engage quelquefois à faire une prestation plus considérable que celle que promet son adversaire.

Le jeu ayant la spéculation pour mobile, ne procure aucun avantage à la société, il lui est souvent préjudiciable. Le pari sert quelquefois au bien social, vient en aide à l'humanité, et contribue à la réalisation d'entreprises utiles.

Nous ne disconvenons pas que le jeu ne soit dans certains cas un délassement, mais la prohibition du législateur n'a pas été édictée à cause de ce jeu; toutefois, le gagnant sera, comme pour le cas du jeu proprement dit, privé de toute action, parce qu'il serait difficile de constater si le jeu n'a été qu'une récréation, et que, d'ailleurs, il n'y a pas grand inconvénient à refuser un bénéfice à celui qui ne le recherchait pas.

D'après ces considérations, il ne faut pas s'étonner qu'à Rome le jeu fût défendu, tandis que le pari était autorisé : « Si quis sponsionis causa annulos acceperit, nec reddit victori, præscriptis verbis actio in eum competit... » (L. 17, § 5, Dig., *de Præscriptis verbis.*)

Observons que si la loi 3, Dig., *de Aleatoribus,* annule le pari fait à l'occasion du jeu, c'est parce que le pari intervenu dans cette circonstance n'est qu'un jeu.

D'après la notion que nous avons donnée, le jeu se distingue du pari en ce qu'il a pour but le gain; or, celui qui fera ou recevra une prestation suivant que tel joueur gagnera ou perdra, n'est-il pas en quelque sorte associé lui-même au jeu, ne se propose-t-il pas d'obtenir un bénéfice?

Le législateur français a cru devoir envisager du même œil le pari et le jeu, parce qu'il existe entre eux une certaine affinité, et que, souvent, le pari n'est d'aucune utilité pour la société.

Cependant on ne peut se dissimuler que les nuances que nous avons signalées ont quelque chose de réel, et ne sont pas seulement de pures conjectures.

11. Conformément aux données ci-dessus, nous dirons que les marchés de Bourse que la loi prohibe, constituent plutôt des dettes de jeu que des paris proprement dits.

Une pénalité est infligée aux opérations qui ont trait à la hausse ou à la baisse des effets publics (art. 421 Code Pénal). « Sera réputé pari de ce genre, toute convention de vendre ou de livrer des effets publics qui ne seront pas prouvés par le vendeur avoir existé à sa disposition au temps de la convention, ou avoir dû s'y trouver au temps de la livraison. » (Art. 422 Code Pénal.)

Ainsi rentrent dans les jeux de Bourse:

a) Les marchés fictifs, alors que les parties n'ont en vue que la différence du cours de la rente à l'époque de la convention et à l'époque fixée pour le paiement ;

b) Les marchés à terme, alors que le vendeur n'a ni les effets au moment de la convention, ni la possibilité de les acquérir.

Par contre, ne sont pas considérés comme dettes de jeu :

a) Les marchés, par cela seul qu'ils sont à terme ;

b) Les marchés, par cela seul que le vendeur ne possède pas les effets, s'il a possibilité de les acquérir ;

c) Les reports qui s'opèrent par une revente émanée de celui qui achète au comptant. Ces traités ne sont pas des marchés fictifs, puisque le vendeur est investi des effets qu'il aliène (1).

Toutefois, le report n'est, en définitive, qu'un placement qui a lieu au moyen d'un achat et d'une revente ; aussi doit-on éviter qu'il serve de voile à un prêt usuraire. L'opération nous paraît répréhensible au

---

(1) Parmi les exemples de reports qu'offre M. Fremery, dans ses *Etudes de Droit commercial*, p. 474, nous choisissons le suivant : Primus veut aliéner au comptant une inscription de 3,000 fr. 3 pour cent ; Secundus a promis à un tiers de lui livrer à la fin du mois une rente de même valeur, mais il manque de fonds pour se la procurer, il n'en aura que le mois prochain. Dans cette circonstance, il a recours à un capitaliste qui achète lui-même, de Primus, la la rente de 3,000 francs ; et en même temps il la revend à Secundus, livrable à la fin du mois prochain et à un prix supérieur.

point de vue de la conscience, lorsque le capitaliste achète des rentes sachant qu'il va les céder avec grand profit à des personnes déterminées, sur lesquelles il exerce une certaine pression à cause de leurs embarras financiers. Il y a alors pour le capitaliste bénéfice supérieur à l'intérêt légal, et absence de tout risque.

Les jeux de Bourse donnant lieu à une répression légale, ne peuvent produire une obligation naturelle, ni même une obligation de conscience.

Si le paiement est effectué, la répétition sera interdite, non parce qu'il se découvre une obligation naturelle ou morale, mais parce qu'il y a faute des deux côtés.

Cette règle, *in pari causa melior est causa possidentis*, s'applique même au cas où la loi pénale sévit contre ceux qui transgressent ses défenses. Que l'on n'oppose pas qu'il y a contradiction, d'une part, à infliger une pénalité à ceux qui se permettent certains actes, et d'autre part à laisser les contrevenants jouir des bénéfices qu'ils ont réalisés. Car il faut observer que la vindicte publique sera satisfaite au moyen de la pénalité réservée aux délinquants; et si l'un d'eux pouvait exercer la répétition, il invoquerait son méfait, et ce serait alors seulement qu'il mettrait en relief son intérêt, et non pas celui de la société.

En résumé, le jeu et le pari ne sont pas aptes à créer l'obligation civile, naturelle, ou de conscience; toutefois, à l'égard des marchés de Bourse, nous adoptons la doctrine d'après laquelle ils donnent lieu à une action, à moins que le Code Pénal ne les ait proscrits (1).

12. Quoique le contrat d'assurance sur la vie et le contrat de rente viagère soient aléatoires et permettent de bénéficier, si un évènement incertain s'accomplit ou ne s'accomplit pas, cependant ils ne sont assimilés ni au jeu, ni au pari.

Celui qui est le soutien de sa famille, appréhendant que son décès la laisse sans ressources, fait assurer sa vie par un tiers qui, moyennant une rétribution qu'il reçoit, s'engage à prester à son tour soit un capital, soit une rente aux héritiers du stipulant : cet arrangement n'est pas une gageure, mais seulement un traité d'indemnité.

La convention serait également valable si la stipulation émanait de la femme, ou bien d'un membre de la famille.

Ce cas diffère essentiellement de celui où, n'ayant aucun intérêt à la vie d'une personne, l'on stipulerait dans la prévision où elle viendrait à prédécéder.

Le contrat de rente viagère se détache aussi du jeu et du pari ; il procure, à celui qui n'a pas des revenus suffisants, le moyen de les accroître et de vivre sans inquiétude : il présente donc une utilité pratique.

(1) Tel est le sentiment de M. Troplong, *Des Contrats aléatoires*, n° 124. La jurisprudence, qui d'abord contrariait cet ordre d'idées, paraît être revenue sur elle-même. (Arrêt de Cassation du 20 novembre 1842).

Toutefois, il est de l'essence du contrat de rente viagère d'être aléatoire; par conséquent, il serait entièrement vicié si la rente viagère était placée sur la tête d'un tiers mort à l'époque du contrat, ou atteint d'une maladie dont il meurt dans les vingt jours de la date du contrat (art. 1974 et 1975). Il en serait de même alors que les parties auraient ignoré le décès ou la maladie. L'ignorance dans laquelle se trouvent les contractants n'est pas en état de changer la nature des choses (INST. JUST., *de Verborum oblig.*, § 6). C'est pourquoi la convention formée dans les circonstances ci-dessus ne produirait aucune espèce de lien. — Nous allons même jusqu'à décider qu'elle ne saurait être envisagée comme obligation morale. Ainsi, elle ne pourrait servir de cause à une nouvelle obligation.

SECTION XV.

L'obligation naturelle peut-elle surgir d'un prêt usuraire?

SOMMAIRE.

1. En Droit français, comme en Droit romain, le prêt usuraire ne renferme pas les conditions de l'obligation naturelle.
2. Les intérêts excessifs qui ont été payés peuvent être répétés.
3. Celui qui, par suite d'une erreur de droit, paie des intérêts non usuraires, mais qui n'ont pas été stipulés, ne peut répéter.
4. La donation consentie par le débiteur à son créancier a-t-elle quelque valeur?

1. Les principes que nous avons développés dans la partie consacrée au Droit romain (1), trouvent ici une nouvelle sanction.

Comme l'obligation naturelle est une émanation du droit social, elle ne peut se concilier avec le prêt usuraire, que proscrit la loi du 3 septembre 1807.

2. Si, nonobstant cette prohibition, le créancier perçoit des intérêts excessifs, il sera exposé à une action en répétition.

Cette action sera accueillie, que les intérêts aient été payés avant ou après le capital. Les motifs que nous avons fait valoir en Droit romain (2) se représentent d'eux-mêmes à l'esprit.

Après cela, il n'est guère besoin de dire que l'article 1906, disposant que le prêteur qui a payé des intérêts non stipulés ne peut les répéter, ne se réfère qu'à ceux qui ne sont pas entachés d'usure.

3. Nous nous sommes demandé, dans la partie du Droit romain (3), si des intérêts non usuraires ayant été payés par celui qui ne les avait pas promis, et qui cependant croyait être tenu légalement de les solder, il y avait lieu à répétition. En d'autres termes, nous nous sommes adressé la question suivante : La personne qui prête son argent rend-elle un véritable

(1) Voir page 205.
(2) Page 210.
(3) Page 39.

service à l'emprunteur, de telle sorte que ce dernier contracte une obligation morale? — En discernant nos mœurs de celles des anciens, nous avons pensé que, dans l'état actuel de la société, celui qui emprunte sans intérêt reçoit un avantage dont se prive le prêteur. Il est aisé de tirer profit de ses fonds, à présent que les besoins de l'industrie et le nouveau système financier des gouvernements font en quelque sorte un appel à tous les capitaux et offrent des bénéfices. S'il est vrai qu'à Rome le débiteur en demeure était astreint au paiement des intérêts à titre de peine, et non parce que le créancier réclamait un émolument sur lequel il avait droit : « ... Usuræ enim non propter lucrum petentium, sed propter moram solventium infliguntur » (l. 17, § 3, Dig., *de Usuris*), cette raison n'aurait pas pour elle, chez les modernes, la même exactitude.

Sous l'influence de ces idées, nous déciderons que dans le doute on ne sera point censé avoir consenti un prêt sans intérêt; car une donation ne se présume pas. D'après les principes du Droit romain, au contraire, celui qui prêtait sans intérêt, n'effectuait pas une donation; en effet, pour qu'il y ait donation, il faut qu'il existe un appauvrissement de la part de celui qui dispose.

Cette manière de voir n'est pas en opposition avec l'art. 1907, portant que le taux de l'intérêt conventionnel doit être déterminé par écrit; car ce texte avait sa raison d'être, alors qu'aucune disposition législative n'avait déterminé le chiffre de l'intérêt; mais la loi du

3 septembre 1807 ayant rempli cette lacune, et créé un intérêt de droit commun, il en résulte qu'il n'y a plus la même nécessité pour assujétir les parties à une fixation écrite de l'intérêt.

4. C'eût été rendre illusoire la prohibition de l'usure, que de laisser le créancier employer des moyens détournés pour arriver à la spoliation du débiteur. Le législateur romain s'était expliqué formellement à cet égard (1) : aussi, d'après les principes du Droit romain et du Droit français, nous serons porté à reconnaître l'usure dans la donation que le débiteur consentirait à son créancier, alors qu'il n'est pas entièrement libéré. Jusqu'à cette époque, ce dernier est sous la dépendance de son créancier. Dès-lors, la donation sera considérée comme un supplément d'intérêt. Autoriser cette prétendue donation, serait permettre au débiteur de renoncer à la loi qui le protége contre l'usure; par conséquent, aux yeux du législateur, cette donation n'aura aucune valeur, soit comme obligation naturelle, soit comme obligation morale.

Ce n'est que dans des cas exceptionnels que nous maintiendrons cette libéralité, lorsque, par exemple, il serait établi que le créancier a rendu des services signalés à son débiteur, ou qu'il existe entre eux des rapports de parenté.

Si, au contraire, la donation est consentie après que

---

(1) Page 208.

la dette a été entièrement soldée, elle ne se présentera pas comme suspecte. Le débiteur avait recouvré entièrement sa liberté vis-à-vis de celui qui était son créancier.

Nous avons dit, dans la partie du Droit romain (1), que le débiteur qui a remboursé le capital, payant des intérêts usuraires, est néanmoins en droit de les réclamer. L'on pourrait cependant objecter que, dans ce cas, comme dans celui de la donation dont il s'agit, le débiteur avait repris sa liberté à l'égard de son créancier. Mais l'on remarquera que, dans cette espèce, le créancier chercherait à se prévaloir de l'exécution d'un engagement illicite; tandis qu'une donation lui ayant été adressée après coup, il invoque une obligation qui n'a rien de répréhensible.

SECTION XVI.

La stipulation d'un dédit, ajoutée à une promesse de mariage, a-t-elle l'efficacité d'une obligation civile, naturelle, ou de conscience ?

SOMMAIRE.

1. Cette clause pénale ne peut valoir, ni à titre d'obligation civile, ni à titre d'obligation naturelle.

2. Si le paiement a été effectué conformément aux principes du Droit romain, il n'y a pas lieu à répétition.

3. La stipulation de ce dédit produit-elle une obligation de conscience?

(1) Page 209.

1. Nous avons soutenu, dans la partie du Droit romain (1) que cette sorte de clause pénale était en opposition avec le droit social, que la loi civile ne la reconnaissait pas, et qu'elle ne pouvait même pas se résumer en obligation naturelle.

Cette doctrine nous paraît être celle du Droit français. Il est tellement vrai que notre code a voulu que la liberté des parties fût complète au moment où elles comparaissent devant l'officier de l'état civil, qu'il a passé sous silence les fiançailles, qui étaient règlementées à Rome.

Le bien public exigeant qu'aucune atteinte ne soit portée à la libre volonté des parties contractantes, il s'ensuit que toute pénalité qui tendrait à la gêner est entièrement sans valeur. — Cette espèce de dédit ne pourra donc se réduire en une obligation naturelle. Le mariage étant hors du commerce, il serait étrange que, d'après le droit social, il pût devenir l'objet d'une convention pécuniaire, d'une sorte de trafic.

Au reste, l'art. 1152 disposant que lorsqu'une somme a été fixée à titre de dommages-intérêts, il n'est pas au pouvoir du juge de l'augmenter ou de la diminuer, il en résulte que le dédit n'aurait qu'à comprendre un chiffre très élevé, pour que l'imprudent qui l'aurait souscrit fût en quelque sorte forcé de contracter mariage ; car il serait placé dans l'alternative ou d'épouser une personne qui ne lui convient plus, ou d'être dé-

(1) Page 211.

pouillé de sa fortune, quelque considérable qu'elle fût.

2. Toutefois nous admettons, comme en Droit romain (1), que le paiement ayant eu lieu, la demande en répétition serait écartée.

3. La stipulation de ce dédit offensant les lois de la société, nous allons jusqu'à soutenir qu'il ne vaudrait pas comme obligation de conscience; par conséquent, il ne pourrait servir de motif à une nouvelle obligation. Si nous venons d'interdire la répétition, ce n'est pas en vue de l'obligation morale, mais seulement par application de la maxime *in pari causa melior*, etc.

Pour déclarer obligatoire en conscience cette sorte de stipulation, l'on fait remarquer que l'inexécution de la promesse de mariage est de nature à nuire, qu'elle fera obstacle ou difficulté au mariage que voudra contracter plus tard celui qui a été refusé, que si des griefs ne sont pas articulés, il y aura des soupçons.

A notre avis, la question ne doit pas être considérée sous ce point de vue; il faut, avant tout, se préoccuper du bien social, qui veut que les futurs époux soient entièrement libres lorsqu'ils comparaissent devant l'officier public. Le prétendu dommage causé au futur époux n'est qu'une considération secondaire. L'intérêt particulier ne peut entrer en balance avec l'intérêt général, et le pacte qui blesse cet

---

(1) Voir page 213.

intérêt général est sans valeur, même d'après les lois de la conscience.

Nous avouons que cette question, envisagée dans le for intérieur, divise les meilleurs théologiens (1). Une fois cependant que l'on aura décidé que la convention du dédit est une atteinte aux lois essentielles de la société, et que, par conséquent, le droit civil la condamne, il est bien difficile de concevoir que la conscience doive l'accepter.

SECTION XVII.

La contre-lettre qui modifie le prix fixé dans le traité concernant la cession d'un office, peut-elle être opposée comme produisant une obligation naturelle, ou de conscience ?

SOMMAIRE.

1. La jurisprudence regarde ce traité particulier comme contraire à l'ordre public.

    Elle autorise la répétition de ce qui a été payé d'après cet accord.

    Elle veut même que celui qui a reçu tienne compte des intérêts.

2. Ce traité ne peut avoir l'efficacité d'une obligation naturelle.

3. Il donne lieu du moins à une obligation morale, ou de conscience.

1. Quand une obligation a pris naissance dans le jeu, nous avons vu que le législateur français refusait l'ac-

(1) M. Carrière, *de Matrimonio*, page 267.

tion, et qu'il accordait une exception pour empêcher de répéter. Faut-il se prononcer de la même manière à l'égard de la contre-lettre qui modifie le prix apparent de la vente d'un office? La jurisprudence la plus récente considère ces stipulations particulières comme contraires à l'ordre public, parce qu'elles aggravent la position des nouveaux titulaires, les exposent à recourir à des perceptions exagérées et à manquer essentiellement à leurs devoirs.

En acceptant cet ordre d'idées, l'on a été amené à décider que le paiement qui est l'exécution de ces accords, n'a pour résultat que de les rendre plus funestes et de compromettre davantage celui qui s'est engagé.

Dans la pensée que ces conventions occultes blessent l'ordre public, les tribunaux sont allés jusqu'à décider que le paiement ne pouvait être d'aucun profit pour celui qui avait reçu, et que, par conséquent, ce dernier devait être condamné à faire compte des intérêts, attendu sa mauvaise foi (art. 1378) (1).

(1) Arrêt de la Cour de Cassation, en date du 28 mai 1856. — Sirey, année 1856, 1re partie, p. 587. — Cet arrêt nous paraît d'autant plus sévère, qu'à l'époque où furent formés ces accord secrets, la jurisprudence validait ces sortes d'actes.

En statuant ainsi, la Cour suprême a confirmé la doctrine qu'elle avait émise dans ces dernières années, et à laquelle néanmoins résistaient quelques Cours impériales. — Bioche, *Table vicennale du Journal de Procédure,* page 326.

La Cour de Cassation a été d'autant plus portée à suivre

Cette restitution d'intérêts qui peut embrasser un grand nombre d'années, est de nature à ruiner la personne qui ne s'attendait pas à un pareil évènement, et qui avait accepté le prix qui lui avait été volontairement soldé.

2. C'est pourquoi il ne faut pas s'étonner que cette doctrine des arrêts ait soulevé les critiques suivantes :

a) Aucun texte relatif à la transmission des offices ne prohibe les contre-lettres et ne prononce même la peine de nullité;

b) Est-ce que l'opinion publique ne flétrit pas le titulaire qui, après avoir accédé à des arrangements librement débattus, ne recule pas ensuite devant une demande en répétition ?

c) Si l'accroissement du prix n'est pas en disproportion avec la valeur véritable de l'office, le souscrivant ne peut se faire un jeu de sa promesse.

Ne faudrait-il pas du moins attribuer à ces traités la la force de l'obligation naturelle ?

Quant à nous, nous ne croyons pas que l'on doive aller jusqu'à reconnaître, dans ces accords, une obligation naturelle.

Le gouvernement seul est appelé à fixer l'estimation des offices. Ces emplois publics ne sont entrés dans

la voie dans laquelle elle se trouvait engagée, que l'arrêt de la Cour de Toulouse, déféré à sa censure, était savamment motivé : il avait été rendu par l'organe de son premier président, M. Piou, magistrat d'un grand mérite.

le commerce que par sa volonté, il s'est réservé le droit d'en assigner le prix ; aussi un supplément de prix ne pourra-t-il servir de fondement à une obligation naturelle ; celle-ci n'est pas en mesure de se produire par rapport à ce qui n'a pas d'existence aux yeux du législateur. C'est lui, l'on ne l'ignore pas, qui admet l'obligation naturelle et qui la dote d'effets civils.

3. Toutefois, on ne peut se dissimuler que si le fonctionnaire reconnaît après coup que la charge qui lui a été cédée vaut plus que ce qu'elle lui a coûté, il lui sera loisible d'ajouter au prix, et il lui sera ensuite bien difficile de réclamer contre le paiement spontanément effectué.

De même nous pensons que si le signataire d'une contre-lettre veut bien l'acquitter, il ne sera pas recevable à se faire restituer ; car il a soldé une obligation de conscience. L'obligation morale est, nous l'avons vu, un obstacle insurmontable à la demande en répétition, alors même que le signataire avait payé parce qu'il croyait être tenu civilement (1).

Il n'y a pas contradiction à décider qu'un traité secret ne peut servir de base à une obligation naturelle, tandis qu'il peut servir de fondement à une obligation morale, ou de conscience.

Il est opportun de renouveler ici l'observation que nous avons déjà faite : Ce qui a jeté de la perturbation

(1) Voir page 232.

dans la doctrine de l'obligation naturelle, c'est que l'on n'a pas tracé une ligne de démarcation assez profonde et assez visible entre l'obligation naturelle et l'obligation morale, ou de conscience (1).

L'on a été porté à décider que la répétition pouvait être admise, parce que l'on trouvait que celui qui avait reçu un supplément de prix était en faute, et qu'il ne méritait pas de bénéficier. — Nous avons déjà combattu cette doctrine. Nous avons fait ressortir ce point (2), que si, d'après les principes du Droit romain applicables au Droit français, le possesseur répréhensible n'est pas obligé de rembourser, ce n'est point parce qu'il est vu avec faveur, mais seulement parce que son adversaire se trouve dans l'impossibilité morale de proposer sa demande.

Au surplus, dans l'espèce actuelle, nous soutenons que la personne qui a reçu les fonds a le droit de les retenir comme acquittement d'une obligation de conscience. Il a cédé un droit appréciable, transmissible, et qui a de l'affinité avec celui de propriété. Le cessionnaire a traité en connaissance de cause, il n'allègue aucun dol, aucune surprise ; par conséquent, il est

---

(1) Voir p. 42, et 151. La Cour impériale de Toulouse et la Cour de Cassation, dans les arrêts que nous avons cités p. 326, démontrent que le traité secret ne renferme ni obligation civile ni obligation naturelle ; mais ils se taisent sur l'obligation de conscience.

(2) Page 303.

vraisemblable que la valeur de la charge est en rapport avec le prix compté. Dès-lors, le cessionnaire ne manque-t-il pas essentiellement à son devoir en voulant modifier après coup les conditions de ce marché? — Supposons même, comme cela arrive ordinairement, que le prix acquitté soit la juste estimation de l'office : le cessionnaire pourra-t-il, en sûreté de conscience, retirer une partie de l'argent qu'il a volontairement payé, et spéculer sous prétexte que l'autorité n'a pas eu connaissance de cet arrangement particulier? Agir de la sorte, n'est-ce pas manquer à la délicatesse et à la probité?

Nous avons précédemment remarqué que le législateur, qui n'avait pas le pouvoir d'annuler l'engagement de conscience, déclarait néanmoins, dans des cas extraordinaires, qu'il n'en reconnaissait pas les effets. Mais il ne statue de la sorte que par suite de considérations fondées sur l'ordre public et les bonnes mœurs; or, peut-on dire que ces considérations se rencontrent dans l'espèce actuelle? Il n'y a que les conventions contraires aux lois d'ordre public et aux bonnes mœurs, qui n'enchaînent pas la conscience. Nous avons déjà fait cette précision (1) : elle est essentielle, elle nous paraît le moyen le plus infaillible de reconnaître l'obligation de conscience dans un traité que l'on représente comme en opposition avec les lois.

Nous avons déclaré que la prescription laisse sub-

(1) Voir page 311.

sister l'obligation de conscience (1), car les résultats qu'elle amène ne s'accordent pas toujours avec la justice; c'est pourquoi les jurisconsultes anciens et modernes reconnaissent-ils que, nonobstant la prescription encourue, l'obligation de conscience se maintient avec les attributs qui, ordinairement, l'accompagnent. L'on sait que les théologiens n'admettent la prescription que tout autant qu'elle n'est pas entachée de mauvaise foi. Aussi le Code Napoléon, ne voulant pas faire violence à la conscience, dispose-t-il que la prescription n'opère pas de plein droit, mais seulement lorsqu'elle est réclamée (art. 2223)

D'après cela, on s'aperçoit qu'au lieu de prendre sa source dans les lois morales qui constituent l'ordre public, envisagé dans son acception la plus exacte, la prescription est plutôt une institution politique.

Les règlements en vertu desquels sont communiqués à l'autorité les traités de cession d'offices, ne sont pas non plus des corollaires de ces lois morales et d'intérêt général qui sont immuables, mais bien de ces lois politiques qui sont variables.

Nous ne contestons pas que le législateur, qui ne peut étendre son empire jusqu'à l'obligation de conscience, ne soit maître de la priver de tout effet civil lorsqu'elle heurte les lois politiques; mais une telle volonté ne se présume pas, il faudrait qu'elle fût formellement exprimée.

(1) Voir page 92 et 236.

Un accord privé intervient, les parties l'exécutent ; qu'importe au législateur que cette exécution soit annihilée ?

Le législateur veut qu'il y ait une sanction au précepte qui a été transgressé, puisque le traité a été occulte. Mais en déniant à cette convention l'efficacité de l'obligation civile et de l'obligation naturelle, il sévit suffisamment. Qu'il ne regarde pas comme obligation ce qui a été fait en dehors de ses vues, nous l'admettons ; mais qu'il refuse de maintenir ce qui est l'accomplissement d'un devoir, c'est exorbitant.—Nous l'avons déjà dit, l'acquittement d'un engagement de conscience est réputé une libéralité (1) ; or, peut-on prétendre, dans l'espèce, que cette libéralité offre une cause illicite ?

Enfin, l'on opposera peut-être qu'en maintenant l'exécution de ces traités tout-à-fait privés, l'on diminue les ressources du titulaire qui, pour s'indemniser, pressurera sa clientelle. Cette objection tombe d'elle-même, quand on fait attention que, d'après nous, ce paiement n'est qu'une libéralité ; or, l'Etat peut-il empêcher que le titulaire d'une charge consente des donations ? L'Etat a-t-il le droit d'annuler les donations qu'effectuerait le titulaire soit avant, soit après son entrée en fonctions ?

En résumé, nous avons reconnu (2) dans le cours

(1) Pages 5 et 234.
(2) Voir p. 42 et 236.

de ce travail, que les engagements de conscience pouvaient devenir la cause d'engagements civils et qu'ils étaient un obstacle à la répétition que voudrait exercer celui qui aurait payé, alors même qu'il se persuadait être tenu civilement.

Il nous semble impossible de refuser ce double effet aux contre-lettres ajoutant au prix de cession.

SECTION XVIII.

La promesse faite pour le cas de démission d'un emploi public peut-elle être regardée comme obligation naturelle ?

SOMMAIRE.

1. Cette promesse étant contraire à l'ordre public, ne réveille aucune idée d'obligation naturelle.
2. Pour le même motif, elle ne pourra être invoquée comme obligation de conscience.
3. Le paiement ayant eu lieu, la répétition sera-t-elle autorisée ?

1. Tous les emplois publics, autres que les offices, sont entièrement hors du commerce; ils restent exclusivement dans le domaine de l'autorité souveraine, et ils ne se prêtent à aucune convention privée. Partant de ces idées, nous dirons que la stipulation par laquelle on promet une somme à un fonctionnaire pour prix de sa démission, se produit comme contraire au droit public (1), qui l'empêche d'avoir les éléments de l'obligation naturelle.

(1) M. Troplong, *De la Vente*, t. 1, n° 220. — Ainsi jugé

De pareils arrangements livreraient trop souvent les emplois à l'homme riche, au préjudice de l'homme probe, qui ne pourrait pas ou ne voudrait pas se livrer à de tels trafics.

On a essayé de distinguer entre la fonction et la démission; mais cette distinction ne repose que sur des cavillations. Il suffit, pour la repousser, de faire remarquer que la démission sollicitée tend à priver l'État des services qui lui seraient fournis par des hommes expérimentés.

2. Puisque cette promesse est une atteinte portée même à la morale, il en résulte qu'elle ne lie pas la conscience; par conséquent, elle ne jouira pas de ces avantages que le législateur attache à l'obligation de conscience (1).

Vainement l'on objecterait que le titulaire ayant donné sa démission éprouve un préjudice, et qu'il est juste que celui qui a promis de le réparer tienne son engagement. — Nous répondons que le fonctionnaire qui donne sa démission, par suite d'un accord privé, devait savoir que cette convention était de nature à blesser l'ordre public, et qu'il ne pouvait compter sur son efficacité; c'est à lui-même qu'il imputera le dommage ressenti.

L'on insistera peut-être en disant que le fonction-

par la Cour de Nancy, le 12 novembre 1829. — Dalloz, *Recueil périod.*, année 1830, 2e partie, p. 52.

(1) Voir page 332.

naire n'a pas disposé de son emploi, qu'il n'a pas même recommandé son successeur, qu'il s'est borné purement et simplement à faire sa démission, et que, par cet acte, ayant procuré une chance favorable à la personne qui le remplace, cette dernière est tenue d'exécuter le traité.

Cet argument n'est que spécieux, la démission n'est que la conséquence du pacte intervenu. Ce fonctionnaire a voulu se procurer une indemnité au moyen d'un acte à l'égard duquel il n'est point permis de spéculer; dès-lors, il ne peut s'en faire un titre pour prétendre qu'il est créancier dans le for intérieur.

3. Bien que nous ne reconnaissions, dans aucun de ces traités, le germe d'une obligation naturelle ou de conscience, cependant, s'ils avaient été suivis de paiement, nous n'admettrions pas l'action en répétition, et cela d'après la règle bien connue, *in pari causa*, etc. Le réclamant ne serait pas reçu à proposer sa demande. On trouverait, au besoin, un argument d'analogie dans les principes admis pour les dettes de jeu.

En jetant un regard sur le tableau que nous avons tracé du Droit romain et du Droit français, et en les comparant entre eux, on est frappé de l'uniformité des doctrines : c'est que nul peuple n'a su, aussi bien que les Romains, déterminer les cas où le devoir se convertit en une obligation. Mais les nuances intermédiaires, celles qui distinguent l'obligation naturelle de l'obligation de conscience, sont très difficiles à saisir.

Cette partie de la doctrine romaine n'est point parfaite ; si l'œuvre des prudents n'est pas finie, ils se sont du moins bien gardés de ces théories ambitieuses qui confondent les obligations naturelles avec les simples devoirs.

Le Droit romain n'étant pas tout-à-fait complet en cette matière, il n'est pas étonnant que le Code français laisse lui-même à désirer à cet égard. Ceux qui l'ont rédigé ne voulaient pas innover ; ils tâchaient plutôt de mettre en ordre les matériaux qui existaient, que d'en préparer de nouveaux. Cette réflexion s'applique surtout à la partie des obligations, et n'est pas de nature à déprécier le Code français. En signalant son imperfection, nous n'entendons pas atténuer son mérite et sa valeur, car ses auteurs eux-mêmes avaient reconnu qu'il pourrait avoir besoin d'être révisé.

FIN.

TABLE DES MATIÈRES.

DISPOSITIONS GÉNÉRALES.

Quoique l'homme ait été créé pour la société, l'autorité civile est obligée d'intervenir pour le protéger contre ses passions, page 1. — Les actes faits en dehors des prescriptions de la loi civile ne sont pas toujours dépourvus de toute efficacité, 2. — Cette valeur partielle est accordée à l'obligation naturelle qui repose sur l'équité. — De quelle manière doit être envisagée cette équité, 3. — L'obligation ne peut produire d'effet malgré la loi civile, 3. — Il ne faut pas confondre l'obligation naturelle et l'obligation morale, ou de conscience, 4.

PREMIÈRE PARTIE.

DROIT ROMAIN.

Définition de l'obligation naturelle, 6. — Signe auquel on reconnaît l'obligation naturelle, 7. — Plusieurs effets de l'obligation naturelle sont indépendants de la volonté du débiteur, 8. — Division de la matière, 8.

CHAPITRE PREMIER.

Origine et caractère de l'obligation naturelle.

Sources de l'obligation naturelle, 10. — Les rapports de famille ne donnent pas lieu à une obligation naturelle, mais à une obligation civile, 10. — Les étrangers s'obligent naturellement. — Le pupille étranger qui, d'après les lois de son pays, ne s'oblige pas naturellement quand il traite sans l'autorisation de son tuteur, s'oblige-t-il néanmoins, à Rome, dans cette circonstance, 13. — L'obligation naturelle se réfère à plus de sujets que l'obligation civile, 15. — Ce serait se tromper que de croire que l'obligation naturelle a été établie pour venir en aide aux étrangers, 15. — Il n'est pas exact de dire que l'obligation naturelle dérive de l'organisation des pouvoirs, à Rome, 16. — Ce n'est que pour des motifs graves qu'une partie peut faire cesser l'obligation naturelle qu'elle a contractée, 17. — Le dol rend inexistante l'obligation naturelle, 17. — La violence rend inexistante l'obligation naturelle, 19. — L'erreur concernant les attributs essentiels de la chose empêche l'obligation naturelle de prendre naissance, 19. — Les exceptions qui détruisent l'obligation civile portent-elles atteinte à l'obligation naturelle, 22. — Les dispositions prohibitives de la loi civile qui se réfèrent aux intérêts généraux de la société, sont incompatibles avec l'idée d'une obligation naturelle, 24. — Les obligations naturelles qui ont été après coup revêtues d'une action, ne doivent pas être comprises dans la catégorie des obligations naturelles; examen de la loi 16, § 4, Dig., *de Fidejussoribus*, 28.

CHAPITRE II.

Des effets de l'obligation naturelle.

Toute espèce d'obligation naturelle est susceptible de produire les mêmes effets, 32. — Effets que produit l'obligation naturelle, 32.

SECTION PREMIÈRE. — *De l'obligation naturelle par rapport à la non-répétition.*

Celui qui paie, croyant être tenu civilement tandis qu'il ne l'était que naturellement, ne peut répéter, 33. — La répétition serait également déniée si celui qui a payé croyait être obligé civilement, alors qu'il n'était tenu que d'un devoir moral, ou de conscience, 40.

SECTION II. — *L'obligation naturelle fait partie des biens du créancier.*

L'obligation naturelle constitue une dette, il en est autrement de l'obligation morale, 42. — Le créancier en vertu d'une obligation naturelle, devenant héritier de son débiteur, aura le droit de faire un prélèvement jusqu'à concurrence de son titre, 44. — L'obligation naturelle est susceptible de transmission, 45. — Le legs du *debitum naturale* fait au créancier lui-même est valable, 45. — Quand un paiement intervient pour acquitter les intérêts, si les uns sont dus civilement et les autres naturellement, l'imputation sera faite indistinctement, 46. — Les causes de révocation de la donation ne s'appliquent pas à l'obligation naturelle, 47. — L'acquittement d'une obligation naturelle ne peut être critiqué à l'exemple des donations excessives, quand il s'agit de la fixation légitime, 47. — L'acquittement d'une obligation naturelle est valable entre époux, 47. — Explication de la loi 27, Dig., de Donationibus, 47. — Sens dans lequel doivent être interprétés les textes desquels on infère que l'obligation naturelle n'est pas une dette, 49.

SECTION III. — *L'obligation naturelle admet la fidéjussion, le gage, la corréalité, le constitut.*

§ 1er. — *De l'obligation naturelle considérée par rapport à la fidéjussion, au gage, et à la corréalité.*

On n'élève guère de difficulté relativement à la fidéjussion, 50. — Il n'en est pas de même par rapport au gage, 50. — Quelquefois celui qui a cautionné n'est tenu que naturellement, 53. — Quand l'un des débiteurs *corrées* a payé, il n'a point de recours contre l'obligé naturellement, 53.

§ 2. — *L'obligation naturelle autorise le constitut.*

Notion du constitut. — Il n'est pas valable si la dette préexistante n'est pas au moins naturelle, 54. — L'obligation morale, ou de convenance ne se prête pas au constitut, 55. — Si la chose comprise dans le constitut est supérieure à celle qui était ramenée dans la dette précédente, quant à cet excédant il n'y aura pas obligation naturelle, 55.

SECTION IV. — *L'obligation naturelle peut être ratifiée.*

Cette ratification ne nécessite pas le consentement du créancier, mais bien celui du débiteur, 57. — De l'effet rétroactif de la ratification, 57.

SECTION V. — *L'obligation naturelle donne lieu à la novation.*

L'obligation naturelle peut être remplacée par une obligation civile, elle peut aussi remplacer elle-même une obligation civile, 58. — Dans le doute, l'obligation substituée à l'obligation naturelle sera réputée civile, 60. — Un tiers s'obligeant civilement à la place du débiteur tenu naturellement, s'il vient à payer, n'aura contre ce dernier que les droits qui compétaient au créancier primitif, 60.

Section VI. — *L'obligation naturelle autorise le droit de rétention et la compensation qui en est la conséquence.*

Notion du droit de rétention; son utilité à l'égard de l'obligation naturelle, 62. — L'obligation naturelle ne peut venir en compensation que tout autant que cette compensation rentre dans le droit de rétention, 65. — Ainsi entendue, la compensation n'offre rien d'inique, lorsqu'elle est opposée à un incapable, 69. — Les changements qu'a subis dans la suite la compensation, sont demeurés sans effet relativement à l'obligation naturelle, 70.

CHAPITRE III.
Des modes d'extinction de l'obligation naturelle.

Section première. — *Du paiement, de la novation, de la compensation.*

Le paiement, la novation et la compensation ne doivent être ici considérés que comme modes d'extinction des obligations, 77. — Lorsque le paiement, qui est le mode le plus ordinaire d'extinction de l'obligation naturelle, ne suffit pas pour éteindre les diverses dettes, dont l'une est naturelle, comment s'effectuera l'imputation, 77. — S'il n'est que partiel, il n'a point pour effet d'attribuer une action pour le restant de la dette, 79. — Par la novation cesse l'obligation naturelle, 79. — La compensation *ex dispari causa* sert-elle à éteindre deux dettes naturelles, 81.

Section II. — *De la confusion.*

Nature de la confusion. — Que décider lorsque la dette principale étant naturelle, et la caution s'étant obligée civilement; le débiteur hérite de la caution, 82. — Que statuer lorsque, dans l'espèce qui précède, le débiteur a hérité du créancier, 85. — *Quid juris*, si le créancier devient héritier de la caution qui était obligée civilement, tandis que le débiteur principal n'était tenu que naturellement, 86.

SECTION III. — *De l'acceptilation et du pacte* DE NON PETENDO.

L'acceptilation a pour effet d'éteindre l'obligation naturelle, 87. — Le pacte *de non petendo* fait cesser l'obligation naturelle, 88. — Par le pacte *de non petendo*, sont libérés de plein droit non-seulement le débiteur principal, qui est tenu naturellement, mais encore les cautions obligées civilement, 88.

SECTION IV. — *De la prescription.*

§ 1er. — *Effet de la prescription par rapport à l'obligation naturelle isolée.*

Motifs par lesquels on peut soutenir que l'obligation naturelle échappe à la prescription, 90. — Raisons qui portent à décider que l'obligation naturelle est soumise à la prescription, 90.

§ 2. — *De l'effet de la prescription par rapport à l'obligation qui a son fondement dans le droit des gens, et qui est sanctionnée par le droit civil.*

Raisons par lesquelles nous décidons que cette obligation naturelle se prescrit, 93. — Réfutation des motifs présentés en faveur de l'opinion contraire, 95.

SECTION V. — *La cause jugée détruit-elle l'obligation naturelle ?*

Importance de la question. — L'obligation dont demeure tenu celui qui, injustement, obtient gain de cause, ne réunit pas les conditions essentielles à l'obligation naturelle, 105. — La chose jugée laisse intact le devoir de conscience, 106. — Examen des textes favorables à cette doctrine; la chose jugée passe pour la vérité, 107. — Réfutation des arguments que l'on déduit de quelques textes; il ne faut pas confondre le cas où le créancier succombe après examen, et celui où *causa cadit*, 107.

Section VI. — *La prestation du serment porte-t-elle atteinte à l'obligation naturelle ?*

Le serment est déféré par le juge ou par la partie, 112. — Le serment déféré par la partie fait disparaître l'obligation naturelle ; il a plus de force que le jugement, 112. — Ce serment ne permet pas d'exciper de l'obligation morale, 113. — Le serment déféré par le juge empêche l'obligation naturelle de se produire, 114. — Il est permis de prouver la fausseté de ce serment, 114.

Section VII. — *De la capitis deminutio.*

Celui qui encourt la *maxima* et *media capitis deminutio*, cesse d'être obligé naturellement, 115. — La *minima capitis deminutio* laisse subsister l'obligation naturelle, 116.

Section VIII. — *Celui qui fait cession de biens continue-t-il à être obligé civilement, ou ne l'est-il que naturellement ?*

Par la cession de biens, on ne cesse pas d'être obligé civilement, mais le montant de la condamnation ne dépasse pas la valeur des biens du débiteur, 118.

CHAPITRE IV.

Des espèces dans lesquelles se rencontre une obligation naturelle.

Section première. — *Le pupille qui traite sans l'autorisation de son tuteur, s'oblige-t-il naturellement ?*

§ 1er. — *Des divers systèmes concernant l'obligation du pupille.*

La thèse d'après laquelle le pupille ne s'oblige pas naturellement quand il traite seul, ne doit pas être admise, 122. — Il ne paraît pas exact de dire que l'obligation de ce pupille est seulement morale et non pas naturelle, 126. — Les glossateurs n'ont nullement résolu la difficulté en distinguant le cas où le pupille est *infans*, *infantiæ proximus*, et le cas où il est *pubertati proximus*, 126. — L'opinion d'après laquelle ce n'est que lorsqu'il devient plus riche que le pupille s'oblige naturellement, ne semble pas devoir être acceptée, 128. — En scindant les effets de l'obligation naturelle, en les admettant d'une manière générale à l'égard des tiers et non pas à l'égard du pupille, l'on propose une doctrine qui n'est pas exacte, 131. — Il n'est pas non plus juridique d'admettre que le pupille ne s'oblige sous aucun rapport, et que son engagement ne produit d'effet que tout autant qu'il intervient des fidéjusseurs et par rapport à ces fidéjusseurs, 133. — Réfutation du sentiment de ceux qui soutiennent que le pupille s'obligerait naturellement et aurait le moyen extraordinaire de la restitution en entier pour sauvegarder ses intérêts, 133.

§ 2. — *Opinion qui paraît devoir être adoptée relativement aux obligations émanées du pupille seul.*

L'aliénation est interdite au pupille non autorisé, 135. — Le pupille qui traite sans aliéner, contracte une obligation naturelle, 137. — En s'obligeant naturellement, le pupille n'a pas à craindre les effets de la compensation proprement dite, 139.

SECTION II. — *Dérive-t-il une obligation naturelle de l'engagement pris par le pupille vis-à-vis de son tuteur ?*

Le tuteur ne peut fournir l'*auctoritas* dans sa propre cause, 140. — Cela n'empêche pas que le pupille s'obligeant envers son tuteur ne soit tenu naturellement, 140.

SECTION III. — *Quand le mineur de vingt-cinq ans se fait restituer, son obligation reste-t-elle naturelle ?*

Le mineur de vingt-cinq ans, pourvu d'un curateur, ne peut seul consentir aucune aliénation, 143. — L'obligation que consentirait ce mineur sans l'assentiment du curateur vaudrait, d'après le droit civil, sauf le bénéfice de la restitution ; mais l'obligation subsiste comme naturelle, nonobstant la restitution, 144. — Si le mineur n'a pas de curateur, l'aliénation et l'obligation en général qu'il consent sont valides civilement, sauf le recours à la restitution en entier. Quoiqu'il obtienne la restitution, il sera obligé naturellement, 145.

Section IV. — *Quelle est la force de l'obligation contractée par le mineur de vingt-cinq ans à l'égard de son curateur ?*

Le mineur de vingt-cinq ans qui s'engage à l'égard de son curateur contracte une obligation civile, 147. — Dans ce cas, le mineur pourra se prévaloir du moyen de la restitution en entier. — S'il se fait restituer, pour cause de lésion, son engagement se résumera en une obligation naturelle, 148.

Section V. — *La cession des droits sur le pupille ou le mineur de vingt-cinq ans, que les tiers consentent au tuteur ou curateur, a-t-elle l'effet d'une obligation naturelle nonobstant la Novelle de Justinien ?*

Motifs qui ont servi de fondement à la Novelle de Justinien, 149. — La cession faite par les tiers au profit du curateur a pour résultat d'affranchir le mineur même de l'obligation naturelle, 150.

Section VI. — *De l'obligation naturelle résultant de l'emprunt fait par le fils de famille.*

Le fils de famille qui emprunte contracte une obligation naturelle, 152. — On décide généralement que le fidéjusseur qui a cautionné le fils de famille peut se prévaloir de l'exception du sénatus-consulte Macédonien, 154. — Différence entre le fidéjusseur qui accède à l'emprunt effectué par le fils de famille, et le fidéjusseur qui intervient dans le contrat souscrit par le mineur de vingt-cinq ans, 155. — Quand l'intention des parties ne se découvre pas, dans le doute, le fidéjusseur pourra-t-il invoquer le sénatus-consulte, 156.

Section VII. — *De l'engagement pris par une personne privée de l'usage de ses facultés intellectuelles.*

Celui qui n'est pas sain d'esprit ne contracte pas une obligation naturelle, 156. — Que décider à l'égard du furieux interdit qui traite dans un intervalle lucide, 157.

SECTION VIII. — *De l'obligation émanée du prodigue interdit.*

Le prodigue interdit ressemble plus au pupille *pubertati proximus*, qu'à celui qui est insensé ; il peut s'obliger naturellement, 159. — Dans quelles circonstances le fidéjusseur sera-t-il tenu par suite de l'engagement consenti par le prodigue, 160.

SECTION IX. — *La femme répondant pour autrui ne contracte pas une obligation naturelle.*

La femme en répondant pour autrui ne contracte pas une obligation naturelle, 162. — Il eut été plus rationnel de statuer que cet engagement contient une obligation naturelle, 163.

SECTION X. — *Les donations qui avaient lieu entre époux, malgré la prohibition de la loi, étaient privées de l'efficacité de l'obligation naturelle.*

Antérieurement aux empereurs Septime Sévère et Caracalla, les donations entre-vifs que s'adressaient les époux étaient de nul effet ; par conséquent, elles ne pouvaient produire une obligation naturelle, 164. — Ces donations n'auraient pu être confirmées, 166. — Si les époux cachaient une libéralité sous la forme d'un contrat intéressé de part et d'autre, il ne résulterait pas de là une obligation naturelle, 166. — Dans le nouvel état du droit, la donation entre-vifs vaudra comme donation à cause de mort ; si le donateur change de volonté, il ne demeure pas lié par une obligation naturelle, 166.

SECTION XI. — *De l'obligation intervenue entre l'ascendant et les enfants placés sous sa puissance.*

L'obligation civile ne peut exister entre l'ascendant et les enfants placés sous sa puissance ; il en est autrement de l'obligation naturelle, 167. — L'obligation primitivement naturelle conserve cette qualité, alors même qu'un tiers hérite de l'ascendant, 169. — Est encore naturelle, l'obligation qui intervient entre les enfants soumis à la puissance du même ascendant, 170.

SECTION XII. — *Des conventions dans lesquelles figure l'esclave.*

Ce n'est que dans des cas tout-à-fait exceptionnels que l'esclave acquiert lui-même des créances qui ne créent même que des liens naturels, 171. — Quoique l'on ait enseigné le contraire, ces créances naturelles peuvent recevoir un cautionnement; quelle est la force de ce cautionnement, 176. — L'esclave a la faculté de s'obliger naturellement; après l'affranchissement, ces obligations conservent le même caractère, 177.

SECTION XIII. — *Des personnes qui ne sont condamnées que* IN ID QUOD FACERE POSSUNT.

Le bénéfice de compétence n'a point pour effet de rendre naturelle l'obligation civile; il laisse la dette dans son état primitif, 178. — Réfutation de l'opinion contraire, 179.

SECTION XIV. — *Les conventions non revêtues des formes déterminées sont-elles une source d'obligation naturelle?*

Ces sortes de conventions présentent le caractère de l'obligation naturelle, 181. — Si les parties n'ont entendu souscrire qu'un contrat dans une forme déterminée, il ne vaudra pas à titre d'obligation naturelle, 182.

SECTION XV. — *Y a-t-il obligation naturelle dans une donation entre-vifs manquant des formalités déterminées par la loi?*

La donation entre-vifs rentre dans le droit des gens; lorsque les formalités de la loi *Cincia* n'avaient pas été observées, existait-il une obligation naturelle ou civile, 185. — Cependant, il résulte de la loi civile que le défaut d'insinuation empêche la donation de produire une obligation naturelle, 187.

Section XVI. — *Les dispositions renfermées dans un testament irrégulier ont-elles la force de l'obligation naturelle ?*

Le droit de tester appartient au droit des gens; il convient, toutefois, que le droit civil n'accorde pas à une disposition contenue dans un testament irrégulier la puissance de l'obligation naturelle, 189. — Les jurisconsultes romains ne contestaient pas que le droit de tester dérivât du droit des gens; mais ils n'admettaient pas que le testament irrégulier pût servir de base à une obligation naturelle, 192. — Les dispositions mentionnées dans un testament irrégulier offrent le caractère de l'obligation morale, ou de convenance, 193. — Conformément aux principes antérieurement exposés, nous décidons que celui qui, pensant être tenu civilement, acquitte la disposition contenue dans un testament irrégulier, n'est pas recevable à répéter, 195.

Section XVII. — *La promesse sous condition, ou à terme, contractée d'après les règles du droit civil, doit-elle être envisagée comme obligation naturelle ?*

L'obligation conditionnelle attribue un droit qui constitue une obligation civile, 199. — Ce droit ne confère pas, à celui qui a stipulé, une créance soit civile soit naturelle par rapport à la chose promise, 200. — Celui qui a stipulé à terme est investi, par rapport à la chose promise, d'une créance civile, et non pas seulement naturelle; à plus forte raison le délai de grâce n'empêche-t-il pas l'obligation d'être civile, 200.

Section XVIII. — *Y a-t-il obligation naturelle dans les dettes de jeu ?*

Les dettes de jeu ne contiennent pas le germe de l'obligation naturelle, 203. — Celui qui a perdu a le même droit de répéter, 204. — Le législateur romain dénie même aux dettes de jeu le caractère de l'obligation morale, ou de convenance, 204. — Il ne faut pas confondre les dettes de jeu proprement dites avec celles qui dérivent des jeux qui développent les forces du corps, 205.

SECTION XIX. — *Les intérêts usuraires peuvent-ils servir de base à une obligation naturelle?*

La promesse de payer des intérêts excessifs ne donne pas naissance à une obligation naturelle, 205. — Des intérêts usuraires ayant été payés sans qu'il intervienne aucune erreur, la répétition est autorisée, 208. — Il en est autrement des intérêts non usuraires qui sont payés sans qu'il y eût promesse antérieure; la répétition n'est admise que tout autant que l'on justifie d'une erreur, 211.

SECTION XX. — *La clause pénale jointe à une promesse de mariage a-t-elle l'effet d'une obligation naturelle?*

Cette clause pénale ne peut être invoquée comme obligation naturelle, 211. — Le paiement étant effectué, l'action en répétition ne serait pas accordée, 213.

SECTION XXI. — *Les engagements pris afin d'obtenir une dignité ou un emploi public n'ont pas la valeur de l'obligation naturelle.*

Ces engagements sont dépourvus de tout lien naturel, 214. — L'inefficacité sera la même, que l'emploi ait ou n'ait pas été obtenu, 214.

SECONDE PARTIE.

DROIT FRANÇAIS.

CHAPITRE PREMIER.

Origine et caractère de l'obligation naturelle.

L'obligation naturelle existe d'après les principes du Droit français, 217. — La définition de l'obligation naturelle est la même en Droit français et en Droit romain, 218. — Division de la matière, 220.

Sources de l'obligation naturelle, 221. — Les liens de famille ne constituent pas une obligation naturelle, mais bien une obligation civile, 222. — Les étrangers qui se trouvent en France sont régis par les principes de l'obligation naturelle telle qu'elle est admise parmi nous. — Analogie entre le Droit français et le Droit romain, 225. — Quelles sont les exceptions qui font cesser l'obligation naturelle, 225. — Les dispositions prohibitives de la loi civile qui ont trait aux intérêts généraux de la société, s'opposent à l'existence de l'obligation naturelle, 226. — La nullité de la vente de la chose d'autrui s'étend-elle à l'obligation naturelle, 229.

CHAPITRE II.
Des effets de l'obligation naturelle.

SECTION PREMIÈRE. — *De la non-répétition en ce qui concerne l'obligation naturelle.*

Il n'y a pas lieu à répétition lorsque l'on paie, croyant être tenu civilement, tandis que l'on n'est tenu que naturellement, 230. — Si l'obligation n'est que morale, ou de convenance, la répétition serait également refusée, 232.

SECTION II. — *L'obligation naturelle fait partie des biens du créancier.*

L'obligation naturelle confère un droit; le paiement qui a lieu par suite de l'obligation naturelle n'est pas réputé une libéralité. — Diverses conséquences, 234. — Parce qu'une obligation naturelle est acquittée, les créanciers de celui qui a payé ne peuvent prétendre que le paiement est fait en fraude de leurs droits; explication de l'art. 2225, qui permet aux créanciers d'opposer la prescription à laquelle renonce leur débiteur, 236.

SECTION III. — *L'obligation naturelle comporte le cautionnement, le gage, l'hypothèque, la solidarité.*

Explication de l'art. 2012, qui permet de cautionner une obligation qui peut être annulable au moyen d'une exception personnelle à l'obligé, 238. — Quelquefois la caution ne sera obligée que naturellement, 238. — La caution d'une dette naturelle qui a payé n'a point de recours contre le débiteur principal, 240. — Il en est de même quand le paiement émane d'un débiteur solidaire, 240. — Quoique l'on ait enseigné le contraire, il est exact de reconnaître que la législation française n'a pas accepté le constitut des Romains, 240.

Section IV. — *L'obligation naturelle peut être ratifiée.*

L'obligation naturelle comporte la ratification, 241. — Effet rétroactif de la ratification, 242. — L'obligation morale exclut la ratification, 244.

Section V. — *De la novation quant à l'obligation naturelle.*

L'obligation naturelle peut être novée par une obligation civile; elle peut aussi nover une obligation civile, 245. — Le tiers qui substitue son obligation à celle du débiteur tenu naturellement, ne peut avoir contre ce dernier des droits plus étendus que ceux qui appartenaient au créancier primitif, 246.

Section VI. — *Du droit de rétention et de la compensation se référant à l'obligation naturelle.*

Le droit de rétention est admis par la législation française; il sert surtout à l'égard de l'obligation naturelle, 247. — En Droit français, comme en Droit romain, l'obligation naturelle ne peut servir que pour la compensation, qui se confond dans le droit de rétention, 249.

CHAPITRE III.

Des modes d'extinction de l'obligation naturelle.

Section première. — *Du paiement, de la novation, de la compensation.*

Le paiement est la satisfaction que les parties avaient en vue lors de la formation de l'obligation naturelle; si le paiement n'est que partiel, et s'il existe plusieurs dettes dont l'une est naturelle, de quelle manière s'effectuera l'imputation, 250. — Le paiement qui n'est que partiel, n'a point pour effet de conférer une action quant au surplus de la dette, 252. — La novation produit l'extinction de l'obligation naturelle, 252. — Est il permis d'invoquer la compensation proprement dite à l'égard de deux dettes naturelles, 252.

SECTION II. — *De la confusion.*

La confusion doit être envisagée, dans la législation française, comme dans la législation romaine, 253. — Y a-t-il confusion lorsque, la dette principale étant naturelle et celle de la caution étant civile, le débiteur succède à la caution, 254.

SECTION III. — *De la remise de la dette.*

La remise faite au débiteur principal tenu naturellement libère la caution obligée civilement. L'inverse n'a pas lieu, 254. — Cette remise ne doit pas être confondue avec celle qui résulte d'un concordat, 255. — Si le créancier, faisant remise au débiteur principal, se réserve expressément ses droits contre la caution, peut-on dire que ce débiteur principal demeurera lié par une obligation au moins naturelle, 255.

SECTION IV. — *De la prescription.*

L'obligation naturelle isolée est soumise à la prescription, 256. — Il en est de même de l'obligation naturelle qui est jointe à une obligation civile, 258.

SECTION V. — *L'autorité de la chose jugée efface-t-elle l'obligation naturelle?*

En Droit français, comme en Droit romain, l'autorité de la chose jugée s'oppose à ce que l'obligation naturelle survive, 260. — L'autorité de la chose jugée laisse intacte l'obligation morale, ou de conscience, 261.

SECTION VI. — *La prestation du serment fait-elle cesser l'obligation naturelle?*

Le serment décisoire emporte l'obligation naturelle, 262. — Il n'est pas même permis à la partie qui a déféré le serment de prouver sa fausseté, 262. — Le serment supplétoire détruit l'obligation naturelle, 263. — La partie qui se plaint de ce jugement peut en prouver la fausseté, 263.

SECTION VII. — *De la mort civile, et de l'interdiction légale qui a été substituée à la mort civile.*

Celui qui avait encouru la mort civile ne restait pas obligé naturellement, 264. — L'interdiction légale ne modifie nullement le caractère des obligations, 265.

SECTION VIII. — *De la cession de biens.*

La cession de biens judiciaire laisse subsister l'obligation civile, 266. — Au contraire, la cession volontaire détruit même l'obligation naturelle, 266.

SECTION IX. — *De la faillite.*

L'état de faillite ne détruit pas l'obligation civile, 267. — Nonobstant le concordat, l'obligation naturelle subsiste, 267.

CHAPITRE IV.

Des divers cas où il existe une obligation naturelle.

SECTION PREMIÈRE. — *Le mineur de vingt-un ans, qui traite sans l'autorisation de son tuteur, s'oblige-t-il naturellement ?*

Il faut appliquer les principes du Droit romain qui régissent les actes émanés du mineur de vingt-cinq ans, 268. — D'après le Droit français, les obligations consenties par le mineur de vingt-et-un ans durent comme naturelles, quoiqu'il se fasse restituer, 270. — La loi impose diverses formalités pour des actes importants; en les souscrivant seul, le mineur s'oblige-t-il naturellement, 271.

SECTION II. — *Quelle est la valeur de l'obligation souscrite par le mineur à l'égard de son tuteur ?*

Il faut appliquer les principes du Droit romain, qui sont relatifs à l'engagement pris par le mineur de vingt-cinq ans à l'égard de son curateur, 274. — Justification de cette proposition, 274. — Quand le ci-devant mineur aura fait un traité sans que les formalités indiquées par l'art. 472 aient été accomplies, sera-t-il obligé naturellement, 275.

Section III. — *Quel est l'effet de la cession de créances ou de droits consentis au tuteur contre le mineur ?*

Notre code rappelant la prohibition décrétée par le Droit romain, sans permettre au mineur de bénéficier, il ne peut être question d'obligation naturelle en ce qui concerne ce dernier, 276.

Section IV. — *Les actes passés par l'interdit renferment-ils une obligation naturelle ?*

Quoique les tribunaux aient relevé l'interdit des obligations qu'il avait consenties, cependant elles valent comme naturelles, 278. — Si l'interdit avait traité dans un moment où il ne jouissait pas de sa raison, l'acte n'aurait aucune espèce d'efficacité, 279.

Section V. — *Des actes émanés du prodigue auquel un conseil judiciaire a été donné.*

Le prodigue se faisant restituer contre les actes indiqués dans l'art. 513, reste obligé naturellement, 280. — De ce que le prodigue s'oblige naturellement, il ne s'ensuit pas que l'on reconnaisse une propriété naturelle, 281.

Section VI. — *De l'obligation de la femme qui traite sans autorisation.*

Quoique la femme ait été relevée de l'engagement souscrit sans autorisation, elle demeure néanmoins obligée naturellement, 282. — Une telle obligation pourrait être acquittée par la femme durant le mariage, et au moyen de ses deniers paraphernaux, 283.

SECTION VII. — *Les donations entre époux valent à titre d'obligation civile et jamais à titre d'obligation naturelle.*

L'époux révoquant la donation qu'il a faite, ne demeure tenu ni civilement ni naturellement, 285. — Il en sera de même si la libéralité a été déguisée sous la forme d'un contrat de vente permis entre époux, 285. — Quand il y a révocation, quelle est l'obligation de l'époux donataire, 286.

SECTION VIII. — *Quelle est l'obligation résultant de l'engagement formé entre le fils et le père investi de la puissance paternelle ?*

Différence entre la puissance paternelle des Romains et celle des Français, 286. — Par rapport aux engagements pris par le fils à l'égard de son père, il faut appliquer les principes relatifs à ceux qui émanent du pupille à l'égard de son tuteur, 287. — Si c'est le père qui s'engage à l'égard de celui qui se trouve sous sa puissance, l'obligation ne sera défectueuse sous aucun rapport, 287.

SECTION IX. — *Y a-t-il, d'après le Droit français, des personnes qui ne sont tenues que* QUATENUS FACERE POSSUNT?

Il ne faut pas admettre dans le Droit français le bénéfice de compétence, tel qu'il était institué à Rome, 288. — Cas dans lesquels le bénéfice de compétence pourrait être appliqué, 289. — Les obligations arrêtées dans leur exécution ne cessent pas d'être civiles, 290.

SECTION X. — *Les conventions non revêtues des formes extérieures imposées par la loi, ne donnent-elles naissance qu'à l'obligation naturelle ?*

Il faut avoir le soin de distinguer ce qui tient à la perfection de la convention, et ce qui se réfère à la perfection de l'acte. Malgré l'imperfection de l'acte, l'obligation demeure civile, 291. — Quand les actes sont solennels, l'omission des formalités empêche l'obligation naturelle de se produire, 292.

SECTION XI. — *La donation entre-vifs irrégulière peut-elle servir comme obligation naturelle?*

Quand les formalités réglées par la loi ont été omises, la donation ne peut être invoquée comme produisant obligation naturelle, 293. — A l'égard du donateur, la disposition n'aurait pas même l'effet d'une obligation morale, ou de convenance. Il en est différemment par rapport aux héritiers, 293. — Si le mineur accepte seul une donation entre-vifs contenant des charges, sera-t-il tenu au moins naturellement, alors qu'il se fait relever de son acceptation, 295. — La promesse de faire un don manuel produit-elle une obligation naturelle, 297.

SECTION XII. — *Les dispositions contenues dans un testament irrégulier peuvent-elles être considérées comme obligations naturelles.*

En Droit français, comme en Droit romain, le testament irrégulier ne peut servir de base à une obligation naturelle, 298. — Toutefois, il servirait de titre à une obligation morale, ou de convenance, 299.

SECTION XIII. — *Avant l'échéance du terme ou l'avènement de la condition, la promesse est-elle réputée obligation naturelle?*

Les principes développés dans la partie du Droit romain doivent être suivis, 300.

SECTION XIV. — *L'obligation naturelle résulte-t-elle des dettes de jeu et des paris?*

La dette de jeu n'offre pas le caractère de l'obligation naturelle. Le paiement ayant eu lieu, la répétition n'est pas admise à cause de la règle : *in pari causa melior est causa possidentis*, 302. — C'est à tort que l'on a soutenu que cette règle ne devait pas être appliquée en Droit français,

303. — Que les enjeux aient été confiés à un tiers, ou déposés sur table, celui qui a gagné n'a pas d'action pour les réclamer, 306. — Quand il y a eu paiement volontaire, la répétition est interdite ; de là il suit : que si le perdant a souscrit des effets, ou délégué son propre débiteur, il pourra résister à l'action dirigée par le gagnant, 308. — Les emprunts faits pour acquitter les dettes de jeu, alors que le prêteur connait leur destination, sont assimilés aux dettes de jeu, 309. — Celui qui se charge de payer une dette de jeu pour le compte d'un tiers, et qui l'acquitte, n'a pas d'action en répétition. Mais le joueur qui a perdu, ayant désintéressé le tiers qui a fait des avances, ne pourra user de répétition, 310. — Le mandataire qui a reçu les fonds du perdant, et qui paie sa dette, n'est pas exposé à une action en répétition de la part du mandant, 310. — Les jeux de hasard, même modérés, ne produisent pas les effets d'une obligation de conscience. Il arrive, dans certains cas exceptionnels, que le législateur ne veut pas conférer de l'efficacité à l'obligation de conscience, 310. — Les jeux d'adresse produisent une action. Si l'enjeu est excessif, le juge doit rejeter la demande pour le tout, 312. — Différence entre les dettes de jeu et celles provenant d'un pari, 312. — Des jeux de Bourse, des reports, 314 — Les contrats d'assurance sur la vie et les contrats de rente viagère ne doivent pas être mis au rang des jeux et des paris, 317.

Section XV. — *L'obligation naturelle peut-elle surgir d'un prêt usuraire?*

En Droit français, comme en Droit romain, le prêt usuraire ne renferme pas les conditions de l'obligation naturelle, 319. — Les intérêts excessifs qui ont été payés peuvent être répétés, 319. — Celui qui, par suite d'une erreur de droit, paie des intérêts non usuraires, mais qui n'ont pas été stipulés, ne peut répéter, 319. — La donation consentie par le débiteur à son créancier a-t-elle quelque valeur, 321.

SECTION XVI. — *La stipulation d'un dédit, ajoutée à une promesse de mariage, a-t-elle l'efficacité d'une obligation civile, naturelle, ou de conscience?*

Cette clause pénale ne peut valoir, ni à titre d'obligation civile, ni à titre d'obligation naturelle, 323. — Si le paiement a été effectué conformément aux principes du Droit romain, il n'y a pas lieu à répétition, 324. — La stipulation de ce dédit produit-elle une obligation de conscience, 324.

SECTION XVII. — *La contre-lettre qui modifie le prix fixé dans le traité concernant la cession d'un office, peut-elle être opposée comme produisant une obligation naturelle, ou de conscience?*

La jurisprudence regarde ce traité particulier comme contraire à l'ordre public. Elle autorise la répétition de ce qui a été payé d'après cet accord ; elle veut même que celui qui a reçu tienne compte des intérêts, 325. — Ce traité ne peut avoir l'efficacité d'une obligation naturelle, 327. — Il donne lieu du moins à une obligation morale, ou de conscience, 328.

SECTION XVIII. — *La promesse faite pour le cas de démission d'un emploi public peut-elle être regardée comme obligation naturelle?*

Cette promesse étant contraire à l'ordre public, ne réveille aucune idée d'obligation naturelle, 333. — Pour le même motif, elle ne pourra être invoquée comme obligation de conscience, 334. — Le paiement ayant eu lieu, la répétition sera-t-elle autorisée, 335.

FIN DE LA TABLE.

Librairie de A. DURAND, rue des Grès, 7.

MASSOL, professeur à la Faculté de droit de Toulouse. De la Séparation de corps et de ses effets. 1 vol. in-8. . . . . 5 fr.
BONNIER, professeur. Traité théorique et pratique des Preuves en droit civil et en droit criminel, 2e édit., revue et considérablement augmentée. 1852, in-8. . . . . 9 fr.
BONJEAN, Traité des actions ou Exposition historique de l'organisation judiciaire et de la procédure civile chez les Romains. 3e édit., considérablement augmentée, 2 vol. in-8. . . . . 12 fr.
DEMOLOMBE, professeur doyen de la Faculté de droit de Caen. Cours de Code Napoléon. 1er livre. Traité complet de l'État des Personnes. 8 vol. in-8. . . . . 64 fr.
— 2e livre. De la Distinction des biens; de la Propriété; de l'Usufruit; de l'Usage et de l'Habitation (t. IX et X). Art. 516-636. 2 vol. in-8. . . 16 fr.
— Traité des servitudes ou services fonciers (t. XI et XII), Art. 637 à 710. 1856, 2 vol. in-8. . . . . 16 fr.
DUPIN, ancien procureur général. Opuscules de Jurisprudence. 1851, gr. in-18. . . . . 5 fr.
LABOULAYE, membre de l'Institut. Histoire de la Procédure civile chez les Romains, traduit de l'allemand, 1841, in-8. . . . . 4 fr.
— Flores Juris ante-justinianei. 1 vol. in-32 . . . . 1 fr. 50
— Justiniani Institutio. am. lib. IV. 1851. 1 vol. in-32. . . . 1 fr. 50
MACKELDEY, professeur. Manuel du Droit romain, contenant la théorie des Institutes, précédé d'une introduction à l'étude du Droit romain, traduit de l'allemand, par Beving. 1852, 1 vol. gr. in-8. . . . . . . 9 fr.
MAYNZ, professeur à l'Université de Bruxelles. Éléments de Droit romain. 3 vol. gr. in-8. . . . . 27 fr.
MOLITOR, professeur. Cours de droit romain approfondi, avec les rapports entre la législation romaine et la législation française. *Traité des Obligations*. 1850-1853. 3 vol. in-8. . . . . 21 fr.
— Traité de la Possession, de la Revendication. 1851, in-8. . . . 8 fr.
OUDOT, professeur à la Faculté de droit de Paris. Conscience et science du devoir, introduction à une explication nouvelle du Code Napoléon. 1856, 2 vol. in-8. . . . . 14 fr.
PELLAT, doyen de la Faculté de droit de Paris. Précis d'un Cours sur l'ensemble du Droit privé des Romains, traduit de l'allemand de Marezoll. 2e édit., 1852, in-8. . . . . 8 fr.
REVUE HISTORIQUE de Droit français et étranger, publiée sous la direction de MM. Ed. Laboulaye, membre de l'Institut, professeur de législation comparée au Collège de France; E. de Rozière, ancien professeur à l'École des Chartes; R. Dareste, avocat au conseil d'État et à la Cour de cassation; C. Ginoulhiac, chargé du cours d'histoire de droit à la Faculté de Toulouse. Prix, Paris, 10 fr.; départements et étranger. . . . . 12 fr.
TREBUTIEN, professeur à la Faculté de Caen. Cours élémentaire du Droit criminel, comprenant l'exposé et le commentaire des deux premiers livres du Code pénal, du Code d'instruction criminelle en entier, et des lois et décrets qui sont venus modifier ces Codes, jusques et y compris 1853, notamment les lois du 4 juin 1853, sur la composition du jury, du 10 juin, sur les pourvois en matière criminelle et sur les attentats contre la famille impériale. 1854, 2 vol. in-8. . . . . 15 fr.
ZACHARIÆ. Le Droit civil français, traduit de l'allemand sur la 5e édition, annoté et rétabli suivant l'ordre du Code Napoléon, par MM. G. Massé, président, et Ch. Vergé, avocat, docteur en droit. 1855-1856, 5 volumes in-8. . . . . 37 fr. 50

Toulouse. — Imprimerie BAYRET, PRADEL & Cie, place de la Trinité, 12.

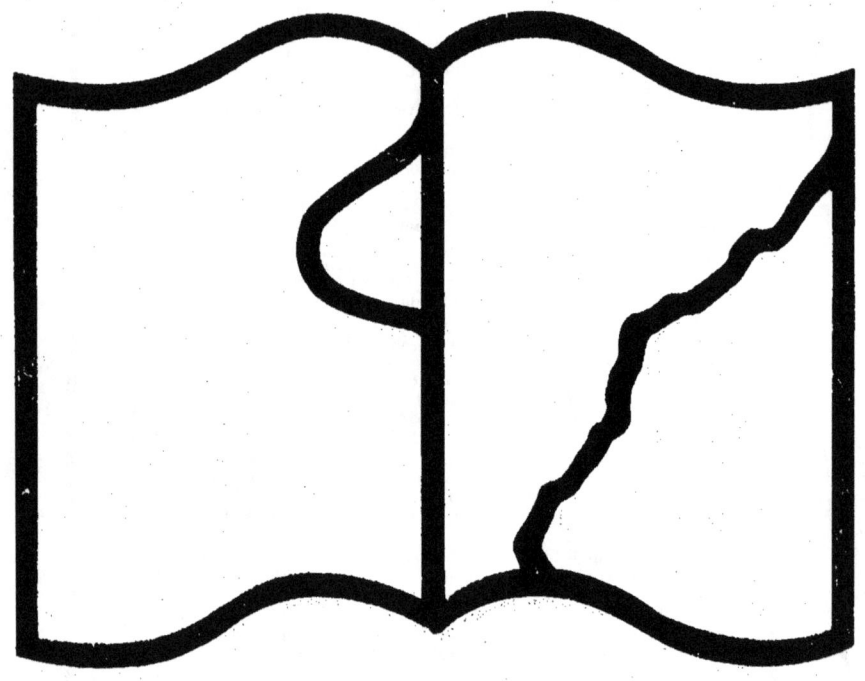

Texte détérioré — reliure défectueuse

NF Z 43-120-11

Contraste insuffisant

NF Z 43-120-14

www.ingramcontent.com/pod-product-compliance
Lightning Source LLC
Chambersburg PA
CBHW050303170426
43202CB00011B/1798